Einaudi. Stile Libero

© 2020 Giulio Einaudi editore s.p.a., Torino

Pubblicato in accordo con S&P Literary
Agenzia Letteraria Sosia & Pistoia

www.einaudi.it

ISBN 978-88-06-24548-1

Federico Rampini
Oriente e Occidente
Massa e individuo

Einaudi

Oriente e Occidente

Introduzione

Cinque uomini giapponesi di mezza età escono dall'ufficio a tarda sera. A casa le mogli non li aspettano, la loro vita si svolge in un universo parallelo, sarebbero segretamente infastidite nel vederli rientrare quando sono ancora sveglie. I cinque si avviano verso un karaoke bar, si appartano in una saletta. Mentre il sakè scorre e inebria, uno di loro intona *My Way* di Frank Sinatra. Calde lacrime sgorgano dagli occhi di tutti, gonfi di nostalgia per un'America dove non sono mai stati, per un'America che non esiste. Nelle parole della canzone – «ho fatto a modo mio» – c'è un'idea meravigliosa e struggente di libertà.

L'auto imbocca la prima curva verso Marin County e nello specchietto retrovisore scompare il ponte del Golden Gate. Alle spalle San Francisco, splendida e malefica, mostro urbano che concentra tutto il meglio e il peggio della modernità, dalle piú seducenti tecnologie salvavita ai bivacchi di homeless. Nella strada che s'inerpica verso la montagna, dal finestrino aperto si sente ancora il profumo dell'oceano, mescolato a quello degli eucalipti. Traversata una foresta di sequoie rosse, dopo una curva, improvvisamente appare la freccia. Hai trovato il centro di buddhismo zen, uno dei piú antichi d'Occidente. È il rifugio che cercavi scappando dalla Silicon Valley, un'oasi di silenzio, un senso della vita, un'immersione nella natura per fare pulizia dentro di te. Qui si pratica una religione laica fatta su misura per te, creatura del terzo millennio: senza orpelli di divinità antropomorfiche (il vecchio uomo bianco con la barba, seduto su un trono), senza il peso di tradizioni opprimenti, di liturgie stucchevoli, di tabú e divieti. Forse sei salvo, finalmente?

Frances Wood, storica e bibliotecaria ufficiale della British Library, nella sua antologia della letteratura cinese fa risalire «il primo corpo significativo di scritti cinesi» alla dinastia Shang, iniziata nel 1600 a. C., «il cui territorio era tra le estremità orientali del Fiume Giallo e lo Yangtze». Cioè esattamente il cuore geografico, etnico, culturale della Cina di oggi. E di quella di sempre. Nel selezionare i fiori pregiati della poesia, del romanzo, delle epopee e leggende cinesi, la Wood avalla l'idea di una continuità – unica al mondo – tra quegli esordi e la Cina del nostro tempo. Non la continuità di uno Stato-nazione, ma di un'unica civiltà, che si riconosce come tale e affonda le proprie radici in un passato antico di tre millenni e mezzo. I cinesi preferiscono retrodatare le proprie origini fino all'imperatore Huang Di: cioè addirittura a un millennio prima. A che punto eravamo della nostra preistoria, «noi», quattromilacinquecento anni fa?

Oriente, Occidente. Quale vi fa sognare? Quale vi ispira inquietudine?

INTRODUZIONE

Chiudete gli occhi e pensate l'Oriente. Abbandonatevi alle libere associazioni d'idee. Se siete un occidentale – europeo o americano – del XXI secolo, è probabile che questo termine vi trasporti in un luogo magico. Ricordi di viaggi in terre lontane, quando ancora viaggiavamo senza troppe paure o restrizioni. Letture, forse qualche contatto con religioni esotiche. La pratica dello yoga o del tai-chi o di arti marziali. L'arte del tè; quella dei giardini e delle composizioni floreali. Un mondo antichissimo – con civiltà delle origini ben piú remote della nostra greco-romana o giudaico-cristiana, come avete appreso.

Provate a spremere in pochi istanti il condensato di ciò che l'Oriente rappresenta per noi. La spiritualità ha un posto importante, è là che siamo andati a cercarla spesso. Soprattutto negli ultimi tre secoli, da quando la rivoluzione industriale, il consumismo, la competizione per arricchirsi hanno stravolto le nostre vite. Dunque l'Oriente è anima, l'Occidente materia. Là c'è il regno del silenzio, di qua regna il rumore. In Asia vi è ricerca del senso recondito della vita, che qui viene sommersa e avvilita nella corsa del topo in gabbia, l'uomo moderno alienato, sepolto sotto l'oppressione delle cose.

Continuate questa introspezione, raschiate in fondo a voi, cercando tutto ciò che l'Oriente reale o immaginario ha sedimentato nella vostra anima. Scoprirete un'idea di umanità primordiale – l'India come origine delle nostre popolazioni, etnie, lingue e civiltà. La Cina e il Giappone come l'Altro assoluto, civiltà buddhiste e confuciane che un papa polacco definí «religioni senza Dio». Misticismo nichilista. Comunione con la natura.

A proposito di natura, nel nostro subconscio collettivo scoprirete anche un Oriente terra della sensualità erotica, dove i corpi sono liberi di esprimersi e gioire, non repressi dal senso del peccato e da una morale sessuofobica.

Non tutto ciò che troverete negli archivi segreti della nostra memoria storica è positivo. Dalle viscere del subconscio collettivo emerge pure il «dispotismo orientale», l'idea che l'Asia è quella parte del mondo dove la comunità prevale sull'individuo, anche schiacciandolo. I doveri verso gli altri vengono prima dei diritti. Paternalismo autoritario. Grandi imperi che comandano su masse sterminate, da cui esigono obbedienza assoluta.

Tutto questo è l'Oriente. Solo di recente, per qualcuno di noi che ha viaggiato molto, si è aggiunto un significato nuovo: in un qualche posto in Asia avete visitato il laboratorio della modernità, là si è spostato il dinamismo, l'innovazione, la costruzione del futuro. Per le nostre generazioni quest'ultimo episodio è uno strato sottilissimo, un'impressione che si è fatta strada solo da pochi anni, sulla visione ancestrale che avevamo dell'Oriente. (Ben diverso era il senso comune ai tempi del Rinascimento, mezzo millennio fa, quando l'Asia aveva inventato tutto prima di noi).

L'Oriente è un luogo dell'anima oltre che della geografia. Della nostra anima: lo abbiamo assemblato noi. Da piú di duemila anni ce lo rappresentiamo, ne abbiamo fatto un mito, una costruzione culturale. A cominciare da Omero e da Alessandro Magno. Il fascino formidabile che esercita su di noi è ben comprensibile. Da Oriente ogni mattina si alza il sole, e da laggiú sono arrivate a ondate le orde umane che ci hanno invaso, conquistato, civilizzato. E anche contagiato di germi, certo. Qualche volta abbiamo restituito il colpo, andando a colonizzarli noi; ma nei tempi lunghi dei tre millenni ha prevalso il flusso contrario. Per ovvie ragioni: l'Europa non esiste, geograficamente è la piccola propaggine periferica di una enorme massa terrestre che è il continente asiatico. Aprite un atlante, osservate com'è minuscola l'Europa. È anche indistinguibile, inseparabile, nulla ci divide davvero dalla nostra terra madre che è il blocco asiatico. Eurasia, infatti, è l'unica definizione sensata. La concentrazione umana è sempre stata maggiore a est. (Ci fu qualche invasione da sud coi primi ominidi africani; coi Cartaginesi; da nord coi Vichinghi i Normanni gli Svevi, ma fu poca roba rispetto ai popoli delle steppe che con regolarità implacabile divoravano le grandi pianure dalla Mongolia e dall'Asia centrale per conquistarci).

Proprio perché siamo piú piccoli, confinati su questa penisola europea stretta fra Mediterraneo, Atlantico e mari nordici, cominciammo a formarci un concetto dell'Oriente basato sulla sproporzione. La loro immensità doveva trasformarsi in un valore negativo. Le grandi battaglie dell'antichità, fra Greci e Persiani, oppongono «i nostri» – pochi liberi e forti – a delle autentiche maree umane. Di recente perfino Hollywood ne ha fatto uno stereotipo, rinnovando per i contemporanei un mito ancestrale. Già affiora negli storici greci dell'antichità l'idea che noi siamo individui capaci di eroismo, loro sono masse. Noi in embrione abbiamo un'idea dei diritti e delle libertà; gli orientali sono eserciti disciplinati e obbedienti, dominati da imperatori semidèi, con potere assoluto sui sudditi.

A complicare un po' questa dicotomia c'è la storia di Elena, una greca (quindi europea) rapita e portata a Troia, cioè in Asia minore. È probabile che fosse in realtà consenziente. Ecco che la sensualità femminile viene affacciata già ai tempi di Omero come un tema che attraversa e disturba la dialettica o la guerra Occidente-Oriente.

Mi soffermo sulla donna. Oggi sulla condizione femminile l'Occidente si sente sicuro della propria superiorità relativa: una donna europea o americana ha in genere piú diritti di una persiana o di un'indiana, di un'afghana o di una birmana, forse perfino di tante cinesi e giapponesi. Ma l'emancipazione femminile in Occidente è storia recentissima, di qualche generazione fa. Un viaggio nell'antichità ci sprofonda nei dubbi. Le dee dell'induismo vivono la loro sessualità con un piacere che non è concepibile per la Madonna o le sante e martiri cristiane. I primi missionari che arrivano in Cina restano sconcertati di fronte all'assenza di senso del peccato tra donne e uomini. E quando la letteratura europea s'innamora dell'Oriente spesso lo immagina come un luogo di piaceri piú liberi: il materiale delle *Mille e una notte* alimenterà i sogni erotici dell'Occidente per secoli. Odalische, harem non sono solo fantasmi del desiderio maschile, viste le opportunità di amori lesbici nella convivenza delle concubine imperiali.

Ho appena seminato confusione geografica: di quale Oriente sto parlando? La Cina ne è la realtà piú antica e piú grossa, senza dubbio. Con le sue filiazioni culturali – Giappone Corea Vietnam Birmania appartengono anch'essi alle tradizioni parallele taoista buddhista e confuciana – la Cina rappresenta il polo piú estremo e piú denso dell'Asia. Però noi l'abbiamo scoperta tardi. Il vero incontro diretto con la civiltà cinese avviene ai tempi di Marco Polo (cioè l'altro ieri, alla fine del XIII secolo). Prima la maggior parte dei nostri rapporti coi cinesi era indiretta, gestita da civiltà di mezzo come la Persia e l'India. Quando noialtri eravamo ellenici o latini, Oriente significava Asia minore. Cominciava con la costa turca. Pensieri e valori, scoperte scientifiche e prodotti, sete e spezie ci giunsero a lungo dalla remota Cina tramite la mediazione del Vicino Oriente. Perciò l'idea dell'Oriente inizia a prendere corpo già a partire da Istanbul; anche se metà di quella città è in Europa. I turchi vennero proprio dalla Cina, gli Ottomani erano in origine uno di quei popoli delle steppe che traversarono l'Asia intera per spingersi fino a noi.

Molte di queste civiltà di mezzo, dal VII secolo in poi, furono assoggettate all'Islam. Presenza ingombrante in molti sensi. Dalle conquiste arabe o mongole sino alla fine dell'Impero ottomano, l'Asia che incombeva su noi europei era anzitutto quella musulmana. La questione islamica tinge di pregiudizi positivi il nostro primo approccio religioso alla Cina: i missionari cristiani vanno a cercare nell'imperatore celeste un alleato per le guerre contro i Sultani. I primi brandelli d'informazioni che riceviamo dall'Estremo Oriente sono traduzioni simpatizzanti di Buddha e Confucio, per ragioni squisitamente diplomatiche. È sorprendente rileggere oggi la battaglia dei gesuiti in difesa dei «riti cinesi».

Prima che l'Oriente sia per noi un sinonimo di spiritualità, ascetismo, distacco dalle cose terrestri, diventa invece il luogo della modernità, della saggezza, della cultura, del buongoverno. Una parte dell'Illuminismo francese – Voltaire in testa – ammirava l'Impero celeste. Da là erano venute invenzioni importanti, per esempio negli strumenti di navigazione, che avevano consentito di esplorare nuovi continenti. La stampa e la polvere da sparo erano anch'esse cinesi prima che europee. Soprattutto Voltaire s'inchinava rispettosamente davanti all'istituto degli esami per i mandarini: la Cina imperiale selezionava gli alti dirigenti della amministrazione in base a concorsi pubblici, meritocratici, mentre nell'ancien régime francese le cariche di governo venivano vendute al migliore offerente oppure ereditate dai rampolli della nobiltà.

Regno del silenzio, dello spirito, della trascendenza, l'Oriente lo diventa solo dopo la Prima rivoluzione industriale. È soprattutto il Romanticismo tedesco, nell'Ottocento, a imporre due convinzioni: che l'India è la culla primordiale di tutte le nostre civiltà; che il buddhismo è un antidoto ai mali della modernità. L'Asia è reinventata, riscoperta e rilanciata in una chiave nuova: dopo i romantici tedeschi arrivano Nietzsche e Schopenhauer. Poi Hermann Hesse col *Siddharta*, romanzo iniziatico che forma generazioni di giovani europei e americani. Un filo congiunge il *Siddharta* ai poeti beat degli anni Cinquanta; alla

Summer of Love di San Francisco del 1967, durante la quale un'intera generazione di giovani americani scopre il sitar di Ravi Shankar e lo yoga; l'anno dopo c'è il viaggio dei Beatles in India alle sorgenti del Gange.

Ancora piú a est, il Giappone ci influenza in modi piú sottili. È il minimalismo della sua architettura, del suo design, a conquistare per esempio Steve Jobs (fondatore di Apple) e con lui il mondo tecnologico della Silicon Valley. Insieme col sushi o con la dieta vegana, «zen» entra nel linguaggio di tutti i giorni negli Stati Uniti fin dagli anni Novanta. Un modo di concepire la vita. L'idea è che dietro l'universo delle forme giapponesi ci sia anche un sistema di valori, in cui possiamo trovare una serenità perduta.

Ma lo stesso Giappone ci costringe a fare i conti con una realtà rovesciata; ed è un paradosso che la Cina vive in maniera ancora piú evidente. Queste due civiltà (che diventano anche «nazioni» solo per scimmiottare un'invenzione dell'Occidente) oggi ci hanno raggiunto o superato in molti campi della tecnologia e dell'economia. Il miracolo economico giapponese noi tendiamo a situarlo negli anni Cinquanta; mentre era già cominciato nella seconda metà dell'Ottocento con la Restaurazione Meiji. Il Giappone si era deciso allora a imitare l'Occidente. I suoi riferimenti erano l'industria inglese e l'esercito prussiano. Ci riuscí cosí bene che fu la prima potenza asiatica a sconfiggere nell'èra moderna un impero europeo, la Russia zarista (1905). Al miracolo economico giapponese seguirono quelli di Corea del Sud, Singapore, Taiwan. Ognuno con la stessa ricetta: prendere dall'Occidente tutto il meglio, nei settori economico, scientifico, tecnologico. Infine è toccato alla Cina ripetere l'exploit, su scala immensa. Ha copiato molti ingredienti del capitalismo americano. Si è ispirata a noi per l'urbanistica delle sue città; il consumismo della popolazione; perfino per la dieta alimentare. Ha per lo piú abbandonato l'acupuntura e la medicina tradizionale, per dotarsi di ospedali con apparecchiature occidentali. Il boom cinese degli ultimi trent'anni è semplicemente l'innesto di un modello global-occidentale su una popolazione di un miliardo e quattrocento milioni di persone, che aveva già avuto tradizioni mercantili e imprenditoriali. Questo ci spiazza, però. Mentre noi inseguivamo un mito dell'Oriente, loro si sono costruiti un Occidente-modello. Ci hanno studiati, spesso con piú attenzione e piú umiltà di quanto noi studiamo loro. Il risultato dà le vertigini. Dov'è finito l'Oriente che abbiamo vagheggiato per generazioni? È sommerso sotto strati di «occidentalismo» che hanno sfigurato e deturpato le loro civiltà? O invece rimane qualcosa di profondamente diverso tra loro e noi? Qual è la vera identità degli uni e degli altri?

Sono domande che ci stiamo facendo da duemila anni.

Ricomincio da dove ho iniziato, simulando lo stesso esercizio. Immagino che mi stia leggendo una ragazza o un ragazzo cinese. Se chiude gli occhi e pensa all'Occidente, quali immagini affollano la sua mente? È vero che siamo percepiti come la terra dell'individualismo? Vista da Pechino – ma anche da Singapore o Ulan Bator, da Kuala Lumpur o Yokohama – la nostra attenzione verso l'individualità e i diritti è una forza o una debolezza? La nostra libertà li affascina o li spaventa? Ci credono avviati verso un caotico declino?

Per dimostrare che la risposta non è scontata, ricordo un film del 2019, sino-americano. S'intitola *The Farewell* [«l'addio»]. *Una bugia buona*. Alcuni personaggi appartengono alla diaspora cinese emigrata negli Stati Uniti. Una famiglia, genitori e figlia ventenne, parte da New York per fare visita alla nonna anziana che è rimasta a vivere in Cina, nella città di Changchun. La famiglia degli espatriati sa un segreto terribile: alla nonna è stato diagnosticato un cancro terminale, i medici le dànno tre mesi di vita. Genitori e figlia si dividono furiosamente su una scelta: rivelare la diagnosi alla nonna o tenerla all'oscuro? La ventenne si è americanizzata. Abbraccia la religione della trasparenza. Per lei mentire alla nonna sul suo stato di salute è immorale, oltre che illegale (forse, ai sensi delle leggi Usa). I genitori invece sono ancora attaccati ad altre tradizioni. A un certo punto, nella vasta comunità di parenti cinesi che li accolgono a Changchun, ce n'è uno che affronta la ventenne sino-americana con un discorso duro. Le dice: credi di essere più onesta se dici a tua nonna che le restano tre mesi di vita, ma in realtà fai un gesto egoista. Insieme con la terribile verità le scarichi addosso il peso della sua morte. Diventa una tragedia tutta sua, è lei a doversi preparare. Noi invece, tenendola all'oscuro, il peso della sua morte ce lo prendiamo. Proprio perché siamo noi parenti i depositari del tragico segreto, ci spetta la responsabilità di accompagnarla, e cosí ci facciamo carico tutti insieme della sua morte. Tu ti credi migliore ma non sei affatto altruista. L'apologo del film è troppo semplice, estremo, caricaturale. Ma ci rinvia a uno dei tanti dilemmi Oriente-Occidente. La nostra libertà ci rende sempre piú soli? Qualche volta gli asiatici tendono a vedere il rovescio della nostra ossessione per i diritti: l'Occidente si sta disgregando in tribú rancorose, ciascuna col cuore gonfio di risentimenti per presunti torti subiti.

Nell'incontro-scontro fra le civiltà, nella gara fra culture e sistemi di valori, dal gennaio 2020 irrompe la pandemia. Che aggiunge un nuovo capitolo a questa storia, ne diventa un condensato. Anzitutto, un virus che viene da lontano è spesso associato a svolte epocali, ascesa e declino di imperi: germi e cannoni insieme hanno segnato la fine di intere civiltà. Questo non significa elaborare teorie complottiste sull'origine del coronavirus. Ma gli storici della biosfera e della paleogenetica da Jared Diamond a Charles Mann a Yuval Harari ci hanno spiegato come i contagi siano stati spesso all'origine di selezioni involontarie della specie da parte di chi era portatore sano, immunizzato, senza neppure saperlo. Fu cosí che all'estremo opposto del mondo morirono Aztechi, Maya, Inca, fra le civiltà piú raffinate della storia. Inoltre una pandemia è un esame collettivo senza appello, di quelli che si presentano una volta ogni secolo, ogni tre o quattro generazioni. È una sfida formidabile per misurare la capacità di reazione, l'istinto di autoconservazione di intere comunità. Come una guerra mondiale, l'epidemia chiama in causa coesione e organizzazione, capacità di concentrare tutte le energie collettive contro un nemico. Da una guerra mondiale escono vincitori e perdenti, c'è chi rimane stremato a lungo e chi si risolleva presto, le gerarchie internazionali sono sconvolte. I vincitori ricavano un prestigio che si estende ai loro sistemi politici, modelli culturali. Fu cosí per l'America nel 1945, capace di irradiare un'influenza piú forte che mai anche attraverso cinema, letteratura, musica, moda. Il coronavirus nei primi mesi del 2020 aveva già proposto due narrazioni antagoniste che incrociano lo spazio immaginario Oriente-Occidente. Nella prima versione si scopre che il regime autoritario cinese ha nascosto l'epidemia, ha mentito, censurato, perseguitato con accanimento poliziesco le voci della verità. Cosí ha fatto perdere tempo prezioso agli altri Paesi, ha trasformato un'epidemia locale in una pandemia, ha aggravato il bilancio delle vittime. Nella versione immediatamente successiva c'è Xi Jinping che lancia una «guerra di popolo» rispolverando la retorica nazionalcomunista di Mao Zedong, mobilita il Paese, sfodera un arsenale inaudito di misure di controllo sociale, anche ad alta tecnologia. Sotto i nostri occhi si è svolto un esperimento senza precedenti, che per un certo periodo ha isolato, recluso, sorvegliato clinicamente mezzo miliardo di persone. Al termine di questa puntata ecco Xi che proclama vittoria e passa alla controffensiva nel mondo intero. Propaganda l'efficienza della sua risposta come prova della superiorità di un sistema. Manda aiuti all'estero. Nella versione di Pechino a questo punto si assiste a un trionfo non soltanto sanitario, ma politico e valoriale. Nei dintorni immediati della Cina esistono versioni diverse sulla vicenda. Nella sua vicina periferia, contro il coronavirus hanno dispiegato efficienza la Corea del Sud, Taiwan e il Giappone. Il livello di disciplina dei cittadini e di controllo sociale in quei Paesi si è dimostrato abbastanza simile alla Cina, però sono democrazie. Il confronto Oriente-Occidente si sposta dalla politica all'etica civica: pur nella totale diversità dei sistemi di governo, quelli sono Paesi confuciani, dove l'individuo viene educato a rinunciare a certe libertà e diritti in nome di un interesse collettivo. La conservazione della comunità è un bene superiore. La sopravvivenza della specie è in gioco. Perché il giudizio sia attendibile dovremo aspettare, forse un bilancio finale richiederà alcuni anni. Questo tema ci accompagnerà molto a lungo. I germi, come il cambiamento climatico, sono le sfide esistenziali su cui imperi e civiltà si giocano la vita e la morte.

Non ci sono valori da una parte e disvalori dall'altra. Tra noi e loro è in atto da due millenni un gioco di specchi rovesciati, immagini manipolate. Occidente e Oriente si fanno un'idea di sé grazie alla contrapposizione, a volte immaginaria. L'identità che diamo all'Altro, per uno scherzo della storia, ogni tanto contribuisce davvero all'immagine che gli orientali hanno di sé stessi. Ma è un gioco dove forse si stanno invertendo i ruoli, e presto sarà l'Oriente a dirci chi eravamo, chi siamo noi.

Capitolo primo
L'antefatto: *noi Greci, loro Persiani*

> E da tutta l'Asia si accoda un popolo armato di spada sotto la guida formidabile del Re.
>
> ESCHILO, I Persiani, coro

La piú antica opera teatrale conosciuta al mondo è la tragedia greca *I Persiani* di Eschilo, rappresentata ad Atene nel 472 a. C. È anche l'unica tragedia greca che ci parla di storia vera, non di mitologia. È ispirata a vicende autobiografiche: Eschilo ha combattuto da soldato nelle guerre tra le città greche e l'Impero persiano. Nelle prime rappresentazioni di quell'opera molti dei suoi spettatori, come lui, sono reduci dal fronte. *I Persiani* però evita la trappola della facile propaganda nazionalista. I Greci hanno vinto e potrebbero vantare i propri meriti, cantare inni di gloria al proprio eroismo, infierire sugli sconfitti. Eschilo trattiene ogni disprezzo verso di loro, preferisce un altro messaggio. L'esito della guerra è stato deciso da forze superiori a quelle degli uomini. A difendere i Greci è intervenuta Dike, dea della giustizia. Ha prevalso chi combatteva per la libertà, diremmo noi oggi. Sul fronte opposto c'era il dispotismo, incarnato da un tiranno certo di essere un dio. «Umani dolori possono toccare in sorte ai mortali, e molti vengono dal mare, molti dalla terra»: nei *Persiani* di Eschilo non c'è nulla di esaltante nella guerra. Però l'hanno vinta i giusti.

Quand'è che comincia a formarsi un'idea di Occidente distinto e contrapposto all'Oriente, una rappresentazione di due sistemi di valori antagonisti? L'antica Grecia ci ha proposto una visione di noi stessi che non ci ha mai piú abbandonato, da oltre duemila anni. È la Grecia dei pensatori che immaginano una filosofia laica e talvolta perfino atea, comunque distinta dalla religione; che mettono l'essere umano al centro della loro riflessione, che hanno fiducia nella sua razionalità. È la Grecia delle guerre contro l'Impero persiano, che ce ne tramanda la memoria insieme con una narrazione forte, ideologica: quei conflitti non sono semplici avventure militari, sfide fra potenze, bensí un vero e proprio «scontro di civiltà». Sul terreno di battaglia contano le arti militari cosí come i modelli sociali e politici, i valori. Anche se i Greci usano poco i termini di Occidente e Oriente, o si limitano a maneggiarli nell'accezione geografica, a loro dobbiamo proprio l'idea originaria di questa dicotomica e radicale opposizione. È usando le lenti delle guerre greco-persiane che abbiamo interpretato – spesso inconsapevolmente – anche eventi successivi come le conquiste ottomane, o perfino la guerra fredda Usa-Urss e la piú recente sfida tra America e Cina.

La filosofia («amore per la sapienza») in Grecia emerge tra il VII e il VI secolo a. C. È interessante che questo sistema di idee prenda forma piú o meno nello stesso periodo in cui si affermano a est le potenti religioni orientali: zoroastrismo persiano, profeti ebraici, *sādhu* induisti e infine buddhismo. Inoltre la data di nascita di Confucio è quasi identica a quella di Talete di Mileto (625 a. C.), matematico, astronomo e filosofo presocratico che s'interroga sull'origine della materia. Considerato il primo di una lunga serie di filosofi-scienziati, a Talete possiamo attribuire anche un'attrazione irresistibile verso il pragmatismo: stufo delle ironie altrui sulla propria presunta astrattezza di pensiero, si lanciò in una speculazione sull'olio d'oliva che lo rese straricco (l'aneddoto è raccontato da Aristotele, forse con una punta di invidia, certo con ammirazione). Pensiero e azione, insomma. Una linea retta conduce da Talete ad altri scienziati-filosofi come Pitagora, infine a Socrate e ai suoi due allievi piú illustri, Platone e Aristotele. Con loro si consolida un'architettura del pensiero che mette l'uomo al centro dell'universo, dà un senso e uno scopo alla nostra vita: è la continua ricerca della verità, attraverso l'uso della ragione e dell'esperienza cognitiva (empirismo). Molto prima di essere contaminata da una tradizione giudaico-cristiana originata nell'Asia minore, la cultura dell'Occidente si forma ad Atene e dintorni. In seguito, a piú riprese abbiamo cercato di tornare a quella purezza originaria, separandola dalle «contaminazioni orientali» delle religioni ebraica e cristiana: Umanesimo, Illuminismo, Positivismo hanno riscoperto i Greci considerandoli i «veri» educatori della nostra mente, coloro che ci salvarono dalle tenebre della superstizione. Perciò i Greci sono essenziali, se vogliamo capire come ci siamo formati l'idea della nostra profonda diversità rispetto agli asiatici.

È uno storico iraniano, Abbas Amanat, a guidarmi in questo viaggio nel tempo con la sua monumentale opera, *Iran*, pubblicata dall'università di Yale. Insieme a lui, uno scrittore di origini afghane, Tamim Ansary, autore di *The Invention of Yesterday*. Li leggo con attenzione perché le loro provenienze mi aiutano a immunizzarmi da un'angolatura eccessivamente eurocentrica.

È dal VI secolo a. C. che i Persiani diventano nell'immaginario greco l'Altro per eccellenza, il diverso, l'inconciliabile. Ciò accade con l'apparizione sulla scena di una figura titanica, Ciro il Grande, fondatore della dinastia achemenide: il primo Impero persiano, durato dal 550 al 330 a. C. Ciro conquista l'Asia minore, inclusa la costa dell'attuale Turchia affacciata sul mar Egeo, sicché il suo esercito arriva a poca distanza dalle isole greche di oggi, su una riva dell'Anatolia dove abitavano molti Greci. Da quel momento, e per due secoli, questo re dei re venuto da est e tutti i suoi successori occupano un posto enorme nella fantasia dei Greci, nelle loro paure, nella loro strategia politica per la sopravvivenza. Sul lato ovest del mare Egeo ci sono tante piccole città-Stato. Di fronte hanno un impero vasto e multinazionale, con un'economia fiorente, una moneta unica voluta da Dario il Grande (terzo della dinastia), un'amministrazione centralizzata ed efficiente, enormi strade che consentono spostamenti rapidi. I satrapi, parola che col passare del tempo è diventata sinonimo di una élite dirigente corrotta, avida e decadente, in quell'epoca sono degli ottimi amministratori locali, esecutori degli ordini imperiali, nonché antenne sensibili che comunicano al centro le esigenze della periferia. Nella sua estensione massima l'Impero persiano spazia dall'Afghanistan al Sudan. Leggendaria è la velocità dei suoi messaggeri: grazie alle buone strade e alle stazioni per il ricambio dei cavalli, gli editti dell'imperatore sono in grado di raggiungere le estreme propaggini in soli sette giorni, lungo la Strada reale. Management, messaggeria, moneta, militari sono le quattro *m* che indicano altrettante forze della Persia. Un impero illuminato, multietnico e per certi aspetti perfino tollerante: per esempio evita di dissanguare i popoli soggiogati, cerca di sottoporli a una pressione fiscale sostenibile, che incentivi raccolti abbondanti. I Greci sono impressionati in generale dalla dimensione smisurata dell'esercito persiano, in particolare da un dettaglio di quella forza militare, che si situa tra realtà e leggenda: gli «immortali». L'imperatore persiano ha al suo servizio un reparto speciale o forza di élite fatta di diecimila soldati. Sul campo di battaglia indossano uniformi identiche, per riconoscersi tra loro e per essere riconosciuti – e temuti – dal nemico. Dietro un battaglione di diecimila immortali ne marcia sempre un altro, gemello, di riservisti con divise uguali. Se un uomo che combatte in prima linea muore, immediatamente viene sostituito da un militare che sembra la sua replica esatta. L'idea del clone rende credibile agli occhi del nemico l'immortalità dei reparti speciali dell'imperatore. Per coloro che li combattono, sembra che questi soldati persiani anche se trafitti da una spada o da un giavellotto possano rinascere. Il termine «immortali» lo coniarono proprio i Greci. Nasconde un'ambivalenza: da un lato esprime paura per l'invincibilità dell'esercito asiatico, dall'altro lato ce lo restituisce come una massa umana di replicanti, tutti uguali, senza individualità. Mentre i soldati greci sono individui, eccome: basta ricordare le gallerie di ritratti di Omero.

Questa differenza profonda tra «loro» e «noi» si riflette anche nella religione. I Greci hanno un Monte Olimpo popolato da una pletora di divinità rissose e capricciose, ossessionate dalle rivalità, occupate a farsi dispetti: un po' come le città-Stato di Atene, Sparta, Tebe, Delfi o Corinto. Tant'è che lo stesso Zeus, sulla carta il primo e il capo, non riesce sempre a imporsi sugli altri dèi o dee. È un mondo complicato da governare perfino lassú, con tutte quelle individualità. La Persia con la religione di Zoroastro ha una struttura delle divinità molto piú gerarchica, dominata da Ahura Mazdā. Qui da noi c'è il caos dell'individualismo, di là c'è l'ordine imposto dall'autorità. Anche l'imperatore persiano, del resto, è un semidio.

Eppure, come celebra Eschilo, sono le piccole città greche a prevalere, vincendo le guerre persiane al termine di mezzo secolo di scontri alterni, che durano dal 499 al 449 a. C. In quei cinquant'anni si combattono battaglie epiche in luoghi che sono diventati pietre miliari nella nostra cultura classica: Maratona, Salamina, le Termopili. Il fatto che quelle gesta vengano rivisitate di continuo anche dal cinema americano dopo due millenni e mezzo la dice lunga su quanto abbiano impresso la memoria dell'Occidente. Cosa ha reso possibile questo exploit della Grecia contro la Persia, questa vittoria finale di Davide contro Golia? Il piú celebre autore che ne dà una spiegazione è l'inventore stesso della storia come disciplina: Erodoto. Fu Cicerone il primo a definirlo il padre della storia, e i riconoscimenti durano ancora oggi. Nato nel 484 a. C. ad Alicarnasso (oggi la città di Bodrum in Turchia), Erodoto è quindi un suddito greco dell'Impero persiano, uno dei tanti che vivono immersi nella loro cultura greca ma finiti sotto il sovrano asiatico. Come tale, lui vede nel conflitto greco-persiano una guerra di liberazione. È il primo scrittore che cerca di ricostruire la storia vera, non mescola indistintamente leggende e miti con le testimonianze dei contemporanei. Non sempre l'operazione gli riesce, però tuttora il suo resoconto delle guerre persiane è considerato una fonte ricchissima di notizie, benché incompleta e qualche volta tendenziosa. Erodoto non è un teorico, è uno straordinario narratore. Da quelle cronache appassionanti emergono alcuni temi che ci accompagnano da duemila anni. La Persia dovrebbe vincere perché ha il vantaggio soverchiante dei numeri, i suoi eserciti sono maree sterminate di soldati. Il suo limite è nella natura stessa del regime: dispotico, oppressivo, e in quanto tale anche incapace di darsi dei limiti. I Greci vincono attraverso una libera alleanza di città, ciascuna delle quali è gelosa della propria libertà e autonomia. Pochi europei prevalgono su tantissimi asiatici – traduco in termini contemporanei – perché la massa non basta a determinare la superiorità. I «barbari» è il termine usato dai Greci anche per designare i Persiani, e non è così dispregiativo come crediamo oggi: vuol dire «stranieri che non parlano la nostra lingua» e quindi alle nostre orecchie «balbettano» (questa l'etimologia della parola). I barbari sono tantissimi, noi siamo pochi, ma abbiamo una marcia in piú. Erodoto la formula appena, altri saranno piú categorici. Questa convinzione entra a far parte dell'idea di Occidente.

La vittoria sui barbari nel v secolo a. C. diventa una svolta tramandata per generazioni, plasma l'immagine che i Greci si formano di sé stessi, poi entra a far parte di una narrazione greco-romana, infine viene accolta nella coscienza europea e occidentale. Insieme con le storie di Erodoto e la tragedia di Eschilo, ne abbiamo anche una raffigurazione artistica nel Partenone di Atene, edificato proprio per celebrare la solidarietà vincente tra Greci, il trionfo delle loro città coalizzate. Sullo scudo di Atena, grande statua venerata nel Partenone, si vedono i barbari persiani raffigurati in abiti effeminati, mentre i Greci che li sovrastano hanno le fattezze della virilità. Si affaccia cosí un'altra costante nella nostra visione ancestrale dell'Oriente: esotico e femminile, erotico e decadente. Pochi secoli dopo, nella potenza occidentale erede del mondo ellenico, personalità come Cicerone e Seneca denunceranno i primi segnali di «orientalizzazione» di Roma: l'importazione di lussuose sete pregiate (persiane o cinesi), il costume delle ricche matrone italiche di vestirsi con tessuti tanto sottili da apparire quasi nude. L'Oriente, dunque, è anche l'impero dei sensi, il cedimento lascivo alle pulsioni sessuali. Ricordiamo il precedente di Elena di Troia, che viene rapita o, piú plausibile, si lascia rapire, abbandona la sponda europea dell'Egeo per finire in Asia. La piú bella donna del suo tempo, ma anche un'icona protofemminista, padrona della propria sessualità. Una grande studiosa italiana dell'antichità classica, Lidia Storoni Mazzolani, decenni fa nelle sue gallerie di ritratti omerici avanzava questa suggestione: Elena come donna consapevole della propria carica erotica, che si gode il sesso anche al di fuori del (primo) matrimonio. La traditrice sceglie l'Oriente per la sua avventura extraconiugale, naturalmente.

Le guerre persiane del v secolo ispirano in seguito le gesta di Alessandro Magno. Greco della periferia macedone, il grande conquistatore non gode ovunque della stessa aureola che gli mettiamo nei nostri libri di storia. I zoroastriani lo chiamavano Alessandro il Malvagio. Nell'altalena dei rapporti di forze tra le due sponde dell'Egeo, lui si lancia alla riconquista delle terre già popolate da Greci. Quasi due secoli dopo la fine dei conflitti persiani, Alessandro, che è allievo di Aristotele, va ben oltre la guerra «difensiva e di liberazione» narrata da Erodoto. È l'intero Oriente che lui vuole dominare, cominciando dall'Impero persiano. E ci riesce. In una serie di offensive-lampo, questo personaggio, considerato uno dei piú grandi conquistatori di tutti i tempi, arriverà fino all'India settentrionale. È il primo episodio conosciuto di occupazione-colonizzazione occidentale dell'Asia. Durerà poco, perché Alessandro è destinato a morire giovane. Ci lascia però un'eredità enorme. La sua occupazione di una vasta porzione dell'Oriente accelera tutti i flussi di comunicazione, scambio di idee, mescolanza o scontro tra religioni e valori. Grazie alle guerre-lampo lo spazio geografico si comprime, l'Eurasia si fa piú unita e compatta. Alessandro è anche un personaggio rivelatore delle nostre pulsioni: la sua corsa frenetica verso l'India prefigura la nostra ricerca a est della culla dell'umanità, un'ossessione che da allora non ci ha piú lasciati. Il sogno di Alessandro è la fusione di Oriente e Occidente sotto una guida unica; è l'incorporazione dell'India stessa nell'universo che chiameremo ellenico.

E poi grazie a lui abbiamo il mito del nodo di Gordio. Intricatissimo nodo di funi dalle origini leggendarie, si trova nella città di Gordio che è la capitale della Frigia, una provincia dell'Impero persiano. Un oracolo ha profetizzato: chi riesce a sciogliere quel nodo sarà il padrone dell'Asia. Alessandro arriva a Gordio nel corso della avanzata in Persia, e viene a sapere dell'oracolo. Dopo qualche tentativo fallito di sciogliere il nodo, Alessandro «risolve» la questione altrimenti: lo trancia con la spada. E da lí prosegue con il suo esercito fino al fiume Indo. Sul significato simbolico del nodo di Gordio hanno scritto in tanti. Ricordo un'interpretazione dello scrittore tedesco Ernst Jünger. Quel nodo insolubile è il simbolo dell'Asia, di un'esistenza dominata da forze brute, primordiali e divine, una società dispotica e arbitraria. La spada di Alessandro è l'Occidente che trancia il groviglio dei vincoli con la forza della libertà. La metafora del nodo di Gordio si ripropone da allora ogni volta che Occidente e Oriente si scontrano. Il «dispotismo orientale» è un concetto che mette radici profonde in casa nostra: lo ritroviamo con versioni diverse in Montesquieu, Karl Marx, Max

L'ANTEFATTO: NOI GRECI, LORO PERSIANI

Weber e Karl Wittfogel. Degenera con facilità in una sorta di determinismo: geografico, climatico, o perfino biogenetico. Spazi infiniti, grandi imperi, masse umane sterminate, gli asiatici hanno «bisogno» di essere comandati dall'alto attraverso forme autoritarie di governo? Mentre noi, divisi nelle nostre piccole terre a bordo mare, frammentati dalla geografia e dalla storia, siamo «naturalmente» individualisti assetati di libertà?

Il grande storico francese Jules Michelet è emblematico di una percezione occidentale che assembla tutto ciò che pensiamo di noi stessi dai tempi della Grecia antica. Michelet, vissuto nell'Ottocento, è «figlio» della Rivoluzione francese, a cui ha dedicato le sue opere piú importanti. È famoso anche perché fu lui a coniare la parola «Rinascimento». Anticlericale, repubblicano convinto, cantore delle libertà e dei diritti individuali. Ecco quello che scriveva dell'Oriente, poco piú di un secolo fa:

> Seguite dall'Oriente all'Occidente, lungo la rotta del sole e delle correnti magnetiche del globo, le migrazioni del genere umano; osservatele in quel lungo viaggio dall'Asia all'Europa, dall'India alla Francia. A ogni tappa vedete diminuire la potenza fatale della natura, l'influenza della razza e del clima diventa via via meno tirannica. Al punto di partenza, in India, nella culla delle razze e delle religioni, nel seno materno del mondo, l'uomo è piegato e prosternato sotto l'onnipotenza della natura. A Benares la terra produce tre raccolti all'anno. [...] Sotto quella vegetazione spaventosa vivono dei mostri. [...] Il colera miete un raccolto di milioni di esseri umani. Incontrando ovunque delle forze sproporzionate, l'uomo sopraffatto dalla natura non cerca di lottare, si arrende. Beve dalla coppa inebriante di Shiva la morte e la vita; s'immerge, si perde, ci lascia il suo essere. Confessa con un piacere

torbido e disperato che Dio è tutto, che tutto è Dio, che lui stesso è solo un accidente, un fenomeno di quell'unica sostanza. Oppure fugge verso Occidente e comincia il lungo viaggio dell'emancipazione progressiva verso la libertà umana. L'Europa è una terra libera, lo schiavo che la raggiunge si emancipa; cosí accadde all'umanità in fuga dall'Asia. In questo mondo severo dell'Occidente, la natura non regala nulla; impone come legge assoluta l'esercizio della libertà. Fummo costretti a fare fronte unito contro il nemico e a formare quell'associazione stretta che si chiama la città. Il nostro piccolo mondo cinto da mura [...] si organizzò in una guerra eterna contro tutto ciò che restava nella vita naturale della tribú orientale. In questa lotta si distinsero i tre momenti chiave della Grecia: attacca l'Asia nella guerra di Troia, la blocca a Salamina, la domina con Alessandro. [...] Domina l'Asia quando respinge, con la poligamia, la natura sensuale che si era mantenuta nella stessa Giudea; e l'Occidente dichiara la donna compagna dell'uomo.

Cosí un francese dell'Ottocento – epoca in cui le donne europee non avevano molti diritti – affaccia la questione femminile come l'ennesima discriminante di fondo tra «noi» e «loro». Insieme con altri temi caratteristici del suo tempo – i non europei quali vittime di un clima e di una natura troppo selvaggi, prepotenti –, ecco l'Oriente come terra della poligamia, degli harem, della schiavitú sessuale. Noi siamo, fin dalla Grecia antica, la terra dei diritti, anche per l'altra metà del cielo.

Abbiamo tra le nostre letture formative una narrazione alternativa sulla Persia, rispetto a quella di Erodoto? Certamente: basta aprire una Bibbia. L'Antico testamento vedeva le cose in modo diverso; in una luce piú favorevole ai Persiani. Per gli ebrei Ciro il Grande era addirittura un Messia, un unto del Signore, avendo liberato il popolo israelita dalla prigionia in Babilonia. L'imperatore Ciro è l'unico personaggio nella Bibbia a essere riconosciuto come «pastore di Dio», lodato per la sua tolleranza e misericordia. Oltre a una spiegazione geopolitica – l'Impero persiano fu multietnico e talvolta capace di promuovere le minoranze –, giocano altre affinità tra ebraismo e zoroastrismo. Quando da Gerusalemme partirà l'avventura mondiale di quella discendente dell'ebraismo che è la religione cristiana, Atene e Roma subiranno il proselitismo dei discepoli di Gesú come un'invasione da Oriente.

Capitolo secondo
Duemila anni per scoprirsi a vicenda

> Signori imperadori, re e duci e tutte altre genti che volete sapere le diverse generazioni delle genti e le diversità delle regioni del mondo, leggete questo libro dove le troverrete tutte le grandissime maraviglie e gran diversitadi delle genti d'Erminia, di Persia e di Tarteria, d'India e di molte altre province.
>
> MARCO POLO,
> *Le divisament dou monde* detto *Il Milione*, 1298

> Kublai domanda a Marco: – Quando ritornerai al Ponente, ripeterai alla tua gente gli stessi racconti che fai a me? – Io parlo parlo, – dice Marco, – ma chi mi ascolta ritiene solo le parole che aspetta. Altra è la descrizione del mondo cui tu presti benigno orecchio, altra quella che farà il giro dei capannelli di scaricatori e gondolieri sulle fondamenta di casa mia il giorno del mio ritorno, altra ancora quella che potrei dettare in tarda età, se venissi fatto prigioniero da pirati genovesi e messo in ceppi nella stessa cella con uno scrivano di romanzi d'avventura. Chi comanda al racconto non è la voce: è l'orecchio.
>
> ITALO CALVINO, *Le città invisibili*

Quand'è che noi e i cinesi cominciamo a scoprire l'esistenza gli uni degli altri? Se per «noi» intendiamo noi europei, la scoperta avviene sorprendentemente tardi. Tenuto conto, cioè, che lungo le vie della seta dall'Asia orientale al Mediterraneo viaggiavano merci e idee già duemila anni prima di Cristo, è singolare che il contatto diretto si sia verificato parecchio tempo dopo. Certo, le distanze erano immense per i mezzi di comunicazione dell'epoca. Ma non era solo l'enormità degli ostacoli fisici a separarci. C'erano tanti intermediari fra noi e loro che custodivano con cura i monopoli commerciali. E i nostri rispettivi sistemi di valori, di idee, non erano ancora programmati per un espansionismo aggressivo: né da una parte né dall'altra. I cinesi commerciavano senza intermediari con gli indiani e le civiltà del Medio Oriente, come i Sumeri dell'Impero babilonese. Noi europei (allora assai primitivi) acquistavamo dalla Cina, senza saperlo, soprattutto sete pregiate, che ci venivano rivendute da quei popoli di mezzo. Sulla vera provenienza di quelle meraviglie avevamo notizie vaghe e fantasiose, non essendo stata ancora inventata l'etichetta «made in China». Perché l'esistenza della Cina stessa si affacci nella nostra visione del mondo, dobbiamo aspettare fino al v secolo a. C.: lo storico Erodoto è il primo greco a interessarsi davvero dell'Estremo Oriente. Cita fonti indirette, racconti di viaggiatori o leggende, però dietro l'esagerazione fantastica vi appaiono dei popoli reali: lui nomina gli Arimaspi che hanno un occhio solo (come i Ciclopi della mitologia greca) e gli Iperborei che si estendono fino al mare. Sir Percy Sykes, ufficiale e diplomatico inglese che fu anche un grande esploratore e geografo della prima metà del Novecento, leggendole nei dettagli non aveva dubbi sull'interpretazione di quelle pagine di Erodoto. Gli Arimaspi erano secondo lui un popolo mongolo antenato degli Unni di Attila. Gli Iperborei – cioè piú lontani del vento nordico – erano gli abitanti della Cina. L'occhio solo degli Arimaspi è pura invenzione, è ovvio: quel tipo di geografia romanzata aveva un che di analogo alla nostra fantascienza, i popoli lontanissimi dovevano avere qualcosa di mostruoso per forza, come i marziani o i venusiani per un europeo del Novecento. Il nome «Cina» non esisteva ancora, sarebbe nato adattando quello della dinastia Qin (pronuncia: *cin*, è la prima dinastia che include sotto un'unica amministrazione gran parte del territorio cinese a partire dal 221 a. C.) Tra i primi nomi che l'Occidente diede a quella terra remota ci fu Seres, la «patria della seta»; nel Medioevo sarebbe diventata il «Catai» e cosí la chiamava Marco Polo.

Tra la Grecia antica e l'Impero romano i traffici con la Cina crescono, proprio grazie alla seta, al punto che si crea un'identificazione totale fra quel territorio e il prodotto principale che esporta verso il Mediterraneo. Molti dei primi appellativi che nell'antichità gli europei affibbiano ai cinesi sono delle varianti sul concetto di «setaioli». Nel II secolo d. C. il fondatore della geografia, il greco Tolomeo, riferendosi a un periplo del mare Eritreo fa menzione di un «porto dei Sinae» situandolo oltre la Birmania. Lo scrittore latino Plinio parla del popolo dei Seri – i setaioli, cioè i cinesi – per lamentarsi che dalle casse dell'impero sparisce ogni anno un milione di sesterzi per pagare il lusso delle nostre mogli. Dunque Greci e Romani erano consapevoli dell'esistenza di «quelli là», i fornitori di sete e altri tessuti pregiati, ma non li incontrarono perché troppo lontani.

All'epoca, almeno in un'occasione i cinesi si spinsero fino quasi a «conoscere» noi europei. La prima ambasciata – cioè delegazione ufficiale, spedizione voluta dall'imperatore celeste – che i cinesi mandano in Occidente risale al II secolo a. C., intorno all'anno 123 a. C. È allora che si stabiliscono relazioni diplomatiche tra la Cina e Mitridate II, il re dei Parti. Questo sovrano e il suo popolo avevano conquistato un territorio che corrispondeva grosso modo all'antico Impero babilonese: tra il Golfo Persico, il Caucaso, e il Mediterraneo. Dunque i cinesi arrivarono ad avere delle relazioni politiche formali con i Parti, che non erano proprio europei ma vicinissimi ai nostri confini continentali. Una volta giunti in prossimità del Mediterraneo, i cinesi seppero dell'esistenza di Roma. Ebbero contatti con avamposti greci e romani in quella regione. Si fecero un'idea un po' piú precisa su questi clienti occidentali che compravano avidamente le loro sete, nonché muschio, cannella e rabarbaro; pagando con oro, argento, oggetti di vetro. Non furono attratti abbastanza da spingersi proprio fino a casa nostra. Pesava un atteggiamento che ha segnato certe fasi della storia della Cina, l'autosufficienza, l'autoreferenzialità, il complesso di superiorità. Per quanto incuriositi dal vasto mondo, i cinesi erano convinti di esserne il centro, e che i barbari ai margini dell'impero avessero poco da insegnargli. Fonti cinesi sostengono che fummo noi a rompere il ghiaccio, trecento anni dopo: l'imperatore romano Marco Aurelio nel 165 d. C. avrebbe mandato una vera e propria delegazione ufficiale in visita nella capitale dell'Impero celeste, che allora era la città di Xi'an (quella che custodisce il piú vasto tesoro archeologico dell'Estremo Oriente, l'esercito dei guerrieri di terracotta). C'è un'altra ipotesi – metà storia metà leggenda – che anticipa di due secoli il contatto Roma-Cina: ruota attorno all'enigma dei «legionari» italici che si sarebbero trasferiti a vivere ai confini dell'Impero celeste. Un noto sinologo americano, Homer Dubs, nel 1942 avanzò l'ipotesi di una «città romana» nell'antica Cina, partendo dai registri della dinastia Han che nel 5 d. C. censiscono una misteriosa località di Liqian. È lo stesso appellativo con cui i cinesi allora indicavano l'Impero romano. Poiché gli Han usavano dare il nome di nazioni straniere alle loro città che ne ospitavano colonie di immigrati, su quell'indizio si è sviluppata la tesi di Dubs, che da decenni alimenta la fantasia e le ricerche degli esperti. Alcuni archeologi cinesi e occidentali hanno creduto di identificare Liqian con l'attuale villaggio di Zhelaizhai ai margini del deserto di Gobi, i cui abitanti hanno tuttora gli occhi piú chiari dei cinesi e i capelli ricci. Come possono esserci dei discendenti dei romani a oltre settemila chilometri di distanza dall'Italia? Una spiegazione si rifà alla storia della battaglia di Carre, dove nel 53 a. C. l'esercito di Crasso venne sconfitto dalla cavalleria dei Parti. Diecimila legionari romani furono fatti prigionieri e i migliori vennero arruolati dai vincitori. Di guerra in guerra alcuni sarebbero finiti al servizio degli Unni, e centoquarantacinque di questi mercenari romani sarebbero stati catturati dagli Han, stabilendosi quindi in Cina dodici secoli prima di Marco Polo.

Tra loro e noi i rapporti politici, gli scambi di idee e di religioni inseguivano il commercio con un certo ritardo. Ma i commercianti avrebbero trasportato molto piú delle semplici stoffe e dei metalli preziosi. Oggi forse siamo abituati a considerare i mercanti come una categoria avida di denaro, interessata solo alle cose materiali. Invece proprio la storia delle vie della seta obbliga a riconoscere che il commercio ha sempre avuto funzioni piú nobili. Gli oggetti che la Cina vendeva all'antica Roma, quei tessuti pregiati, recavano impressi colori e disegni che erano tracce e messaggi di una cultura raffinata. I mercanti portavano con sé anche convinzioni religiose, credenze e riti. Nelle lunghe notti passate sotto le tende in un deserto si stringevano amicizie con degli sconosciuti, s'imparavano lingue straniere, si scambiavano racconti e ricordi, si confrontavano divinità diverse. Lo stesso accadeva nei caravanserragli o nei bazar, attorno a un tè, dopo aver negoziato il prezzo di una partita di merce. Il prestigio di un commerciante molto abile e ricco poteva trasmettersi alla credibilità della sua religione. I primi predicatori buddhisti, dopo aver convertito zone dell'India, quindi della Cina, cominciarono a percorrere le vie della seta nella direzione opposta, cioè verso Occidente. Cosí il buddhismo si spinse fino al Mediterraneo. Di sicuro apparve in Siria, vi mise radici, prima di essere scalzato dal cristianesimo e infine dall'Islam. Esistette un buddhismo ellenico, con i suoi canoni estetici, precedente alla religione di Cristo. A loro volta certe statue greche di Apollo arrivarono fino all'India, e la loro bellezza indusse i monaci buddhisti a reagire sul piano artistico: le prime statue di Buddha (che per secoli non era stato raffigurato) sembra siano comparse per replicare alla penetrazione inquietante delle bellezze greche. Ma il politeismo greco-romano non ebbe dei piani di conversione e proselitismo ambiziosi in quelle terre lontane; mentre il buddhismo si appagava per lo piú della sua sfera d'influenza asiatica, già vastissima. I rapporti tra noi europei e l'Asia orientale prendono tutt'altra piega con l'apparizione di due religioni monoteiste, aggressive e conquistatrici: cristianesimo e Islam.

Una leggenda, a cui credettero sia Marco Polo sia il gesuita Matteo Ricci nel XVI secolo, narra che il primo a portare il Vangelo ai cinesi sia stato addirittura uno dei dodici apostoli di Gesú, Tommaso. Non c'è nulla di certo, ma la tradizione vuole che Tommaso abbia convertito molti indiani, nelle zone degli odierni Kerala e Tamil Nadu (dove san Tommaso rimane oggi il patrono dei cristiani), poi si sarebbe spinto fino alla Cina. I primi cristiani che in Cina hanno lasciato tracce storiche evidenti sono i nestoriani, una setta espulsa da Costantinopoli dopo la frattura del concilio di Efeso. Il loro nome viene da quello di Nestorio, patriarca di Costantinopoli dal 428 al 431, teorico della separazione tra le due nature – divina e umana – di Cristo. Radicati soprattutto in Siria, i nestoriani rappresentano presto una «potenza missionaria» a Oriente. La loro penetrazione in Cina è veloce, diffusa, massiccia, sotto la dinastia Tang. La presenza è documentata dalla stele nestoriana di Xi'an, datata VIII secolo. Arrivano fino in Mongolia e in Manciuria, convertendo anche alcuni principi locali. Al punto che diventeranno una fonte di sorprese e malintesi per altri cristiani; oppure un ostacolo. La forza nestoriana spiega il fiorire di leggende sulla Cina cristiana durante il nostro

Medioevo: per esempio sull'esistenza di un prete Gianni, potentissimo sovrano cristiano che doveva venire in soccorso di noi europei per liberare Gerusalemme dai musulmani durante le crociate. Questo prete Gianni, protagonista di trionfi militari contro la Persia islamizzata, secondo alcuni sarebbe stato il capotribú mongolo Togrul, alleato di Gengis Khān. I mongoli all'inizio erano eclettici in quanto a fedi religiose, accogliendo anche quella cristiana. Il cattolico Marco Polo nel Catai, alla corte del Kublai Khān (discendente di Gengis Khān) avrà l'impressione di trovarsi in un Paese già in parte cristiano. Quando i gesuiti si lanceranno nel proselitismo in Cina, il primo problema sarà come spiegare che il «vero» cristianesimo è il loro, non quello nestoriano già insediato da molti secoli.

I nestoriani erano stati i protagonisti di un altro exploit, extrareligioso, che oggi ci diverte. È un caso di spionaggio industriale alla rovescia, in cui noi siamo i pirati e i cinesi le vittime. Questo episodio lo ricostruisce uno studioso francese, il sinologo Réné Étiemble, in un'opera monumentale: *L'Europe chinoise*. Protagonista sempre lei: la seta. A quel tempo la Cina è in tutti i campi piú avanzata di noi, tecnologicamente, economicamente (inventerà anche la stampa, diversi secoli prima dell'europeo Gutenberg). La seta è solo una delle eccellenze «made in China», ma la piú ambita sul mercato occidentale. Nessuno in Europa conosce il suo «segreto industriale». I piú credono che cresca come un fiore, su alberi esotici e introvabili da noi. Il filosofo greco Aristotele fu uno dei primi a sospettare il ruolo di un «vermiciattolo» (il baco). Però nessuno lo aveva visto né sapeva in che modo procurarselo. A metà del VI secolo due monaci nestoriani, di fatto contrabbandieri, rubano dalla Cina i bachi da seta, li nascondono dentro canne di bambú e riescono a trasportarli vivi fino a Costantinopoli. Il prezioso know-how arriva cosí alla corte dell'imperatore Giustiniano. Quest'ultimo può creare ex novo un'industria della seta locale, e ridurre le importazioni dalla Cina, grazie alla pirateria dei religiosi. L'episodio non passò inosservato: in Cina la seta era considerata una produzione talmente strategica, che vigeva la pena di morte per chi ne trafugasse i segreti. Dopo la rapina dei monaci le esportazioni cinesi scesero molto; è probabile che vi contribuí anche l'involuzione economica dell'Europa, l'impoverimento nei secoli piú bui del nostro primo Medioevo.

I cinesi non erano eccessivamente curiosi verso l'Occidente, perché consapevoli della propria superiorità. Però qualche esplorazione dell'Ovest vicino la fecero. Una delle piú antiche e importanti ha ispirato un capolavoro della letteratura cinese. È *Il viaggio in Occidente*, detto anche *Il re scimmia* o, nelle versioni piú popolari da noi, *Lo scimmiotto* (una trasposizione a fumetti è stata disegnata da Milo Manara). Lo conosciamo in una tarda versione che è del 1590. La sua origine risale a quasi mille anni prima: è il resoconto di viaggio del monaco buddhista Xuanzang attraverso l'India, l'Afghanistan e la Persia dall'anno 618 al 632 della nostra èra. Anche lui ne ricava qualche segreto industriale: riporta a casa lo zucchero di canna e le tecniche per vinificare dall'uva. Altre opere di monaci buddhisti avevano preceduto *Il viaggio in Occidente*: esploratori con la molla del proselitismo religioso non mancarono. Però il viaggio di Xuanzang si stacca da tutti gli altri per la sua importanza. Il successo della versione romanzesca ne fa una saga fondatrice della cultura cinese, un condensato di storia, geografia, religione. Nella visione che la Cina ha di sé, l'odissea del monaco ha il peso che hanno i poemi omerici per i greci, o la *Divina Commedia* per gli italiani. Racchiude anche una scoperta del mondo esterno che ci ricorda il ruolo di Marco Polo o di Cristoforo Colombo. La prima esplorazione dell'Occidente che conta davvero nella memoria storico-letteraria dei cinesi è custodita in quest'opera. Delusione tremenda per noi europei: l'Occidente che vale non siamo noi, è l'India. Il protagonista Xuanzang è un giovane monaco buddhista che vive in un'epoca tremenda. La Cina settentrionale è soggiogata dagli Unni, in una delle periodiche invasioni dei temibili popoli delle steppe. Sta crollando la dinastia Sui, il Paese è nel caos, l'ordine e la legge sono distrutti. Perfino Confucio e Buddha vengono dimenticati, l'unica cosa che conta per sopravvivere è l'arte della guerra. Xuanzang inizia il suo lungo viaggio a Ovest per andare alla fonte primaria del buddhismo, l'India. Fra le tante tappe riconosciamo l'odierno deserto del Taklamakan, il Kirghizistan, l'Uzbekistan, il Turkmenistan, l'Afghanistan, il Nepal, il Kashmir. Il monaco attraversa nell'Asia centrale le città celebri delle vie della seta: Samarcanda, Buccara, Tashkent. Anche lí la seta cinese è accettata e concupita come denaro contante: i popoli nomadi la comprano in cambio di cavalli pecore mucche; o ne fanno razzie nelle loro scorribande guerresche. La Cina di allora con la seta è un po' come l'America di oggi con il dollaro, controlla un mezzo di pagamento universalmente accettato. Il pellegrino Xuanzang può percorrere venticinquemila chilometri, disegnando una parabola che abbraccia gran parte dell'Asia, perché ovunque trova dei monasteri buddhisti che lo accolgono, lo sfamano e gli dànno rifugio. Grande collante culturale dell'epoca, religione multietnica capace di tenere insieme vasti imperi, il buddhismo ha anche funzioni sociali, assistenziali e civiche che assomigliano al monachesimo benedettino nel Medioevo. Per esempio è nei conventi buddhisti che si custodiscono le conoscenze mediche del tempo, si curano i malati sia ricchi che poveri. Tra i luoghi sacri che Xuanzang visita ci sono i monti di Bamyan nell'Afghanistan settentrionale, con i Buddha giganteschi scolpiti nella roccia: quelli che furono fatti esplodere nel 2001 dai Talebani. La punta estrema dell'esplorazione di Xuanzang è Nālandā, nella valle del fiume Gange. Dopo quattro anni di permanenza e di studio, il monaco intraprende il rientro in Cina, carico di doni ricevuti dal re di Nālandā: tra cui seicentocinquantasette libri, ricette mediche, piante rare e sementi sconosciute ai cinesi. Dopo il ritorno, le scoperte di Xuanzang scatenano una lunga serie di missioni diplomatiche dalla Cina verso l'India: piú di cinquanta in un secolo. La vicenda, raccontata dallo storico americano Stewart Gordon nel libro *Quando l'Asia era il mondo*, è una pietra miliare nella formazione di una visione del mondo che influenzerà la Cina per molti secoli. *Il viaggio in Occidente* mette in movimento un flusso di conoscenze nuove, apre orizzonti, accorcia distanze, supera barriere geografiche, etniche, linguistiche. Per questo ha nella storia della Cina un ruolo paragonabile ad alcune esplorazioni dei nostri navigatori del XV secolo, alle scoperte di nuovi mondi da parte degli europei. Ma per i cinesi l'Occidente interessante finiva in Persia. L'Europa dopo la caduta dell'Impero romano (d'Occidente) era una landa desolata, povera, stagnante e sottosviluppata. Perfino l'Impero romano d'Oriente, ben piú longevo e dalle ricchezze superiori, non attirava piú di tanto la curiosità cinese. Soprattutto dopo il VII secolo, quando appare un nuovo protagonista a occupare lo spazio fra noi e loro: l'Islam.

L'Islam nasce tra il 610 e il 622 d. C., con la rivelazione a Maometto e l'Egira. Quasi subito è una religione conquistatrice, che avanza in vaste aree dell'Asia, dell'Africa e dell'Europa, con militari e missionari che spesso sono la stessa cosa. E proprio per questa ragione è una religione curiosa. Già nel VII secolo si segnalano i primi esploratori musulmani in Cina, con seicento anni di anticipo rispetto a Marco Polo. I racconti dei loro viaggi sono una letteratura ricca, che influenzerà i viaggiatori europei spesso al limite del plagio. L'opera piú importante è la *Relazione della Cina e dell'India*, nota anche con il nome di *Libro di Solimano*. Scritta nell'anno 851, contiene dettagliate descrizioni della Cina meridionale, con città costiere tipo Canton (oggi Guangzhou). Gli arabi sono impressionati dalla prosperità della Cina, la descrivono come il Paese dalle «duecento metropoli», città cosmopolite e multietniche, ricche e bene amministrate, dove regnano l'ordine e la sicurezza. Vantano il suo sistema fiscale, dove vige un'antenata della nostra imposta progressiva sul reddito delle persone fisiche. Copiano dai cinesi la tecnologia navale, in particolare la struttura delle giunche. Di fatto sono i cinesi a iniziare gli arabi alla navigazione dal Golfo Persico verso l'Estremo Oriente. Qualche turbamento agli esploratori arabi lo procura la libertà sessuale delle donne cinesi, che girano a capo scoperto ed esibiscono lunghe chiome; in generale l'assenza di tabú e divieti sessuali rispetto alle tre religioni monoteiste e abramitiche. Compare già in queste narrazioni arabe un fattore di ammirazione per la Cina che si diffonderà molto piú tardi in Occidente: il ruolo dell'istruzione. La relazione del mercante Solimano descrive una Cina dove ogni città ha un sistema scolastico, dove imparano a leggere e scrivere anche i bambini poveri. Inoltre segnala i concorsi pubblici per selezionare i funzionari dell'amministrazione imperiale, un istituto che affascinerà i filosofi francesi dell'Illuminismo mille anni dopo.

Il proselitismo religioso come movente per scoprire, esplorare, conquistare il mondo: è piú potente della curiosità, è piú antico dell'idea di progresso (recentissima), è un alleato formidabile per la sete di guadagno e l'affarismo. La Cina noi europei andiamo a cercarla prima di tutto per motivi religiosi; i mercanti se ne faranno una ragione. A precedere Marco Polo ci sono due missioni: nel 1245 il frate francescano Giovanni da Pian del Carpine, qualche anno dopo il monaco fiammingo-francese Guillaume de Rubrouck. Il loro compito: chiedere aiuto contro i musulmani agli imperatori mongoli eredi di Gengis Khān. La risposta è un brutale ridimensionamento per il nostro ego occidentale: una lettera in cui l'imperatore orientale esige un atto di sottomissione da parte del re di Francia. La Cina ha un evidente complesso di superiorità, è disposta a considerarci solo dei vassalli. Se l'Europa vuole protezione, che accetti di diventare colonia. In seguito le descrizioni di Marco Polo giustificheranno ampiamente quell'idea di una gerarchia e di un dislivello tra noi e loro. *Il Milione*, va ricordato, fu trattato da molti suoi contemporanei come l'opera di uno sbruffone contaballe. Esagerato, inverosimile, perché l'Occidente non poteva concepire che esistesse una civiltà tanto piú avanzata. Ma via via che passarono i secoli, a rileggere Marco Polo si aveva certezza che l'autore – sia pure assecondato dalla penna brillante del compagno di carcere Rustichello da Pisa – era tutt'altro che un bugiardo. I suoi racconti vennero confermati, man mano che nuovi viaggiatori riportavano notizie dalla Cina. Tra le eccellenze tecnologiche, economiche, istituzionali, *Il Milione* ci descrive la diffusione del carbone come combustibile, o la carta moneta fiduciaria emessa dall'imperatore, in un'epoca in cui da noi esistono solo le monete metalliche oppure le lettere di credito dei mercanti-banchieri. Idem per i libri stampati, che Marco Polo menziona due secoli prima che Gutenberg inventi la tipografia in Germania. Nonostante la sua superiorità la dinastia mongola che governava la Cina era avida di scoperte scientifiche. Il padre e lo zio di Marco, Niccolò e Maffeo Polo, nel loro viaggio si erano visti affidare la seguente missione: chiedere al papa l'invio di «cento dottori sapienti nelle sette arti dell'Occidente». Il papa non diede seguito. Peccato. Però di quell'interesse scientifico mostrato dai cinesi fece tesoro, quasi due secoli dopo, il gesuita padre Ricci.

I viaggi di Pian del Carpine e dei Polo hanno infine acceso la nostra curiosità, ed ecco che le influenze mongolo-cinesi compaiono fra di noi in un modo inaspettato: nell'arte. A cominciare da quello che viene definito il Rinascimento senese. Nell'*Adorazione dei Magi* dipinta da Giotto, affresco della chiesa bassa di Assisi, sono riconoscibili due personaggi cinesi. In un dipinto del Pisanello, il ritratto di san Giorgio, sono ben visibili due cavalieri dai lineamenti nettamente asiatici, forse mongoli. Dei tartari – nome corrente per designare i mongoli a quell'epoca – appaiono nelle opere di Ambrogio Lorenzetti. Molti studiosi hanno approfondito l'influsso in Italia di simboli e immagini venuti dall'Estremo Oriente, dal XIII al XV secolo. Prima ancora del *Milione*, una svolta sembra essere stata l'invasione mongola della Russia nel 1238, in seguito alla quale i conquistatori venuti dalle steppe cominciano a intrattenere ricchi commerci con i genovesi stabilitisi sul Mar Nero. Il nostro Trecento ebbe cosí la prima infatuazione orientalista, le «cineserie» delle dinastie Yuan e Song fanno la loro apparizione nella pittura italiana. Un'altra tesi affascinante riguarda l'influenza buddhista nella rappresentazione del diavolo. Qui i motivi venuti dall'Oriente estremo s'infiltrano non solo in Italia ma anche nel Nordeuropa. Già nel tardo Medioevo, per esempio, il demonio viene raffigurato come un pipistrello. Lo ritroviamo «vipistrello» nell'*Inferno* di Dante e in molte rappresentazioni pittoriche. Prima di allora, gli uccelli malefici erano gufo e civetta. Il pipistrello come animale diabolico è il dragone della tradizione cinese, sarebbe arrivato a noi dal Catai attraverso la Persia. Mostri ispirati dall'arte cinese popolano il gotico di Hieronymus Bosch, Bruegel e Cranach: sembrano copiati direttamente dall'iconografia buddhista i demoni con seni femminili, i diavoli con rami d'albero al posto delle braccia, con orecchie immense, corni e proboscidi elefantine. Anche chi dipinge le tentazioni – di Cristo o di sant'Antonio – nell'Europa di quell'epoca sembra attingere alla raffigurazione piú antica delle prove che gli spiriti del male impongono a Buddha. Le danze macabre e i cadaveri putrescenti che popolano la pittura fiamminga di quel tempo sono pieni di riferimenti alle arti dell'Oriente Estremo, India Cina e Giappone. Del resto nell'immaginazione tardo medievale e del primo Rinascimento iniziano a spostarsi verso il Catai e il Paese dei Tartari le leggende bibliche sulle tribú di Gog e Magog o le terre dei Re Magi.

Piú utile dei diavoli, piú prezioso perfino della seta, è un altro regalo che la Cina fa all'Europa quando cominciamo a frequentarci. È la conoscenza della geografia e dell'astronomia, al servizio della navigazione. La cartografia cinese e gli strumenti per orientare i naviganti erano piú avanzati dei nostri, nei primi anni del Quattrocento. Gli imperatori della dinastia Ming non potevano immaginare che quel sapere avrebbe avuto – nel lungo periodo – conseguenze militari e strategiche fatali per la Cina, una volta caduto in mani occidentali. All'inizio il flusso di informazioni da est a ovest parve innocuo, ai loro occhi. È probabile che le traversate oceaniche di Cristoforo Colombo e di Amerigo Vespucci siano state possibili grazie al know-how geografico e tecnologico portato in Italia dall'Estremo Oriente. Secondo alcune ricostruzioni un ruolo chiave lo svolge una misteriosa ambasciata cinese del 1433 a Firenze. A quel tempo i navigatori occidentali dovevano affrontare i mari senza un'accurata misurazione delle longitudini. Le flotte cinesi, invece, da secoli perlustravano l'oceano Indiano utilizzando la posizione degli astri per determinare sia la latitudine sia la longitudine di una nave in mare. I dignitari inviati a Firenze dalla dinastia Ming portarono con sé delle mappe. Le vide, a quanto sembra, l'astronomo-geografo Paolo Toscanelli. Capí di aver molto da imparare e si mise al lavoro. Fu un altro caso (dopo la seta) in cui noi copiammo i cinesi, senza pagare il copyright. Le nuove carte geografiche di Toscanelli furono preziose per Colombo e altri navigatori. Si aprí l'èra delle grandi scoperte, che allargarono le possibilità del colonialismo. La Cina all'inizio del Quattrocento era molto piú ricca di noi e aveva tecnologie piú sofisticate; lentamente cominciò a perdere terreno. Proprio dal mare sarebbero venuti i futuri aggressori occidentali: popoli piú piccoli e per molti aspetti piú arretrati, ma con una curva di apprendimento molto veloce nelle nuove tecnologie della guerra navale.

Religione e affari s'intrecciano nella tappa successiva delle nostre esplorazioni a est. I primi imperialismi europei che si affacciano sulle coste cinesi sono quelli del Portogallo e della Spagna, presto seguiti da Olanda Francia Inghilterra. Gli iberici usano i missionari – con una preferenza per i gesuiti – come punta di lancia per le loro operazioni d'insediamento commerciale e geopolitico. Tessuti e spezie sono il grande business, alle vie della seta terrestri si affiancano quelle marittime, gli europei in fase ascendente vogliono trattare direttamente con i fornitori cinesi, affrancandosi se possibile dagli intermediari arabo-turco-persiani.

Una figura si innalza su tutte le altre, è il gesuita Matteo Ricci, da Macerata. È un gigante per il ruolo che ebbe nei rapporti tra Occidente e Oriente; ma non fu mai abbastanza presente nella memoria storica degli italiani. Perfino Macerata non è generosa nello studiare e celebrare la sua eredità. Il destino di padre Ricci è quello di essere incompreso anche da vivo: è troppo moderno per il suo tempo, intuisce della Cina cose che gli europei non vogliono vedere. La sua apertura al mondo assomiglia a quella di un filosofo laico come il francese Michel de Montaigne, il quale a metà del XVI secolo pur sapendone poco pensa che la Cina possieda una civiltà avanzata e non abbia nulla da invidiare all'Europa. Tra gli estimatori piú recenti di padre Ricci c'è uno dei maggiori sinologi viventi, l'inglese Jonathan Spence, che gli ha dedicato un libro sorprendente, *Il Palazzo della memoria di Matteo Ricci*. L'opera si apre ricordando il contesto europeo da cui parte il gesuita per lanciarsi nelle sue avventure asiatiche. Siamo nel bel mezzo delle nostre guerre di religione, esplose tra cattolici e protestanti dopo la Riforma di Lutero (1517). L'Italia è un campo di battaglia, è attraversata continuamente da milizie straniere, mercenari che nel linguaggio di oggi non esiteremmo a definire terroristi a pagamento. Alle offensive militari vere e proprie si aggiunge il banditismo dei disertori, che ogni tanto conducono guerre private a scopo di rapina, distruggendo saccheggiando uccidendo e violentando al loro passaggio. Il bilancio di vittime di quei conflitti è aggravato dalla diffusione di nuove tecnologie, come l'uso sistematico dei cannoni. I papi che hanno giurisdizione su Macerata non sono in grado di garantire ordine e sicurezza. Alle scorribande guerriere su larga scala corrisponde una violenza locale endemica: faide sanguinose (sul modello di quella veronese fra i Capuleti e i Montecchi immortalata da Shakespeare in *Romeo e Giulietta*), vendette e ritorsioni tra clan, ammazzamenti e ruberie. Sullo sfondo c'è la guerra di religione piú vasta e piú antica, quella che oppone cristianesimo e Islam: Macerata è sull'Adriatico in una zona sempre vulnerabile alle incursioni saracene, turco-ottomane. Il Vicino Oriente è l'impero nemico per eccellenza, l'Infedele che occupa la Terra Santa e attenta alla sicurezza dell'Europa. Quando Matteo Ricci sta per compiere vent'anni, nel 1571, c'è la battaglia di Lepanto, l'avanzata ottomana viene bloccata dalla Lega Santa tra la Spagna, Venezia e il papato. La vittoria navale delle potenze cristiane è ingigantita nelle narrazioni dell'epoca e nelle rappresentazioni pittoriche, ma non è affatto decisiva. L'Islam continua a premere alle porte della cristianità. L'Impero ottomano si era spinto fino ad assediare Vienna un ventennio prima che Ricci nascesse, nel 1529; tornerà a farlo settant'anni dopo la sua morte, nel 1683. L'Europa cristiana vive in quei secoli come una fortezza assediata, all'ombra di una superpotenza musulmana che domina il Vicino Oriente. È proprio nell'anno di Lepanto che Ricci comincia la sua formazione a Roma nei ranghi della Compagnia di Gesú. Un corpo sacerdotale d'ispirazione quasi militare nel modello organizzativo, ma anche con una specifica vocazione culturale, allo studio e alla formazione di nuove classi dirigenti, secondo i dettami del fondatore basco Ignazio di Loyola. Dopo sette anni di addestramento a Roma – e un trasferimento a Lisbona per studiare il portoghese – Ricci viene destinato a una delle missioni strategiche del tempo: la conversione dell'Oriente lontano. È ancora viva quell'idea germinata fra noi nel tardo Medioevo delle crociate: aggirando la vasta terra nemica controllata dall'Islam, piú oltre si possono trovare dei potenti alleati per la cristianità, da arruolare in una coalizione comune. La prima tappa dell'avventura asiatica di Ricci nel 1578 lo porta a Goa in India, poi a Cochin nel Kerala. Nel 1582 si trasferisce a Malacca e a Macao, sempre seguendo gli avamposti del nascente imperialismo portoghese. L'anno dopo ecco il suo sbarco nella Cina continentale: prima a Zhaoqing nella regione di Canton, poi a Shaozhu, Nanchino, Nanchang. Il gesuita non la lascerà piú, la Cina è destinata a diventare una seconda patria, per quasi trent'anni. Muore nel 1610 a Pechino, dove tuttora la sua tomba è venerata. Con il nome cinese di Li Madou, che vuol dire «il saggio venuto da ovest». Padre Ricci è il continuatore dell'opera di Marco Polo a un altro livello. Intellettuale polivalente, formidabile mente matematica, dotato di eccezionale curiosità e capacità di apprendimento, è attratto a tal punto dalla civiltà cinese da «adattare» il proprio messaggio cristiano, ai limiti dell'eresia. Il gesuita arriva a una conoscenza cosí profonda delle due civiltà e delle due culture, l'europea e la cinese, che si trasforma in una sorta di ambasciatore bivalente: spiega l'Occidente cristiano a loro, decifra per noi la Cina buddhista e confuciana. Un'operazione troppo ambiziosa; infatti gli riesce solo in minima parte, e lo condanna a essere spesso incompreso sia dagli uni sia dagli altri. Ricci fin dal suo arrivo in Cina è sbalordito dal livello culturale di quella civiltà; presto comincia a impararne la lingua, poi a studiare Confucio e a tradurlo in latino. Senza venir meno al mandato originario – evangelizzare i cinesi – capisce che il rispetto confuciano per la conoscenza è la chiave per far breccia nella classe dirigente locale. Per convertire il popolo sarebbero ben piú utili i «miracoli», in cui altri sembrano eccellere; ma lui da buon gesuita guarda soprattutto al proselitismo fra i mandarini, le élite, i sovrani. Quella di Ricci diventa una sorta di competizione scientifica, per impressionare i dirigenti cinesi con un'esibizione delle migliori conoscenze occidentali. Gli daranno man forte piú tardi altri due gesuiti-scienziati giunti in Cina, i padri Rho e Schall. In astronomia loro usano talvolta delle scoperte che la Santa inquisizione cattolica condanna come eretiche: circolano i lavori di Copernico, cui seguiranno quelli di Galileo e Keplero. Usando la scienza piú moderna dell'epoca, Ricci corregge alcune imperfezioni del calendario lunare cinese, con grande vantaggio per l'organizzazione dei raccolti agricoli che lo applicano. A quel tempo erano in concorrenza fra loro presso la corte dell'imperatore celeste tre sistemi astronomici: il cinese, l'islamico e l'europeo. Grazie agli scienziati europei «eretici», i gesuiti regalano a Pechino un calendario piú preciso dalle applicazioni pratiche importanti: padre Schall, successore intellettuale dell'opera di Ricci, verrà insignito col titolo di «mandarino» per aver previsto con estrema precisione un'eclisse del 1645 che i calcoli cinesi avevano mancato di mezz'ora e quelli musulmani di un'ora. Ricci per primo indica la strada, si fa stimare come scienziato, matematico, fisico, astronomo, oltre che come religioso. Tra le sue doti c'è una memoria prodigiosa, allenata sistematicamente attraverso dei metodi che si tramandano dalla Grecia antica. Il «Palazzo della memoria» di Ricci è uno dei tanti del suo genere: è una tecnica che consiste nel memorizzare le cose (cifre, vocaboli e segni di una lingua straniera, concetti, persone o eventi storici) associandole a stanze di un immaginario palazzo, con ripostigli, armadi, tutti custoditi mentalmente. Ricci applica questo metodo in Cina con un'astuzia supplementare: lo offre come la strategia vincente per passare i concorsi di ammissione all'alta burocrazia imperiale, esami difficilissimi e iperselettivi che impongono grossi sforzi mnemonici. In una lettera del 1596 da Nanchang che indirizza al generale Acquaviva, capo dei gesuiti a Roma, padre Ricci descrive la folla di aristocratici cinesi che frequenta casa sua in cerca di tre cose: l'apprendimento della matematica occidentale, la formula per la trasformazione di certi metalli, e le tecniche mnemoniche per moltiplicare la capacità di apprendimento. Ricci però conclude l'esistenza con un sostanziale fallimento. Come missionario, il bilancio finale del suo lavoro è modesto. Nelle alte sfere cinesi spesso si ordiscono trame contro di lui; il proselitismo cristiano minaccia posizioni di potere consolidate nella corte imperiale. Nonostante l'eclettismo – quasi un ecumenismo ante litteram – c'è chi lo percepisce come un attentatore all'identità culturale, al sistema di valori della civiltà cinese. Ricci viene soprattutto boicottato dai suoi. Lo sforzo di adattare il messaggio cristiano alla Cina gli suggerisce di evitare la messa in latino; scende a compromessi con taoismo e buddhismo per «tradurre» in mandarino il nostro concetto di Dio; anche nelle apparenze si mimetizza, vestendosi come un dignitario dell'Impero celeste. Via via che s'immerge nello studio di Confucio, il gesuita capisce che il piú grande pensatore della storia cinese è sostanzialmente agnostico. Nell'insegnamento di Confucio non c'è posto per Dio né per l'immortalità dell'anima; tantomeno per inferno e paradiso. Un vero confuciano pratica la virtú senza attendersi ricompense in una vita ultraterrena. Anche il buddhismo delle origini è ateo. Col passare dei secoli, il buddhismo e il confucianesimo si sono imbastarditi, mescolati al culto degli antenati, hanno subito contaminazioni, derive magiche. Sicché esistono all'epoca di Ricci templi dedicati al culto di Confucio (un'assurdità: è come se noi avessimo delle chiese intitolate a Socrate) e i bonzi taoisti o buddhisti sfruttano la credulità popolare, si atteggiano a guru capaci di vedere nell'aldilà. Ricci si conquista il rispetto dei mandarini cinesi piú illuminati: nella sua mentalità scientifica e razionale vedono un'alternativa alla superstizione delle masse. In quanto al ruolo d'interprete-divulgatore delle credenze cinesi in Europa, il gesuita fa un'operazione simile a quella che san Tommaso d'Aquino aveva fatto con Aristotele, quando aveva «spiegato-piegato» il pensiero del filosofo greco perché apparisse compatibile con la dottrina cristiana. Tutte queste cose creano in Europa una reputazione di padre Ricci da quasi eretico, e gli procurano un mucchio di nemici. La questione dei «riti cinesi» – su cui la Compagnia di Gesú lo appoggia – viene strumentalizzata negli scontri politico-religiosi in Europa. Papi, re europei, ordini religiosi diversi si scontrano sulla Cina, in realtà per regolare altri conflitti di potere. Non giova a Ricci il fatto che lui possa esibire un numero limitato di conversioni; e la crescente ostilità verso il cristianesimo da parte di una Cina che comincia a intravvedere le ambizioni espansioniste degli europei. Tant'è, i gesuiti anche dopo Ricci continueranno a usare le scienze occidentali – la Bibbia mescolata con la matematica euclidea e le scoperte di Galileo – come «cavallo di Troia» per tentare una penetrazione in Cina. Nasce cosí l'idea di un Occidente portatore di modernità, razionalità, che altre classi dirigenti cinesi riscopriranno nel momento della loro decadenza, a partire dall'Ottocento.

L'eredità piú importante di Ricci paradossalmente verrà celebrata due secoli dopo da una rivoluzione laica, perfino atea e anticlericale: l'Illuminismo. Tra quei filosofi francesi che ispireranno la Rivoluzione del 1789 e la Dichiarazione dei diritti dell'uomo, il primo a occuparsi con passione della Cina è Charles-Louis de Secondat, barone di La Brède e di Montesquieu (1689-1755). Noto come Montesquieu, è uno dei pensatori dello Stato liberale e della separazione dei poteri. Nella sua opera piú importante, *Lo spirito delle leggi*, un capitolo è dedicato all'impero della Cina. Montesquieu vi affianca delle affermazioni semplicistiche, e oggi per noi anacronistiche, con alcune intuizioni che avranno grande influenza sul nostro modo di vedere la Cina. Per la sua immensità, e il «pullulare» di una popolazione che già allora è la piú numerosa del pianeta, la Cina secondo Montesquieu non può che essere governata attraverso l'obbedienza servile a un governo dispotico. E tuttavia lui vede nell'impero cinese il migliore dispotismo al mondo. È attirato dalla visione confuciana del sovrano come padre del popolo. Dedica molte pagine a un altro aspetto del confucianesimo, l'importanza dei riti nella vita quotidiana, il rispetto delle formalità come segno di adesione a principî morali che regolano la vita della famiglia e della società. Rileggere *Lo spirito delle leggi* a quasi tre secoli dalla pubblicazione è istruttivo. Non necessariamente perché Montesquieu abbia capito la Cina per ciò che è davvero. Ma perché la sua visione ha avuto un'influenza enorme su tutto quello che in seguito fu pensato e scritto da noi occidentali a proposito della Cina. La formula del dispotismo orientale è diventata una delle chiavi di lettura usate da molti altri autori, compreso Marx. Ancora oggi è diffusa l'idea che la Cina sia governabile solo con un sistema dittatoriale: per via delle sue dimensioni, della sua complessità, della sua storia. L'interpretazione di Confucio in chiave paternalistico-autoritaria, la società organizzata secondo gli stessi principî gerarchici di una famiglia, tutto questo è diventato l'*abc* di ogni conversazione sulla Cina. E in fondo un po' del pensiero di Montesquieu è stato integrato e fatto proprio da chi la Cina la sta governando. Se ritenete che io stia esagerando l'importanza di un filosofo francese dell'Ottocento sulla formazione della nomenclatura comunista cinese, ricordo che Zhou Enlai (primo ministro di Mao Zedong), Deng Xiaoping (il leader della transizione al capitalismo) e tanti altri dirigenti comunisti studiarono da giovani a Parigi.

Il piú sinofilo di tutti gli illuministi rimane però François-Marie Arouet, a noi noto con il nome d'arte: Voltaire (1694-1778). Anche se in Cina non mette piede (come del resto Montesquieu), lui se ne invaghisce grazie alle descrizioni dei gesuiti. Gli piace dei cinesi la religione atea o «deista» (cioè che vede il divino dappertutto, un principio immanente che è diffuso nella natura). Gli piace piú di ogni altra cosa la selezione della classe dirigente in base a principî meritocratici, di competenza. Voltaire supera Montesquieu nel fare una propaganda filocinese che avrà profonda influenza fino ai nostri giorni. Nel *Dizionario filosofico*, opera fondamentale di divulgazione che spiana la strada alla nuova cultura illuminista, Voltaire alla voce «Cina» esalta la religione dei letterati, senza superstizioni, senza leggende assurde, senza dogmi che insultano la ragione e la natura. Questa è una visione decisamente ottimista: nella religiosità cinese c'erano allora come oggi anche superstizioni e leggende. Voltaire però si riferiva all'interpretazione corretta, purista, di Buddha e Confucio, come l'aveva intuita leggendo i gesuiti. In un'altra opera fondamentale, *Il secolo di Luigi XIV*, il filosofo francese tesse le lodi del sistema mandarinale, il reclutamento dei funzionari statali attraverso concorsi pubblici. Un'alta burocrazia fondata sulla competenza! Non c'è dubbio che fosse un sistema piú moderno, efficiente e anche democratico, rispetto all'Europa di allora dove le cariche pubbliche andavano di pari passo con i titoli nobiliari, o venivano vendute al migliore offerente quando il re aveva bisogno di fare cassa. Meritocrazia, tecnocrazia: ancora una volta abbiamo dei concetti che risalgono a Voltaire ma oggi vengono maneggiati regolarmente parlando di Xi Jinping e del regime attuale a Pechino. Siamo noi che continuiamo a vedere la Cina con gli stessi occhiali dell'Europa ottocentesca? Oppure è Voltaire che intuí qualcosa di profondo, durevole, che rappresenta una costante nella storia cinese? Nella sua corrispondenza con il re Federico di Prussia, Voltaire celebra la figura dell'imperatore cinese come il paradigma di un sovrano illuminato, che governa per il bene dei sudditi e della nazione. Tra i dettagli che hanno catturato l'attenzione del filosofo, c'è l'istituto dei magazzini imperiali di grano e riso, depositi usati per distribuire cibo al popolo cinese durante le siccità, onde evitare carestie. Questo in un'epoca in cui la miseria di un cattivo raccolto poteva devastare il popolo. Mentre la Rivoluzione francese comincia a essere nell'aria, ecco spuntare in quelle pagine di Voltaire un altro tema: l'imperatore cinese è un modello perché si tratta di un «re filosofo». O di un filosofo re? Qui incontriamo uno dei piú interessanti – e inquietanti – cortocircuiti fra Occidente e Oriente. Voltaire chiaramente s'innamora di un sistema politico nel quale, grazie a Confucio, la cultura è valorizzata, e con essa il ruolo degli intellettuali. Il potere va gestito da un'élite che ha le idee giuste. Evviva la Cina, che lo ha capito. Questo concetto illuminista sarà fatto proprio da veri leader rivoluzionari come

Robespierre e gli altri giacobini: avanguardia che «sa qual è il bene del popolo». Da Robespierre si arriva a Lenin, poi da Stalin a Mao... La Rivoluzione francese verrà adottata come modello da generazioni di leader marxisti, cinesi inclusi. Grazie a Confucio nella versione di Voltaire, i capi del Partito comunista cinese sono i sovrani illuminati che sanno qual è il vero interesse del popolo, senza bisogno di chiederglielo. È un Oriente fedele a sé stesso? O mediato attraverso l'interpretazione che ne ha dato l'Occidente?

È chiaro che Voltaire si occupa di massimi sistemi. È un filosofo, non uno storico. S'innamora di un «ideale cinese», sa poco della Cina reale. La storia è molto piú complicata, ambigua e contraddittoria rispetto agli schemi astratti che cerchiamo di applicarle. In duemila anni la Cina ha visto alternarsi imperatori saggi e dediti al bene collettivo; altri che furono inefficienti o rapaci, ingiusti e tirannici. Lo stesso Confucio, grande pensatore della politica e teorico di un'arte del buongoverno, a volte fu osteggiato nel suo Paese, i libri messi all'indice, i seguaci perseguitati da sovrani che non condividevano affatto quei precetti. In ogni caso è con l'Illuminismo che l'uso dell'Oriente si fa sempre piú esplicitamente politico, a fini interni. Parliamo di Cina – criticandola o esaltandola – per parlare di noi stessi. Ne facciamo lo specchio in cui osservare la nostra identità; il metro di paragone per misurare ciò che vale l'Occidente. Con Voltaire per la prima volta la Cina viene considerata un esempio di modernità per l'Europa. Dall'Ottocento diventa piú evidente una gara tra noi e loro; per copiare il meglio dell'altro, e al tempo stesso per distinguersi. Ci sarà una terza variante: quando l'Oriente per alcuni di noi rappresenterà una via di fuga, un mondo – spesso immaginario – dove andare a rifugiarci per cancellare tutto il male che è in noi.

Capitolo terzo
L'Asia è femmina o l'impero dei sensi

> Prenderemo le posizioni piú variegate | Quelle che un marito ha raramente visto, | Come furono insegnate da Tien Lao all'Imperatore Giallo, | Nessuna gioia potrà eguagliare le delizie di questa prima notte, | Non le dimenticheremo mai, per quanto possiamo invecchiare.
>
> ZHANG HENG, 78-139 d. C.

> All'inizio il Signore delle Creature creò uomini e donne e scrisse, raggruppandoli in forma di comandamenti, i precetti del Dharma, dell'Artha e del Kama [...]. I comandamenti del *Kāmasūtra* furono divisi in sette parti, con i titoli seguenti: argomenti generali; amplessi; l'unione di maschi e femmine; la propria moglie; le mogli degli altri; le cortigiane; l'arte della seduzione.
>
> MALLANAGA VĀTSYĀYANA, *Kāmasūtra*, III secolo d. C.

> La donna vestita di rosso marciava in testa, guardando alteramente, e quando mi trovai accanto a lei vidi che si passava la lingua sulle labbra, lentamente e golosamente si passava la lingua sulle labbra che sorridevano.
>
> JULIO CORTÁZAR, *Le Menadi*

L'Asia è femmina, l'Occidente è maschio? Laggiú a Oriente regnò a lungo una naturale sensualità, che da noi è stata repressa in nome della razionalità, oppure dei tabú e divieti imposti dalle tre religioni abramitiche?

Lo scrittore giapponese Mishima Yukio, nell'ultima opera scritta prima di morire (la tetralogia *Il mare della fertilità*), rivisita uno dei miti piú antichi

L'ASIA È FEMMINA O L'IMPERO DEI SENSI 61

e piú potenti che accompagnano la nostra formazione culturale dall'antica Grecia. È l'opposizione tra Apollo e Dioniso: il primo è il dio del sole, del pensiero razionale e dell'ordine; il secondo è il dio delle pulsioni sensuali, dell'inconscio, dell'istinto e del caos.

> Dioniso era venuto dall'Asia. Il suo culto, che portò pazzia, corruzione, uccisioni e cannibalismo, aveva le sue radici in Asia, e poneva il problema essenziale dell'anima. [...] Ubriachi, scarmigliati, lacerandosi le vesti e mostrandosi i genitali, il sangue gocciolante dalla carne viva stretta nelle loro bocche [...].
> Tale invero era l'esperienza spirituale dell'*entusiasmo*, ovvero dell'essere posseduti dagli dèi, e dell'*estasi*, ossia dell'uscire dal proprio ego, che infine erano state raffinate e ritualizzate nel culto orfico.
> Ciò che aveva guidato il pensiero greco verso il concetto del saṃsāra e della reincarnazione era stata proprio quest'esperienza dell'*estasi*. [Da *Il tempio dell'alba*, terzo romanzo della tetralogia].

Dioniso nel mito greco è il dio che ci guida verso la liberazione da noi stessi, da quella gabbia che è la nostra identità quotidiana. È una potenza attraente e pericolosa, forse il dio piú raffigurato in tutta l'arte greca, nonostante i sospetti sulla sua origine... straniera. Omero lo chiama «una gioia per i mortali». Incarna la forza primordiale della natura, del sangue che scorre nelle nostre vene, del sesso. Ha un seguito particolarmente forte tra le donne: le Menadi, termine che si può tradurre dal greco con «esagitate», ovvero le Baccanti latine (nel Pantheon romano Dioniso diventa Bacco). Con l'aiuto del vino le Menadi si mettono in uno stato di eccitazione, follia divina, estasi. Possedute, si dedicano alla danza e al sesso, hanno virtú profetiche e una forza sovrumana. Nel teatro greco le Baccanti di Euripide hanno corpi resistenti al fuoco, quando s'infuriano fanno a pezzi uomini e animali. In tutta l'Europa mediterranea abbiamo varianti di questo mito, tradizioni che associano a qualche culto divino delle cerimonie magico-artistiche, musiche e danze scatenate, che consentono soprattutto alle donne di liberarsi da ogni costrizione sociale, di sprigionare (magari con l'aiuto di alcol e droghe) tutta la propria energia sessuale, anche in modo violento, incontrollabile. Nella letteratura contemporanea il mito è riapparso di continuo, per esempio ritorna nel racconto *Le Menadi* dello scrittore argentino Julio Cortázar: ambientata nel nostro tempo, è una storia surreale dove a provocare l'estasi è un concerto di musica classica, al termine del quale il pubblico (soprattutto femminile) si lancia sul direttore d'orchestra e i musicisti per divorarli, letteralmente. L'origine del mito è importante. Dioniso viene da Oriente. Fin dalla Grecia antica, noi europei abbiamo associato l'Asia anche a questo: un mondo che ha regole molto diverse dal nostro sul ruolo dell'energia sessuale, in particolare quella femminile. L'Oriente è il regno della natura, degli istinti primordiali, del subconscio dove si agitano forze che ci fanno paura, come il desiderio femminile. L'Occidente ha represso e incanalato queste forze, raggiungendo cosí uno stadio di civiltà che si considera superiore; ma è sempre esposto a improvvise nostalgie per una sorta di paradiso perduto. Dall'idea del buon selvaggio di Jean-Jacques Rousseau fino agli studi dell'antropologo Claude

Lévi-Strauss, l'autocritica dell'Occidente ha spesso preso di mira la propria morale sessuale, cercando altrove qualcosa di piú autentico, sano, in armonia con la natura.

Questa particolare versione dello «scontro di civiltà» che lo proietta sul binomio uomo-donna è stata teorizzata anche da una celebre autrice americana, una femminista controcorrente, Camille Paglia. Attenta studiosa del mondo classico, nel best seller del 1990 *Sexual Personae* si occupa proprio della dicotomia Apollo-Dioniso. Paglia associa Dioniso con la natura femminile, con il caos delle pulsioni sessuali e della procreazione; mentre Apollo rappresenta la razionalità maschile. La sua conclusione può sorprendere: «Tutto ciò che la civiltà occidentale ha realizzato di grande deriva dalla lotta contro le nostre origini, dal prevalere di Apollo contro Dioniso, dall'ordine maschile contro le forze della natura». Paglia include uomini omosessuali, donne single e lesbiche nel lato apollineo-maschile della nostra cultura: scienza, letteratura, arte, tecnologia e politica. Scrive: «L'orientamento maschile di Atene nella Grecia classica fu inseparabile dal suo genio. Atene divenne grande non malgrado ma a causa della sua misoginia».

Uno dei maggiori biografi di Marco Polo, l'americano Laurence Bergreen, racconta cosí il primo contatto con i costumi sessuali cinesi: «Via via che soggiorna tra la gente di Tangut [popoli nomadi di ceppo tibetano, nella valle del Fiume Giallo], lui si libera sempre piú della sua timidezza e inibizione, parla liberamente delle loro vite, e cosí rivela il suo stesso risveglio sessuale». Lo colpiscono soprattutto le donne di Kamul, oggi Hami, che osservano una variazione speciale della poligamia: la poliandria, quella in cui è la donna ad avere di regola molti partner. Le Kamul praticavano una poliandria temporanea ma frequente: si offrono al forestiero di passaggio, allontanando i propri mariti da casa.

> Lo straniero, – racconta Marco Polo, – sta con la donna nella casa e va a letto con lei proprio come se fosse sua moglie, e continuano con grande piacere. Tutti gli uomini di questa città e provincia vengono cosí traditi dalle proprie mogli; ma non provano vergogna. Le donne sono belle e vivaci e sempre pronte a soddisfare.

Per il giovane viaggiatore veneziano, che è appena entrato nell'età adulta, questa iniziazione sessuale è una delle prime meraviglie nel contatto con la Cina. Si aggiunge a quell'altro «shock dionisiaco» che è stata la scoperta dell'oppio, per lui divenuto essenziale, forse per attenuare i sintomi di una tubercolosi presa durante il viaggio sulle montagne afghane. Marco Polo è un raccontatore che ama stupire, ma non è un bugiardo. Quel costume delle donne sino-tibetane venne poi confermato da altri esploratori e antropologi. La poliandria delle donne ha una spiegazione rigorosa, è finalizzata alla conservazione della specie. Quelle popolazioni nomadiche praticavano l'endogamia di clan, tribú o villaggio: cioè si sposavano quasi sempre tra consanguinei, anche parenti stretti. Non conoscevano il tabú dell'incesto. Questo li esponeva a un degrado del patrimonio genetico, un aggravarsi di tare ereditarie, malformazioni e altri difetti alla nascita. Avere rapporti sessuali con ogni straniero di passaggio era un modo perfettamente razionale per arricchire e rimescolare il Dna. I figli naturali avuti dopo essere state fecondate dallo straniero sarebbero stati piú sani e forti. Il clan li accettava, anzi li desiderava. La descrizione nel *Milione* contribuisce a risvegliare la curiosità degli europei verso i costumi sessuali dell'Asia. Marco Polo attira l'attenzione su queste scoperte anche nel seguito del viaggio, quando arriva alla corte imperiale del Kublai Khān; e qui incontra la poligamia maschile. Appare cosí un altro tema che da quel momento ossessiona la cultura occidentale: l'harem, il serraglio, le concubine.

Nel catturare la fantasia erotica degli europei, l'Estremo Oriente precede il Vicino Oriente. La danza dei sette veli di Salomè? La ragazza in cambio dello spettacolo a luci rosse offerto al re Erode ottiene la testa di Giovanni Battista, dopo che lui si è negato al desiderio di sua madre Erodiade. La danza-spogliarello di Salomè non esiste nella Bibbia, ma è ispirata al primo di tutti gli strip-tease, quello della dea mesopotamica Inanna. È in realtà un'invenzione letteraria del drammaturgo inglese Oscar Wilde, alla fine dell'Ottocento: è la stessa epoca in cui a Parigi e a Londra si esibisce la ballerina Loïe Fuller imitando le danze del ventre. La prima traduzione europea delle *Mille e una notte* era giunta in Europa solo nel 1704, in francese. Da Sheherazade in poi, odalische e baiadere del mondo arabo-ottomano o persiano fanno irruzione anche nella letteratura occidentale. Ma *Le mille e una notte* attinge a tradizioni indopersiane. Alcune di quelle storie sono state probabilmente ispirate da racconti indiani molto piú antichi: *L'oceano dei fiumi dei racconti* di Somadeva – brahmano vissuto alla corte di re Ananta – è un poema narrativo del Kashmir che risale all'XI secolo. In cerca delle vere origini dionisiache, inseguendo una sessualità non contaminata dal senso del peccato, il viaggio della fantasia europea deve proseguire sempre piú a Oriente.

Marco Polo, dunque, c'era arrivato prima degli altri. Già nel 1298 lui rivela agli europei come funziona l'harem imperiale, con una galleria di ritratti in cui si distinguono donne potenti. Chabi, la moglie principale del Kublai Khān, è un'imperatrice mongola con una lucida strategia politica e un'enorme influenza sul marito: è lei che lo distoglie dall'assurdo progetto di trasformare le pianure agricole attorno a Pechino in pascoli per i cavalli dei guerrieri. È lei a spingere verso una sinizzazione della classe dirigente mongola, in particolare adottando i valori politici di Confucio. Chabi è anche una stilista, capace di disegnare intere linee di moda, inclusa una tunica da combattimento senza maniche per soldatesse. Quel che colpisce di piú i lettori europei del *Milione* sono le descrizioni delle bellezze femminili, feline e seduttive, e delle arti amatorie dispiegate per catturare l'attenzione dell'imperatore. Con qualche accorgimento per non urtare la sensibilità dei suoi lettori cattolici, il viaggiatore veneziano parla in modo esplicito degli amori lesbici in seno all'harem imperiale, dove le mogli degli aristocratici iniziano al sesso le ragazze piú giovani. Nulla di simile si poteva raccontare sulle corti europee. Sull'Oriente sí, vige la licenza poetica e c'è libertà di evocare ogni sorta di «perversione pagana».

Marco Polo s'imbatte – un po' distrattamente, perché non può capirne l'importanza – nell'invenzione della tipografia che in Cina ha preceduto la nostra. Il veneziano non si accorge di quanto sia ricca l'editoria locale. Mentre in Europa il libro è ancora un oggetto raro (ricopiato dagli amanuensi), alla corte del Khān se ne stampano in abbondanza. Ce n'è per tutti i gusti: codici legali o saggi di filosofia confuciana, testi sacri o racconti dell'orrore (i fantasmi sono di gran moda), raccolte di poesie e manuali per ottenere il massimo godimento sessuale. Poesia ed erotismo del resto sono spesso la stessa cosa. Dopo Marco Polo gli occidentali andranno alla scoperta di una letteratura erotica antichissima in Estremo Oriente. Colui che viene considerato il protoantenato della civiltà cinese, l'imperatore giallo Huang Di, che quattromilacinquecento anni orsono fu il capostipite dell'etnia Han, sarebbe l'autore del primo manuale di educazione sessuale, basato sulla medicina tradizionale. Grazie a lui, l'idea che sesso e salute psicofisica siano strettamente associati affonda le radici alle origini della Cina. Sia la tradizione taoista sia Confucio avevano in comune la convinzione che il rapporto sessuale unisce gli amanti con l'armonia del cosmo, donde un atteggiamento positivo verso la sessualità. Perciò dall'Illuminismo francese fino alla psicoanalisi, quando l'Occidente si rivolta contro tabú religiosi e sessuofobia clericale va in cerca di un modello «sano» in Asia. Il taoismo aggiunge qualcosa di sacro all'amore fisico, e sfocia in quella teoria della «ritenzione del seme» che ha un'enorme importanza nella letteratura e poesia erotica cinese, molto diffusa ai tempi di Polo. Nella teoria medica taoista il corpo umano racchiude un microcosmo, ha in sé la forza essenziale dell'universo, il *chi*. Quest'ultimo si compone di un principio maschile, *yang*, e di uno femminile, *yin*. La forza del *chi* sgorga dal corpo durante l'orgasmo. Un uomo può assorbire energia vitale dalla sua partner durante l'atto sessuale, se lei raggiunge l'orgasmo mentre lui lo reprime. Diversi sinologi e studiosi del taoismo occidentali hanno sottolineato questa originalità nei manuali cinesi di educazione sessuale, da Paul Rakita Goldin a Robert Hans Van Gulik: l'arte sofisticata del coito consiste per il maschio nel far godere la donna il piú a lungo possibile per succhiare la sua essenza, trattenendo la propria. Questo si estende alle prostitute, e la diffusione dei bordelli fino all'èra Ming ha una giustificazione sacra: là dentro gli uomini vanno ad accumulare *yang*, se hanno studiato bene e applicano le pratiche giuste. Un altro sinologo americano, John Byron, nel suo *Portrait of a Chinese Paradise* elogia «l'accettazione comune del piacere sessuale» nella cultura confuciana e taoista. Un'antologia sull'erotismo letterario (*Chinese Erotic Poems*, a cura di Chou Ping e Tony Barnstone) conferma una tradizione asiatica antichissima nell'ars amandi. Dove non tutto quadra con l'idea di una liberazione del desiderio femminile, però. Uno dei grandi autori di poesie erotiche è l'ultimo imperatore della dinastia Tang, Li Yu, che regnò prima dell'anno Mille. Fu lui a introdurre la consuetudine del piede fasciato per le sue concubine, che da quel momento si sarebbe estesa non solo alle cortigiane ma come canone di bellezza per tutte le donne (salvo le contadine: loro dovevano camminare agevolmente per lavorare i campi). Dal x secolo d. C. nella letteratura erotica cinese compare il feticismo del minuscolo piede «lotus dorato». L'usanza rimarrà in vigore fino al 1911, cioè fino alla caduta dell'ultima dinastia imperiale.

La prima «sbirciata» che Marco Polo offre agli europei sui costumi sessuali nel Gran Catai inaugura un filone rigoglioso della narrativa occidentale. Dall'avventuroso veneziano in poi, nella letteratura di viaggio non può mancare l'Oriente erotico. A suo tempo verrà la scoperta del *Kāmasūtra* indiano, che apre un altro mondo agli esploratori giunti da ovest. Ma quella è una vicenda molto piú tardiva, che arriverà solo alla fine dell'Ottocento come la Salomè di Oscar Wilde.

Tra gli esploratori dell'Asia femminile un altro posto di rilievo spetta ancora una volta a un veneziano: Niccolò Manucci, che visse alla corte dei Moghul e raccontò al mondo l'India del xvii secolo. Manucci è un avventuriero sbarcato nell'impero Moghul, dove se la sbroglia in tutti i mestieri; s'improvvisa artigliere, si spaccia per farmacista e medico, diventa confidente delle dame dell'harem, diplomatico e spia al servizio di tutti i potenti di turno, indiani o portoghesi, inglesi o francesi. Figlio di un droghiere, cresciuto annusando le spezie orientali nella bottega paterna, abituato a incrociare fin da bambino mercanti di ogni colore venuti a Venezia da lande esotiche, Niccolò ha una vocazione per il nomadismo, oltre che un talento speciale di intermediario fra popoli e culture diverse. Durante il viaggio da Smirne all'India impara il turco e il persiano, appena arrivato in India si dedica al sanscrito e comincia a studiare gli annali di corte dei Moghul. È il 1656, regna l'imperatore Shāh Jahān (quello del Tāj Maḥal) e la sua corte è cosmopolita, aperta sul mondo. Lavorano al suo servizio molti europei esperti di armi e di medicina, perciò Manucci lascia credere di essere anch'egli un maestro in quelle discipline. La fama di guaritore conquista a Manucci un privilegio riservato a pochissimi maschi bianchi: l'accesso, sia pure regolato da limiti e precauzioni, agli harem nobiliari. Le sue testimonianze diventano una lettura prelibata per gli europei, ghiotti di informazioni sulla condizione della donna in India. Nell'Europa del Seicento imperversa la cosiddetta «Querelle des femmes», una controversia etico-filosofica sul carattere della donna: virtuosa o viziosa per indole, naturalmente casta oppure depravata e insaziabile di piacere sessuale? Le fantasie sulla femmina orientale, la curiosità morbosa eccitata dai misteri dei serragli, si innestano su quel clima. Manucci offre al voyeurismo dei suoi contemporanei nuovi dettagli inediti.

> Quando applicavo il salasso alla sposa del re, – scrive, – ella allungava il braccio attraverso una tendina. La pelle era tutta avvolta nella seta salvo una piccola zona lasciata nuda, vicino alla vena. Ogni mese principesse e dame si lasciavano curare da me nel modo che ho descritto.

Per verificare che il medico veneziano non sia un pericolo per le donne, il sovrano lo sottopone piú volte a tentazione.

Mise a punto uno stratagemma per cogliermi in fallo. Mi mandò in casa una superba creatura di diciott'anni, con il pretesto che aveva bisogno di cure, accompagnata da una vecchia. Facendo l'ingenua l'anziana si allontanò in giardino e la ragazza, rimasta sola con me, si mise a fare la libertina sia con le parole che con gli atti.

Manucci subodora il tranello e caccia la giovane.

Due mesi piú tardi si presentò una ragazza ancora piú graziosa, sola e trasportata dai servitori su una portantina. Sedicente malata, veniva da lontano per esser curata, o cosí volle farmi credere. Entrò velata, ma si scoprí avvicinandosi, si gettò ai miei piedi e mi supplicò di tenerla con me. Notai che indossava gioielli di valore e non era vestita come una donna qualunque. I suoi veli erano cosí sottili che s'indovinava la pelle di sotto. Capii la trappola. Dovevo accoppiarmi con quella seduttrice e seguire la strada di tutti quelli che avevano perso l'anima per l'amore di una donna. Qualche anno prima due cappuccini portoghesi, di cui uno era priore di convento, cascarono in questa disgrazia e furono costretti a diventare maomettani.

Manucci introduce una distinzione tra la condizione della donna musulmana – custodita gelosamente da mariti possessivi – e quella della donna indú che a volte appare disinibita, provocatrice e peccatrice. È un'immagine che fa presa in Europa. Proprio mentre il veneziano vive le sue avventure alla corte dei Moghul, in Francia appare *Les voyages et observations* di François de la Boullaye-Le Gouz, un diario di viaggi con ricche illustrazioni, in cui una donna indú è ritratta mentre fa il bagno nuda, si massaggia la pelle con l'olio, gioca con i veli per eccitare la fantasia del lettore. È di Manucci la prima descrizione della potenza delle donne indiane di religione islamica che vivono negli harem.

I maomettani passano la maggior parte del tempo in mezzo alle loro donne. Sono queste ultime che hanno spesso l'ultima parola sugli affari di corte. Per conto mio non l'ho mai dimenticato, e piú d'una volta per i miei interessi ho fatto ricorso all'intervento di una principessa importante. Tutti gli intrighi di Stato, le guerre e le paci, le nomine di governo, sono ottenute attraverso i loro mezzi. Sono loro il vero gabinetto esecutivo del Gran Moghul. La preoccupazione primaria di ogni grande ufficiale dell'impero è di entrare nelle grazie di una signora protettrice alla corte. Una rottura con lei è la rovina. Fortunato l'uomo la cui sorte non dipende da una protettrice troppo capricciosa!

È sua anche la descrizione della forza militare femminile che presidia l'harem.

Ciò che appare assai straordinario è che l'imperatore è sempre scortato dentro il serraglio da uno squadrone di virago tartare, un centinaio di donne armate di archi e frecce, pugnali e scimitarre. La signora capitana ha il rango di un alto ufficiale dell'esercito.

Le conseguenze di questi racconti si vedranno in Francia nella seconda metà del Settecento: insieme con i filosofi illuministi che preparano il terreno alla Rivoluzione francese, fiorisce la letteratura libertina. Gli scrittori libertini rientrano nella stessa atmosfera anticlericale, si ribellano contro pregiudizi e regole oscurantiste, e intanto sostengono una liberazione dei costumi sessuali. Il piú celebre è il marchese de Sade, ma tanti altri autori praticano il «romanzo orientale», un porno-soft di grande successo in quegli anni, con ambientazione privilegiata in Cina, Giappone, Siam. La qualità è mediocre e pochi di quei testi sono sopravvissuti all'usura del tempo, ma segnano un'epoca. L'erotismo orientale diventa un modo per attaccare i tabú sessuali della morale cristiana.

Bisogna aspettare il 1842 per l'incontro-shock tra l'Inghilterra vittoriana-puritana e il *Kāmasūtra*. L'artefice è un personaggio mitico, sir Richard Francis Burton. Soldato, esploratore, geografo, etnografo, linguista e traduttore, spia e tante altre cose: nove vite concentrate in sessantanove anni. Burton è importante almeno quanto il romanziere e poeta Rudyard Kipling per costruire la rappresentazione dell'India nell'immaginario collettivo degli inglesi. Leggenda vuole che lui s'imbatta nel *Kāmasūtra* grazie alla frequentazione di una prostituta indiana, che glielo fa leggere a Bombay (oggi Mumbai) nel 1842. Dopo averlo divorato, esclama: «Noi inglesi non abbiamo mai conosciuto questi modi di fare l'amore. Che peccato, se li avessimo scoperti prima avremmo evitato di rovinare la vita di tante ragazze vergini». Indaffarato a esplorare l'Oriente, Burton ci mette quasi trent'anni a tradurre il *Kāmasūtra*; poi deve aspettare dal 1871 al 1883 perché la censura di Londra gli permetta di pubblicarlo. Quella prima versione è di qualità mediocre ma l'impatto sul puritanesimo inglese è enorme. Noto agli indiani da duemila anni, attribuito a Vātsyāyana Mallanaga, quel testo in sanscrito è una collezione di aforismi che non si limita affatto a elencare tutte le posizioni del coito. C'è dietro una filosofia dell'erotismo, inserita in un compendio di regole di vita, coniugale e non. È un trattato sul piacere, sull'armonia, sull'equilibrio emotivo, sul modo di gestire e controllare il proprio desiderio. Il moralismo vittoriano lo appiattisce nella sua dimensione piú banale, o piú appariscente, ed è quella che è rimasta in voga fino ai nostri giorni. Si può immaginare il turbamento, l'emozione, lo scandalo quando gli inglesi e le inglesi abituati al moralismo bacchettone della Regina Vittoria scoprono passaggi come questo:

> La posizione elevata si ha quando la donna tiene le cosce dritte verso l'alto. La posizione spalancata si ha quando la donna solleva le cosce poggiandole sulle spalle dell'uomo. La posizione premuta avviene quando le gambe sono serrate in modo da trattenere l'uomo davanti al petto [...]. Quando un uomo è poggiato contro un muro, e la donna seduta sulle braccia unite dell'amante si muove puntando i piedi contro il muro al quale l'uomo è appoggiato e circondandogli con le mani il collo e con le cosce la vita, avviene l'unione sospesa. Quando una donna sta come un quadrupede sulle mani e sui piedi e l'uomo la monta come un toro, avviene l'unione di mucca [...]. Una persona ingegnosa deve variare i tipi di rapporto, imitando animali e uccelli differenti, perché queste diverse forme di unione generano l'amore, l'amicizia e il rispetto nel cuore delle donne.

Molti britannici alla fine dell'Ottocento si fermano qui, pensano che il *Kāmasūtra* sia un manuale di ginnastica amatoria, una guida pratica alle acrobazie dell'orgasmo. Magari piú adatto a un bordello che al talamo coniugale. Del resto in alcuni templi dell'India settentrionale i visitatori britannici scoprono con eccitazione delle statue dove si replicano alcune posizioni del coito illustrate nel *Kāmasūtra*. Rapidamente quel libro diventa una delle opere piú contraffatte della storia, ne escono in gran quantità le edizioni pirata. Grazie anche al *Kāmasūtra*, l'India rappresenta ora per gli inglesi qualcosa in piú di una vastissima e ricchissima colonia: si trasforma in un luogo segreto dell'anima, dove si agitano pulsioni torbide e proibite. Il calore tropicale agevola nei colonialisti bianchi uno scatenamento dei sensi, lontano dall'algida madre patria. È l'atmosfera che ritroviamo ancora nel 1924 nel capolavoro romanzesco di E. M. Forster, *Passaggio in India*. Quella storia scabrosa ruota attorno allo «stupro immaginato» da una donna inglese, durante una visita alle grotte di Marabar con una guida indiana.

La banalizzazione del *Kāmasūtra* come una sorta di «yoga del sesso» è rimasta fino ai nostri tempi. Tant'è che un editore italiano ha giudicato opportuno pubblicarlo con la prefazione di Melissa P., autrice del romanzo erotico *100 colpi di spazzola prima di andare a dormire*. A prendere le difese del *Kāmasūtra* è scesa in campo di recente una storica americana dell'India, Wendy Doniger. Docente all'università di Chicago, Doniger è una delle piú autorevoli studiose dell'antica letteratura sanscrita. Oltre a una gran mole di pubblicazioni erudite, rivolte a un pubblico di specialisti, ha scritto un divertente saggio intitolato *Redeeming the Kamasutra*, «riabilitiamo il Kāmasūtra». Tra le tesi dell'indologa americana: il *Kāmasūtra* va letto anzitutto come un trattato filosofico sulla seduzione; contiene una delle piú antiche difese dell'orgasmo femminile; la sua vera portata trasgressiva è l'esaltazione del sesso al di fuori da ogni finalità di procreazione. Se si aggiunge la prima descrizione esemplare della «passività aggressiva» di cui è capace una donna, per Doniger l'opera è di una modernità sconcertante; oltre a possedere qualità letterarie che le prime traduzioni mortificavano.

Va aggiunto che questi e altri suoi libri, in particolare il saggio *Gli indú. Una storia alternativa*, l'hanno resa inaccettabile per gli attuali dirigenti indiani. Ci sono stati attacchi e censure contro la studiosa americana, alimentati dai fondamentalisti indú. Il partito della riscossa religiosa induista, a cui appartiene il premier Narendra Modi, cavalca una sua forma di puritanesimo. All'inizio del terzo millennio, la patria del *Kāmasūtra* ha visto rafforzarsi un'ideologia sessuofobica. Com'è possibile? Doniger sostiene che questa involuzione ha radici ottocentesche, che lei fa risalire in parte all'incontro tra l'élite indiana e i conquistatori inglesi: quando la morale bacchettona dell'epoca vittoriana s'identificò con una nazione moderna e conquistatrice, capace di piegare al suo volere la civiltà ben piú antica che era cresciuta sulle rive dell'Indo e del Gange. Nell'incontro-scontro fra Oriente e Occidente, fra Apollo e Dioniso, il sesso diventa la metafora di qualcos'altro: reprimerlo serve a sublimare il desiderio, a incanalare le energie umane verso obiettivi di progresso. Ma non tutta la sessuofobia dell'India attuale è riconducibile alla storia del colonialismo britannico. Bisogna stare attenti a non scivolare nell'eurocentrismo, nel pregiudizio per cui l'Occidente è la causa di tutto. L'oscillazione tra libertà sessuale e repressione del desiderio appartiene ai cicli storici delle civiltà, e sarà cosí anche in Cina.

Nel frattempo un altro oggetto del desiderio era apparso fra noi alla fine dell'Ottocento, un'altra icona della femminilità asiatica era venuta ad arricchire la galleria di «fantasmi orientali» che popolano i nostri sogni. È la geisha giapponese. Per noi italiani la geisha irrompe nell'immaginario collettivo con *Madama Butterfly*. L'opera di Puccini è un libero adattamento del romanzo di un grande orientalista francese, Pierre Loti: *Madame Chrysanthème*. È la storia di un ufficiale navale americano, Benjamin Franklin Pinkerton, che sbarca nel porto giapponese di Nagasaki. Lí prende come moglie «temporanea» una giovanissima geisha, Cho Cho-San, che mette incinta e a cui spezzerà il cuore abbandonandola. Compare un altro archetipo dei rapporti Occidente-Oriente, molto diverso dai precedenti. Cho Cho-San non è certo la femmina assatanata dei riti dionisiaci; fragile e dolce, non è un personaggio da poemi erotici cinesi né da *Kāmasūtra* indiano. No, stavolta l'Asia è una creatura docile e sottomessa, conquistata dalla virilità del maschio bianco, l'invasore forte della sua modernità e ricchezza. Forse non è un caso se questo miraggio di femminilità orientale seducente in quanto schiavizzata ha successo proprio mentre in diversi Paesi occidentali sta imponendosi un nuovo movimento delle donne, le «suffragette» che si battono per il diritto di voto. Il trionfo di pubblico di *Madama Butterfly* – la prima dell'opera pucciniana va in scena il 17 febbraio 1904 alla Scala di Milano – segue di pochi anni la celebrità mondiale di una vera geisha di Kyoto, la cui storia non combacia del tutto con l'idea di una sessualità passiva e arrendevole. Madame Sadayakko, la geisha che stregò l'Occidente, aveva ventisette anni nel 1898 e alle spalle un «privilegio» scabroso (il primo ministro nipponico Itō Hirobumi conquistò l'onore di sverginarla al suo debutto nell'arte) quando lasciò il Giappone per una tournée sensazionale. A Washington fu ricevuta dal presidente McKinley, a Londra dal principe Edoardo; miliardari di Boston e San Francisco pagavano qualsiasi prezzo per una serata con lei. Vollero conoscerla Isadora Duncan, Claude Debussy, Gustav Klimt, Auguste Rodin e André Gide. Picasso la disegnò dopo averla vista all'Expo universale di Parigi. Neanche le donne occidentali si sottraevano alla sua influenza, nacque la moda dei «kimono Sadayakko», riconoscibili in certi ritratti di dame dell'alta società nel primo Novecento. L'Occidente gioca con questa figura femminile inafferrabile: leggendaria e idealizzata, maschera di un erotismo esotico eppure in larga parte sublimato, schiava votata a soddisfare i desideri maschili ma anche algida e irraggiungibile nel suo cerimoniale di gesti rituali e stilizzati. L'origine storica della geisha si perde nella notte dei tempi: le sue antenate erano le *saburuko* del VII secolo d. C., le prime cortigiane specializzate nell'intrattenimento della nobiltà. Un millennio piú tardi l'attività si diffonde e acquista prestigio reclutando molte figlie di samurai, che nel Seicento si insediano nei quartieri Yoshiwara e Shimabara della capitale imperiale Kyoto, accanto ad artisti e intellettuali. La rispettabilità del mestiere viene sancita con l'introduzione del *kenban*, una sorta di albo professionale con requisiti severi per l'ammissione: regole precise sull'abbigliamento, le movenze, il costume di vita. *Il paese delle nevi*, il capolavoro di Kawabata Yasunari, ha come protagonista femminile una geisha di «serie B» in quanto vive e lavora in un piccolo paese di montagna. Eppure è chiaro che si tratta di un personaggio rispettabile, con uno status sociale ben diverso da quello di una prostituta. *Gei* significa arte, *sha* persona, le geishe sono maestre di tante arti. Seguono un apprendistato rigoroso per padroneggiare la danza antica, il canto, gli strumenti musicali, la composizione floreale, la cerimonia del tè, la conversazione colta, la calligrafia, il galateo del servire bevande alcoliche, la cultura del kimono. La geisha è una creatura disciplinata, costruita e artefatta, proiettata verso un ideale di perfezione femminile quasi inquietante, indecifrabile dentro i canoni della nostra cultura. Una geisha esperta è capace di giochi di parole licenziosi che liberano il maschio dalle inibizioni senza mai scivolare nella volgarità. Cortigiana e cerebrale, custode orgogliosa di tradizioni che vanno al cuore della civiltà giapponese, la geisha deve al suo talento erotico solo una parte dell'ascendente che ha sull'uomo. Perciò in certe cene di rappresentanza dell'establishment nipponico ancora oggi è buona usanza ingaggiare una geisha di lusso per animare la serata (tutta maschile, ovviamente), ma le piú stimate sono signore in età avanzata, che ispirano soggezione. Neanche un cliente in preda ai fumi del sakè oserebbe importunarle con avance sessuali.

L'Asia di oggi è ancora femmina, l'Occidente è sempre il maschio? Il gioco delle parti continua, ma le posizioni s'intrecciano e s'invertono. I paradossi inseguono chiunque cerchi di semplificare la realtà. Ricordo, quand'ero un ventenne comunista nell'Italia degli anni Settanta, all'epoca delle battaglie femministe, dei referendum sul divorzio e sull'aborto, che arrivò nelle sale cinematografiche un film inquietante: *Ecco l'impero dei sensi* del giapponese Nagisa Ōshima. Mentre la pornografia e i film a luci rosse erano considerati vizi decadenti, Ōshima era un autore colto, raffinato, politically correct. Cinema intellettuale, lo si poteva gustare senza pudori. Era un vero hard-core, con scene di sesso non simulate, e un finale terrificante: in un vortice di orgasmi sempre piú estremi, alla fine la donna divora il pene dell'uomo. L'Asia dionisiaca tornava fra noi.

Ma nel frattempo la Cina e l'India avevano ripudiato il *Kāmasūtra* e l'erotismo disinibito delle poesie medievali. In Cina il neoconfucianesimo sotto la dinastia Qing (1644-1911) ha imposto un radicale cambiamento nei costumi sessuali, in senso restrittivo. Mao Zedong ha fatto il resto. Ha emancipato economicamente le donne mandandole tutte a lavorare in fabbrica o nei campi. Ha imposto una morale puritana e sessuofobica, simboleggiata negli anni Sessanta dalle divise unisex delle guardie rosse rivoluzionarie. Poi è arrivata la politica del figlio unico, e un controllo delle nascite all'inizio cosí feroce e autoritario si traduceva per forza in una repressione del sesso.

L'India ha avuto una donna premier (Indira Gandhi) molto prima di qualsiasi nazione occidentale; ma ancora oggi un'amica giornalista che vive a Delhi mi dice che la sua governante non accetta ordini da lei, solo da suo marito.

La ruota continua a girare, come i mandala. Gli stereotipi che abbiamo costruito per duemila anni sono un gioco degli specchi, con cui adoriamo ingannarci a vicenda.

Capitolo quarto
Orientalismo coloniale

> Caricatevi del fardello dell'uomo bianco –
> mandate in giro i migliori che avete allevato
> legate a lunghi esilii i vostri figli
> per servire alle necessità dei sottomessi,
> per vigilare, in pesante assetto,
> su genti irrequiete e selvatiche –
> torve popolazioni, da poco assoggettate,
> per metà demonii e per metà fanciulli.
>
> RUDYARD KIPLING, *Il fardello dell'uomo bianco*

> L'Oriente è una carriera.
>
> BENJAMIN DISRAELI, primo ministro britannico

«Genti irrequiete e selvatiche»? Per qualche migliaio di anni e fino all'inizio del XVII secolo la Cina e l'India sono – di gran lunga – le due civiltà piú ricche del mondo. Anzitutto perché sono due colossi demografici, e finché l'economia è essenzialmente agricola la ricchezza di una nazione è proporzionale alla dimensione della popolazione. Nel caso della Cina si può aggiungere una superiorità amministrativa e in molti campi tecnologica (decisiva è la sua competenza «idraulica» avanzatissima, in fatto di governo delle acque e canalizzazioni). Il centro del mondo sta lí, racchiuso dentro i confini larghi di Cindia; è cosí da millenni ed è naturale che sia cosí. Altri imperi importanti che sono sorti alla periferia di Cindia, dalla Persia agli Ottomani, dipendono molto nelle loro fortune dall'essere collegati ai due giganti asiatici. L'Asia è il centro anche perché da lí parte tutto: quelle onde sismiche che sono le migrazioni di massa (spesso legate al cambiamento climatico) in cui le orde delle steppe si rovesciano verso il Medio Oriente e l'Europa annientando barriere e devastando equilibri politici; anche le epidemie capaci di decimare popoli spesso hanno i loro laboratori d'incubazione dentro Cindia, non foss'altro che per la solita ragione demografica, cioè la probabilità che virus e pestilenze maturino là dove convivono promiscuamente le piú dense masse di umani e animali. L'Europa, per quanto ne soffra il nostro amor proprio, è solo un piccolo lembo di terra all'estremità dell'Asia, meno ricco e meno importante. Perfino una stagione di meravigliosa creatività culturale come il nostro Rinascimento, di per sé non basta ad alterare i rapporti di forze con i giganti asiatici. L'èra delle grandi scoperte – le navigazioni di Cristoforo Colombo, Amerigo Vespucci, Magellano e altri – segnala che stiamo diventando un'avanguardia mondiale nella tecnologia navale. Ma all'inizio nulla può lasciar presagire che le imprese dei portoghesi o degli olandesi siano molto diverse da quelle dei Fenici o Cartaginesi nel Mare Nostrum degli antichi Romani, o da quelle dei marinai-mercanti arabi nel Golfo Persico e oceano Indiano, o delle flotte cinesi nei mari del Sud. Cioè scorrerie a fini commerciali, per incrostarsi su coste lontane, stabilirvi teste di ponte, imporsi come intermediari e lucrare sui flussi di scambi, senza però scatenare rotture sconvolgenti negli equilibri tra potenze. Infatti per due secoli né le classi dirigenti cinesi né le indiane capiscono di essere di fronte a una sfida esistenziale; le prime incursioni europee sulle loro coste vengono di volta in volta tollerate o respinte, controllate e contenute, senza un allarme eccessivo, come si è sempre fatto nei secoli dei secoli negoziando con un nuovo venuto qualche compromesso di reciproca convenienza. Chi governa la Cina e l'India ancora nel XVI secolo non ha alcun motivo razionale per pensare che gli europei muteranno la storia dell'Asia. Poi di colpo tutto accelera e converge verso uno shock sistemico, una rottura epocale, un cambio di paradigma. L'apertura dei mercati del Nuovo Mondo, la trasformazione delle Americhe in una gigantesca succursale dell'agricoltura europea, piú la scoperta di miniere d'argento e oro (Perú, Messico) che sconvolgono la liquidità monetaria mondiale dànno all'Europa le risorse per sostenere nuove ambizioni. La tecnologia navale europea è già superiore, vi si aggiunge un rapido progresso negli armamenti. A dare all'Europa una marcia in piú contribuiscono fattori politico-istituzionali, le spaccature tra potere religioso e potere temporale, l'emergere di culture «pluraliste», di borghesie autonome, piú tardi la nascita degli Stati-nazione. Sarà cruciale – come sempre nella storia – il ruolo del caso e della fortuna. Per esempio, a spianare la strada per la conquista delle Americhe è decisivo l'impatto dei nostri germi, ben piú efficaci del moschetto, per sterminare popolazioni prive di difese immunitarie. Gli inglesi per un misto di cinismo, astuzia e buona sorte riescono a infilarsi nelle contese fra vari sovrani indiani, li mettono gli uni contro gli altri, fino a impadronirsi di un subcontinente molto piú grande e ricco della loro isoletta nordica. Ma l'accelerazione decisiva negli eventi arriva solo sul finire del XVIII secolo con la Rivoluzione industriale in Scozia e Inghilterra. Motore a vapore, telaio meccanico e tante altre invenzioni cambiano tutte le regole del gioco. La ricchezza di una nazione può fare balzi prodigiosi, la crescita può raggiungere una velocità mai conosciuta dal genere umano. La condizione non è piú soltanto quella di avere parecchie braccia da mettere al lavoro nei campi. Il nuovo segreto della ricchezza e della potenza sta nell'applicare la tecnologia industriale al capitale umano. Le ragioni per cui quella rivoluzione accade proprio in Europa e non altrove continuano ad animare appassionanti dibattiti. Di sicuro è da quel momento che la marginale periferia dell'Eurasia, quel lembo di terra che si affaccia sull'Atlantico, diventa il centro del mondo. È una storia recentissima, dunque. È una vicenda piuttosto breve (rispetto all'intera storia umana), che del resto si sta già concludendo sotto i nostri occhi: la supremazia dell'uomo bianco è una parentesi che sta finendo. Ma quei tre, quattro secoli al massimo in cui abbiamo veramente conquistato un dominio sul pianeta, fino a decidere le sorti di popoli molto piú antichi e numerosi, lasciano un'impronta formidabile sulla concezione che abbiamo di noi stessi; e su quella che gli altri hanno di noi.

Le rappresentazioni che ci facciamo dell'Oriente – della sua umanità, della sua storia, della sua cultura – si compongono in modo decisivo nell'epoca in cui andiamo a colonizzarlo. In particolare nel Settecento e nell'Ottocento, quando gli imperi dell'Inghilterra e della Francia si annettono vaste aree dell'Asia per amministrarle in modo permanente ed estrarne le ricchezze. È in quel periodo che si forma davvero la nostra idea recente del mondo a est dei Dardanelli e del Bosforo. In parte quella raffigurazione continua a influenzarci oggi (nonché, forse in maniera ancora piú sorprendente, a influenzare gli asiatici). La scienza dell'Occidente comincia allora a esaminare in modo sistematico civiltà, storie, religioni e lingue orientali applicando a loro nuovi approcci e tecnologie. L'arte dell'Occidente assorbe valori, personaggi, atmosfere e paesaggi asiatici o presunti tali. Le mode orientaleggianti si diffondono tra noi a ondate sempre piú ravvicinate e frequenti. Tutto questo non avviene però in un contesto politicamente neutro. Gli studiosi delle nuove discipline orientalistiche, volenti o nolenti, sono al servizio di progetti di conquista e dominazione. Gli esperti affrontano la loro missione avendo in mente delle gerarchie etniche, una classifica delle civiltà: poiché noi siamo in grado di conquistare loro, ne deduciamo che siamo giunti a uno stadio di evoluzione piú elevato. L'Occidente osserva l'Oriente, nel Settecento e nell'Ottocento, non per pura curiosità e sete di scoperta. Attraverso la conoscenza deve: 1. giustificare la propria superiorità e legittimare la propria sopraffazione; 2. capire le caratteristiche dei popoli soggiogati, per controllarli e governarli meglio; 3. definire modalità e missioni dei propri progetti imperiali. Un collante ideologico affascinante si fa strada, è l'idea circolare, di un eterno ritorno: si forma allora la certezza che noi europei siamo figli dell'Asia, che là vi è l'origine primordiale delle nostre lingue, etnie, culture; ma noi abbiamo superato lo stadio di sviluppo dei nostri antenati, ci siamo liberati dalle loro arretratezze, ed ecco che torniamo verso di loro per sollevarli dalle tenebre, educarli, guidarli verso una civiltà superiore. È questa la missione dell'uomo bianco che il romanziere inglese Rudyard Kipling canta nel suo poema, l'onere, la responsabilità di educare quelle immense popolazioni asiatiche, «per metà demonii e per metà fanciulli». L'orientalismo come armamentario di scienze e discipline è funzionale a giustificare il colonialismo e a renderlo efficace. Kipling nella poesia fa riferimento agli amministratori coloniali, i figli dell'Occidente che vengono costretti «all'esilio» (naturalmente è un esilio volontario e dorato da cui molti torneranno ricchi; molti altri però vi moriranno di malattie tropicali) hanno bisogno di una dottrina sistematica su come si governano territori immensi e popoli cosí diversi da noi: gli studiosi lavorano per dargliela. Sul fronte artistico, l'immensa mole di nuove conoscenze sull'Asia fornisce un materiale straordinario a scrittori, pittori, musicisti; il pubblico europeo è avido di illustrazioni e spiegazioni su quei mondi nuovi che stiamo conquistando. Si sta anche aprendo un mercato per il turismo verso mete esotiche, sia pure ancora limitato alle élite. Due secoli di produzione scientifica, letteraria, artistica sull'Asia hanno generato dei veri capolavori, e una caterva di opere mediocri, oggi dimenticate. Anche i capolavori però sono pieni di equivoci, incomprensioni, o pure e semplici falsità. Separare gli uni dagli altri è quasi impossibile. La storia è una costruzione ideologica, una narrazione che viene tramandata e poi modificata da una generazione all'altra, via via che cambia ciò che noi «vogliamo far dire» al nostro passato. Oggi non ce ne rendiamo conto, ma una parte di quel che consideriamo «sapere scientifico, certezza storica» sull'Asia è un sistema di conoscenze accumulato mentre i nostri eserciti procedevano nella conquista di quei Paesi. Archeologi, storici, filologi e linguisti, studiosi dell'arte delle religioni e delle filosofie accompagnavano gli ammiragli, i generali, i mercanti del capitalismo coloniale: gli uni e gli altri appartenevano a un'impresa comune. La (breve) conquista dell'Egitto da parte di Napoleone e la colonizzazione inglese dell'India coincidono con la fondazione di «discipline» culturali che prima non esistevano. Interi musei, dipartimenti universitari, reali accademie, centri culturali e pensatoi di ricerca nacquero allora e sono rimasti tuttora dei formidabili depositi di conoscenze sull'Oriente, dove si formano gli specialisti piú autorevoli. Bisogna essere consapevoli che il Louvre di Parigi e il British Museum di Londra, con le loro meravigliose collezioni orientali, affondano le radici nello sforzo prodigioso che fa in quell'epoca l'Europa colonialista per catalogare, comprendere, interpretare un mondo di cui sta diventando la padrona. L'idea stessa di un'archeologia come scienza dell'antichità propedeutica a capire il presente fiorisce proprio in quel periodo, ed è tipicamente europea: tant'è che in Oriente la tecnica della conservazione e del restauro sistematico del passato verrà trapiantata dagli invasori imperialisti. La forza (militare, tecnologica, politica, economica) dell'Occidente nell'Ottocento e nel Novecento fu tale che gli stessi asiatici, e in particolare le loro classi dirigenti, finirono per assorbire la nostra visione della storia; si formarono di sé stessi la medesima immagine che noi avevamo di loro; e quando vollero emanciparsi lo fecero spesso con le ricette di una modernità occidentale.

Edward Said è un intellettuale che dedicò la vita a «demistificare» l'orientalismo, separando i fatti dall'ideologia, e mettendone a nudo le origini colonialiste. Non tutte le tesi di Said reggono all'usura del tempo, e lui stesso aveva un'agenda politica dichiarata – l'autodeterminazione dei palestinesi –, però nessuno può permettersi di ignorare la sua opera. Said nasce nel 1935 a Gerusalemme quando la città è ancora un protettorato britannico. Entrambi i suoi genitori sono palestinesi, ma il padre di Edward si è arruolato nel corpo di spedizione americano durante la Prima guerra mondiale, il che gli vale la cittadinanza statunitense. A Gerusalemme Edward frequenta scuole inglesi e finirà per avere una carriera universitaria negli Stati Uniti, alla Columbia University di New York. La sua opera fondamentale è *Orientalismo*, che esce nel 1978 e viene continuamente ripubblicata. Said ne cura ogni riedizione fino alla morte nel 2003. L'ultima prefazione aggiornata l'autore l'aggiunge proprio all'edizione del 2003, con dei giudizi che riflettono l'impatto dell'11 settembre 2001. Quando si occupa di Oriente, e di come noi lo vediamo, Said ha sempre un'attenzione prevalente per quello che oggi chiamiamo il Medio o Vicino Oriente, il Levante dei nostri nonni. L'Egitto ne fa parte, ed è comprensibile che sia così. Nella dialettica Oriente-Occidente, dai tempi dell'antica Grecia abbiamo percepito l'Egitto piú come una civiltà asiatica. La geografia lo colloca in Africa, ovviamente. La storia però è densa di interazioni fra l'Egitto, le civiltà sumero-mesopotamiche e persiane, le etnie e le lingue semitiche incluso il popolo d'Israele. Non a caso la grande scuola orientalistica francese – a partire da Jean-François Champollion che interpreta la Stele di Rosetta e decifra i geroglifici – viene fondata con la campagna napoleonica in Egitto (1798-1801). Ma le considerazioni che fa Said, cosí come valgono per il Levante vicino, si estendono anche al nostro sguardo tradizionale su India e Cina.

> Ciò che designerò col termine «orientalismo» è un modo di mettersi in relazione con l'Oriente basato sul posto speciale che questo occupa nell'esperienza europea occidentale. L'Oriente non è solo adiacente all'Europa; è anche la sede delle piú antiche, ricche, estese colonie europee, è la fonte delle sue civiltà e delle sue lingue; è il concorrente principale in campo culturale; è uno dei piú ricorrenti e radicati simboli del Diverso. E ancora, l'Oriente ha contribuito, per contrapposizione, a definire l'immagine, l'idea, la personalità e l'esperienza dell'Europa (o dell'Occidente). Nulla, si badi, di questo Oriente può dirsi puramente immaginario: esso è una parte integrante della civiltà e della cultura europee persino in senso «fisico».

Le virgolette finali sono dell'autore, stanno a sottolineare che non possiamo separare l'interesse scientifico dall'interesse economico, nel ricostruire la genesi del nostro sapere moderno sull'Asia. L'originalità di Said è proprio in questo passaggio, dove collega tutta la nostra produzione culturale sull'Asia con l'aspetto materiale della conquista, la colonizzazione, lo sfruttamento, che procedevano in parallelo con la scrittura di romanzi esotici, o gli studi filologici sul sanscrito e sul mandarino, sull'induismo e sul buddhismo. Said usa il termine «orientalismo» con almeno tre accezioni diverse. Da una parte c'è un significato tuttora in vigore: l'orientalistica indica un insieme di discipline studiate nelle università, dai curatori d'arte dei musei, dagli specialisti di lingue. In secondo luogo c'è un orientalismo nella cultura di massa: lo incarnano nella letteratura grandi autori, da Lord Byron a Victor Hugo e Gustave Flaubert, da Rudyard Kipling ai romantici tedeschi; c'è tutto l'esotico che penetra nella nostra pittura (da Delacroix e Ingres fino ad arrivare a Matisse nel primo Novecento) e nella nostra musica (le melodie turche di Mozart, l'*Aida* di Verdi, i russi Rimsky-Korsakov e Rachmaninov, le influenze giapponesi su Debussy); ci sono le teorie politico-economiche sull'Oriente dispotico di Karl Marx e Karl Wittfogel, c'è Max Weber che scrive su confucianesimo e spirito capitalistico. Al terzo stadio c'è l'orientalismo come istituzione globale che tratta l'Oriente, lo amministra, lo governa, uno stile di dominazione, di ristrutturazione e di autorità. L'eredità piú importante dell'opera di Said – un lavoro monumentale per la sua erudizione – sta nello sforzo di tenere insieme questi tre aspetti, di mostrare come sono collegati e s'influenzano a vicenda. Da Napoleone ai sovrani inglesi, gli stessi governanti che pianificano invasioni di terre straniere ne promuovono lo studio mobilitando scienziati, geografi, archeologi, linguisti, economisti. L'Oriente viene «spiegato» agli stessi orientali che non hanno praticato sul proprio passato quel genere di introspezione sistematica, o comunque non lo hanno fatto con gli strumenti analitici degli europei. Mentre accade questo lavoro imponente di conoscenza di altre civiltà, l'Europa di riflesso acquista «maggior forza e senso di identità contrapponendosi all'Oriente, e facendone una sorta di sé complementare e, per cosí dire, sotterraneo». Il massimo teorico della superiorità europea è il filosofo tedesco Hegel: riprende l'idea che l'Occidente è la culla della libertà, vi aggiunge che è la patria della scienza e della tecnologia, del razionalismo e dell'individualismo creativo. Per Hegel la civiltà occidentale non è una fra le tante: è l'unica a poter capire e «includere» le altre nella sua sintesi; è la sola a svolgere una missione universale. Nella filosofia della storia hegeliana lo spirito del mondo abbandona l'Oriente immobile e passivo, si sposta verso l'Occidente che è motore di progresso. La modernità siamo noi, cinesi e indiani sono condannati al declino perché prigionieri della tradizione. La colonizzazione inglese dell'India per Hegel (che non c'è mai stato) è inevitabile e positiva.

Emergono cosí varie teorie sugli stadi di sviluppo delle civiltà; l'Asia vi è rappresentata come la nostra infanzia, un ricchissimo deposito di storie, un patrimonio ineguagliabile di culture, che tuttavia si sono fermate a una tappa precedente dell'evoluzione umana. Nell'arte dilagano stereotipi sulla sensualità o la crudeltà orientali, sulla saggezza ancestrale o sulla superstizione e il fatalismo degli asiatici, sul loro lusso raffinato e decadente, sull'opulenza estrema che favorisce l'indolenza, sulla corruzione pervasiva e la tirannide. Said ci mette in guardia dalle semplificazioni:

> La struttura dell'orientalismo non è affatto una mera struttura di miti e bugie, che si dissolverebbe come nebbia spazzata dal vento appena la verità le venisse contrapposta. [...] Un sistema di idee sostanzialmente stabile che può essere insegnato (tramite università e istituzioni varie, libri, congressi e convegni) [...] fino a oggi, dev'essere ben piú solido di una mera collezione di mistificazioni.

La forza di quell'orientalismo, per quanto datato, è che al fondo ha colto anche delle verità. Quel che interessa Said però è quanto la visione di un Oriente esotico sedimentata in due secoli di romanzi, quadri, musiche e diari di viaggio sia stata «organica» al colonialismo: alla nostra idea ottocentesca che esistono gerarchie razziali; e che la razza bianca ha il diritto-dovere di educare le altre. Salvo, naturalmente, lasciarsi sedurre dal fascino irresistibile dell'Oriente, che è l'altra faccia della nostra superiorità: la potenza dell'esotismo è la stessa che esercita su di noi la nostalgia dell'infanzia o addirittura di una vita prenatale, prerazionale, immaginaria, idealizzata.

Il viaggio a Oriente è il pellegrinaggio alle origini di noi stessi che diventa una moda per le élite europee dell'Ottocento come lo era stato il viaggio in Italia nel Rinascimento. Un percorso iniziatico, un'educazione necessaria. Non ne siamo immuni noi italiani, anche se tra i popoli europei siamo il fanalino di coda nelle imprese coloniali (una però ci conduce fino in Cina: partecipiamo alla spedizione internazionale nella Rivolta dei Boxer e veniamo ricompensati con un protettorato sulla città di Tianjin, il porto marittimo di Pechino). È divertente rileggere oggi un esempio di letteratura da viaggio orientalista che ebbe successo fra noi: il racconto di Edmondo De Amicis a Costantinopoli, oggi Istanbul. L'autore di *Cuore* era un giornalista e i suoi resoconti da terre lontane raggiungevano tirature elevate per l'epoca. Nel 1875 in veste di corrispondente della rivista «Illustrazione italiana» visita la capitale di un Impero ottomano in decadenza, che è per antonomasia la porta dell'Oriente, un luogo illustre segnato da stratificazioni millenarie di influenze venute dall'Asia. Come molti viaggiatori del tempo, De Amicis a Costantinopoli va in cerca di emozioni forti, di spaesamento esotico, e immancabilmente le trova o se le procura.

> Dalla gran luce d'un sito aperto, donde si vede il Bosforo, l'Asia e un cielo infinito, si cala con pochi passi nell'oscurità triste d'una rete di vicoli fiancheggiati da case cadenti ed irti di sassi come letti di ruscelli; da un verde fresco e ombroso, in un polverio soffocante, saettato dal sole; da crocicchi pieni di rumore e di colori, in recessi sepolcrali, dove non è mai sonata una voce umana; dal divino Oriente dei nostri sogni, in un altro Oriente lugubre, immondo, decrepito che supera ogni piú nera immaginazione. Dopo un giro di poche ore non si sa piú dove s'abbia la testa. [...] Costantinopoli è una Babilonia, un mondo, un caos. [...] Si ritorna a casa pieni d'entusiasmo e di disinganni, rapiti, stomacati, abbarbagliati, storditi, con un disordine nella mente che somiglia al principio di una congestione cerebrale, e che si quieta poi a poco a poco in una prostrazione profonda e in un tedio mortale. Si son vissuti parecchi anni in fretta, e ci si sente invecchiati.

A De Amicis basta affacciarsi sul Bosforo per avere le vertigini di fronte a quel baratro di arretratezza e di vitalità, dove in pochi istanti facciamo un viaggio nel tempo, sprofondiamo in un passato antichissimo in cui c'è tutto ciò che eravamo stati e da cui ci siamo liberati per realizzare la nostra marcia verso il Progresso. Oggi ci è facile ironizzare mettendo la *p* maiuscola a Progresso, un'enfasi sarcastica che sottintende tante critiche, tradisce il disincanto che abbiamo maturato rispetto ai nostri antenati dell'Ottocento. C'è però qualcosa nella nostra idea di progresso che proprio in quegli anni si sta facendo strada altrove. Le élite orientali si convincono che l'Europa sia un modello vincente; cercano di imitare gli ingredienti della nostra modernità. Ciò è vero nell'Oriente piú vicino e in quello lontano, dalla Turchia alla Cina e soprattutto al Giappone si è aperta una stagione di emulazione dell'Occidente. La Costantinopoli-Istanbul che visita De Amicis nel 1875 è il centro di un esperimento. Pur nella decadenza, i leader ottomani stanno varando una serie di riforme modernizzatrici per rendere il loro impero piú simile all'Occidente. De Amicis ne coglie un aspetto nella conclusione del suo reportage, dedicata alle donne turche. L'osservatore italiano constata il regresso della poligamia fra tanti segnali di trasformazione del vecchio Impero ottomano che insegue valori occidentali

> Quattro quinti dei turchi di Costantinopoli non sono piú poligami. Molti, è vero, non sposano che una donna per la manía d'imitar gli europei; e molti altri, che hanno una moglie sola, si rifanno colle odalische. Ma quella

manía d'imitazione ha le sue prime radici in un sentimento confuso della necessità d'un cangiamento nella società musulmana [...]. Questo è il fatto: che la trasformazione europea della società turca non è possibile senza la redenzione della donna, che la redenzione della donna non si può compiere senza la caduta della poligamia, e che la poligamia cade. Nessuno forse leverebbe la voce, se la sopprimesse improvvisamente domani un decreto del Gran Signore. L'edifizio è crollato e non c'è piú che da sgrombar le rovine.

Capitolo quinto
Occidentalismo: copiare i barbari

> Non affido alcun valore a questi strani oggetti, di nessuna utilità per le nostre manifatture.
>
> L'imperatore Qianlong, nel rifiutare i doni
> del primo ambasciatore inglese in Cina,
> Lord Macartney, 1793

Quand'è che loro hanno cominciato a guardarci come un modello? Paradossalmente, l'Occidente diventa per molti asiatici la civiltà di riferimento, il mondo da emulare e da inseguire, quando mostra il suo volto piú aggressivo.

Gli Unni o le orde mongole, i selvaggi violenti e predatori, in questo caso siamo noi. Ancora oggi possiamo visitare da turisti le vestigia di un nostro atto di barbarie, alla periferia di Pechino. I cinesi hanno lasciato intatte alcune tracce della distruzione operata da un invasore feroce, un esercito di barbari capace di gesta efferate. Qualcosa di simile al Sacco di Roma, ma nell'anno 1860 a Pechino. Fu quando i soldati inglesi e francesi si avventarono su un tesoro dell'umanità, il Palazzo d'Estate degli imperatori cinesi. Ne fecero scempio: quel che non fu rubato venne incendiato e distrutto. Era l'epilogo degno di una vergogna chiamata Guerra dell'oppio.

Da molti anni, quando racconto questi episodi a un pubblico americano o europeo, sono colpito dall'ignoranza che li circonda. Un alunno di scuola media in Cina li conosce a memoria. Sono fatti storici che nutrono da generazioni un risentimento; contribuiscono alla voglia di riscatto e di rivincita della Cina. Ma all'epoca quegli eventi hanno delle conseguenze tutt'altro che scontate, davvero sorprendenti. Dopo l'orrore per la barbarie degli europei, matura nelle élite e nelle classi dirigenti orientali la reazione opposta: la voglia di imitarci. Prende il via una gara dalle conseguenze enormi, che coinvolge il Giappone quanto la Cina. Gli occidentali, benché ripugnanti per alcuni aspetti, stavano vincendo su tutta la linea; bisognava imparare a usare i loro stessi metodi per reagire alla decadenza. Occidente uguale Progresso. Con la *p* maiuscola, sissignori: l'Asia sul finire dell'Ottocento inizia a maturare un timore reverenziale nei nostri confronti, quindi inaugura una serie di tentativi di copiarci. Nel 1860 è appena stato pubblicato *L'origine delle specie* di Charles Darwin, il manifesto della teoria dell'evoluzione. L'evoluzionismo avrà un'influenza anche in Oriente, soprattutto nella versione «sociale» che ne dà il biologo Herbert Spencer, contemporaneo di Darwin. La teoria della sopravvivenza del più forte applicata all'economia e alla società è un'esaltazione del capitalismo europeo, sistema dove vincono gli individui più dotati (come i capitani d'industria). Le élite asiatiche traumatizzate dalle vittorie militari e dalle conquiste coloniali dell'Occidente diventano avide lettrici di queste opere. La storia degli ultimi due secoli è segnata dai molteplici tentativi delle classi dirigenti orientali di modernizzarsi adottando modelli europei (poi americani), con risultati alterni: qualche fallimento, e dei successi spettacolari. È un periodo in cui cambia sostanzialmente il modo in cui loro ci vedono. Da un misto di curiosità-indifferenza-disprezzo, si passa a un atteggiamento di paura-ammirazione, complessi d'inferiorità e ansie di rivalsa. Tutto avviene a gran velocità, è un corto circuito Oriente-Occidente concentrato in due secoli, dopo millenni in cui le gerarchie e i rapporti di forze erano stati favorevoli all'Asia.

La svolta del 1860 ha come antefatto un episodio accaduto sessantasette anni prima. È la mancata apertura del mercato cinese ai prodotti inglesi. L'ambasciatore lord George Macartney, inviato nel 1793 alla corte dell'imperatore Qianlong, doveva impressionarlo con un'esibizione di mercanzia, un campionario di manufatti dell'industria britannica e gioielli della tecnologia occidentale. Il lord inglese subisce una serie di vessazioni protocollari, fa un'anticamera interminabile, e alla fine viene liquidato freddamente: l'imperatore non sa che farsene della sua robaccia, quei doni possono tornare al mittente. La reazione del sovrano celeste è abbastanza tipica di una Cina autoreferenziale, afflitta da un enorme complesso di superiorità, abituata al dominio geopolitico nell'Asia orientale. Attorno a sé la Cina vede solo popoli inferiori e regimi vassalli, che devono omaggiarla e riconoscerne l'egemonia. In quella fase della sua storia ha scarso interesse per il resto del mondo, si considera il centro dell'universo e pensa di non avere nulla da imparare. È anche una Cina profondamente xenofoba. Commette un errore fatale, trascurando l'ascesa della tecnologia militare europea, soprattutto della marina inglese. Le conseguenze le pagherà pochi decenni dopo. Le Guerre dell'oppio (1839-42 e 1856-60) affondano le loro radici in tre fattori. Il primo è la convinzione della Cina di essere da millenni la civiltà piú avanzata, circondata da barbari che non hanno nulla di utile da portarle. Il secondo è il semimonopolio cinese in produzioni pregiate – tè, porcellane, seta – per le quali c'è una grande domanda sui mercati europei, ma che la Cina vuole farsi pagare esclusivamente in metalli preziosi come l'argento. Il terzo è l'ascesa di un'Inghilterra altrettanto orgogliosa e arrogante, convinta di avere una superiorità non solo economica e militare, ma anche morale, dunque gravata da una missione civilizzatrice e religiosa, di esportazione del cristianesimo fra i popoli pagani. I tre fattori creano una miscela esplosiva. Gli inglesi, stufi di accumulare deficit commerciali con la Cina e di subire emorragie di argento, puntano sulla vendita di oppio per riequilibrare la bilancia dei pagamenti. È un caso eclatante, e vergognoso, di narcotraffico di Stato: con la copertura del governo di Londra e a volte la sua gestione diretta, esplode il commercio di oppio coltivato in India (colonia britannica) e venduto ai cinesi. I tentativi dell'Impero celeste di bloccare il narcotraffico e di applicare una severa politica proibizionista sfociano nelle due Guerre dell'oppio. Gli inglesi stravincono; a loro si uniscono i francesi affamati di conquiste. La Cina non sarà mai una colonia vera e propria, però in seguito a queste sconfitte militari deve aprire diverse città portuali agli occidentali, trasformandole di fatto in protettorati, sui quali perde sovranità e giurisdizione. Hong Kong invece diventa una colonia inglese, sia pure con una concessione a termine che scadrà nel 1997. L'atto finale delle Guerre dell'oppio è appunto il saccheggio del Palazzo d'Estate. Viene preceduto e provocato, per la precisione, da una serie di atrocità commesse dai cinesi. Nel settembre del 1860 il principe Seng, il feroce capo mongolo dell'esercito imperiale, ha fatto catturare, sbattere in carcere e torturare dei diplomatici inglesi violando la loro immunità. I prigionieri sono trattati in modo disumano, con gli arti legati talmente stretti che li perdono per la cancrena e si vedono divorare vivi dai vermi. Alcuni muoiono fra sofferenze abominevoli. Le descrizioni di quelle sevizie atroci fanno scattare la vendetta degli occidentali. È cosí che dal 6 al 18 ottobre 1860 i corpi di spedizione anglofrancesi decidono di infierire sul Palazzo d'Estate dell'imperatore, lo Yuan Ming Yuan. La scelta è simbolicamente densa di significato. Finito di costruire nel 1709 dall'imperatore Kangxi, lo Yuan Ming Yuan concentra il culmine di tutti gli splendori della civiltà cinese. È Buckingham Palace piú Versailles piú i castelli della Loira. Ben al di là di una semplice dimora estiva dei sovrani, è una collezione di duecento edifici, attorniati da giardini di tutti gli stili cinesi. È stato pensato, progettato e costruito come una vetrina grandiosa di ogni meraviglia dell'arte e architettura orientale: palazzi, pagode, padiglioni e serre, biblioteche di manoscritti pregiati, collezioni di pittura e ceramica, giade e sete preziose, c'è una stratificazione di tesori che risalgono all'epoca dei commerci con l'Impero romano. Per scrupolo di completezza l'imperatore Qianlong, pur xenofobo, ha assoldato il gesuita italiano Giuseppe Castiglione, pittore ritrattista, e l'artista fiorentino Bonaventura Moggi. Al primo ha commissionato gallerie di ritratti in uno stile misto eurocinese; al secondo un'imitazione-copia del Grand Trianon della reggia di Versailles. È su questo vasto insieme di tesori inestimabili che si avventa la furia delle soldatesche inglesi e francesi. La scena della razzia è stata descritta nei dettagli dallo stesso capo militare britannico, lo scozzese James Bruce, conte di Elgin. È uno che ha la vocazione al saccheggio nel sangue, visto che suo padre aveva trafugato i fregi del Partenone ateniese per portarli a Londra. Eppure perfino il conte di Elgin ammette qualche imbarazzo nel descrivere il caos che si abbatte sul Palazzo d'Estate, con i militari occidentali che fanno a botte tra loro per strapparsi i tesori. Ciò che i soldati inglesi e francesi non riescono a portar via è fatto a pezzi e incendiato. Alla fine, del Palazzo d'Estate, una delle meraviglie del mondo, restano pochi reperti di pietra: grosso modo è ciò che il turista può visitare oggi. L'intervento di restauro è stato molto limitato, perché diverse generazioni di leader politici cinesi hanno voluto mantenere vivo il ricordo di quell'orrore. All'epoca dei fatti, quando arrivano i resoconti a Londra, pare che la regina Vittoria rimanga turbata. A irritarla è l'aspetto estetico, il galateo: distruggere la dimora di un sovrano, sia pure cinese, le sembra un gesto adatto piú ai rivoluzionari giacobini che ai soldati di sua maestà.

I danni inflitti dal corpo di spedizione anglofrancese non finiscono con il saccheggio di Yuan Ming Yuan. Il 23 ottobre 1860 il conte di Elgin incontra il principe ereditario Gong, e al termine di una serie di sgarbi plateali inflitti col proposito di umiliarlo, lo costringe a firmare un trattato che è una resa, pesante e costosa, alle condizioni degli europei. Con il termine della Seconda guerra dell'oppio nuove città costiere finiscono nella sfera d'influenza delle potenze occidentali. Le sanzioni economiche prevedono indennizzi da Pechino a favore di Londra e Parigi. All'ambasciatore inglese la Cina deve pagare una residenza permanente. Soprattutto, ha inizio da quel momento un'invasione di merci occidentali sul mercato cinese, inclusi i tessuti delle manifatture di Manchester. E poi c'è l'oppio, ovviamente. La tossicodipendenza dilaga piú che mai, provocando conseguenze sanitarie devastanti sul popolo cinese. Inclusi i suoi leader. Tra i drogati si segnalano l'ultima imperatrice-reggente, la regina madre Cixi, e la seconda moglie dell'ultimo imperatore, Wan Jung. Costei comincia a fumare oppio all'età di diciannove anni, e ne consuma dosi crescenti. Quando suo marito – l'imperatore Pu Yi immortalato nel film di Bernardo Bertolucci – si presta a collaborare con l'invasione giapponese della Manciuria, i militari nipponici fanno della principessa Wan Jung un burattino nelle loro mani. Come racconta uno storico delle Guerre dell'oppio, l'inglese Travis Hanes,

> i giapponesi assecondano la sua dipendenza dall'oppio, gliene forniscono a volontà, e al tempo stesso la mettono in mostra: lo spettacolo di degrado della consorte reale deve servire da esempio al popolo giapponese, per dimostrare la decadenza dei cinesi, la loro inferiorità morale e depravazione fisica.

Episodio importante, perché il Giappone ha deciso di imboccare una strada diversa dalla Cina: nella gara di emulazione dell'Occidente vuole arrivare primo, e ci riuscirà. Nel 1946 la principessa Wan Jung verrà catturata dalle truppe comuniste sotto la direzione di Mao Zedong. A quel punto le sarà negato l'oppio dai nuovi carcerieri. Gli ultimi giorni della consorte reale sono cosí drammatici e scabrosi, tra crisi d'astinenza e urla di dolore nella cella del carcere, che il regista Bertolucci li avrebbe «censurati» dal suo film *L'ultimo imperatore*. Il dramma dell'oppio finisce brutalmente con la rivoluzione comunista. Fin dalla presa di potere nel 1949 Mao lo mette fuorilegge. Undici anni dopo, nel 1960, la Repubblica popolare può dichiarare di avere del tutto sradicato le tossicodipendenze. Le Guerre dell'oppio, invece, rimangono piú vive che mai: nei manuali scolastici.

L'aggressione occidentale non basta da sola a spiegare gli eventi di quel periodo. Prima ancora che si affaccino le flotte inglesi con intenzioni ostili sulle loro coste, i sovrani cinesi hanno gestito una decadenza che ha cause interne. Una crisi senza precedenti ha già investito la Cina tra la fine del Settecento e l'inizio dell'Ottocento. La dinastia Qing, di origine straniera – sono invasori venuti dalla Manciuria –, è una delle piú longeve: dura dal 1644 fino all'estinzione dell'impero nel 1911. Ma questo periodo si divide in due parti ben distinte. C'è un'età aurea dei Qing, nel Seicento e nel primo Settecento, in cui la Cina allarga i confini, rafforza la potenza militare, aggiunge stabilità sociale alla prosperità economica, e pur rimanendo essenzialmente agricola raggiunge delle vette di eccellenza in alcuni settori manifatturieri come il tessile, il siderurgico e quello delle ceramiche. Poi c'è la seconda metà della storia dei Qing, segnata dalla decadenza, che accelera soprattutto dall'inizio dell'Ottocento. Le crisi economiche sono inasprite da un degrado ambientale, l'impoverimento colpisce gran parte della popolazione le cui condizioni di vita e di salute peggiorano. Il cinese medio ha una dieta alimentare insufficiente. La popolazione dell'Impero celeste è cresciuta da duecentosessantacinque milioni nel 1775 a quattrocento milioni nel 1834. L'organizzazione economica e il livello scientifico-tecnologico, che fino a quel momento avevano garantito alla Cina un primato mondiale, non bastano piú per governare quel boom demografico. Il 1820 è l'anno di una grande recessione. Vent'anni dopo, nel bel mezzo delle Guerre dell'oppio, divampa in Cina la prima rivolta che incorpora ingredienti dall'Occidente. Si tratta della ribellione dei Taiping, una guerra civile che scoppia nel 1850 e si conclude quattro anni dopo la Seconda guerra dell'oppio, nel 1864. La rivolta dei Taiping è molto strana, ha affascinato la letteratura e il cinema. Il profeta che la guida si chiama Hong Xiuquan, dice di avere avuto visioni divine, e si proclama fratello di Gesú Cristo. Non è un caso raro, in questo periodo altri come lui sono protagonisti di «rivelazioni» cristiane in Cina. Hong Xiuquan è membro dell'etnia Hakka, è nato in un villaggio di montagna molto povero, piú volte ha tentato di entrare nella burocrazia dei mandarini ma è stato sempre bocciato all'esame.

OCCIDENTALISMO: COPIARE I BARBARI

Chi si è preso un po' cura di lui sono i missionari protestanti venuti dall'Inghilterra e dall'America. È nel loro materiale d'indottrinamento che lui va a pescare le sue idee. Si mette in testa di rovesciare la dinastia mancese dei Qing in nome del nazionalismo, per riscattare la Cina dalle umiliazioni e dalla miseria. La dinastia Qing è già stata sconfitta dagli inglesi nella prima delle Guerre dell'oppio. Alle tossicodipendenze si aggiungono le carestie, le campagne si svuotano e i raccolti diminuiscono. Il capo del movimento Taiping vuole riformare lo Stato con uno strappo drastico rispetto alla tradizione, perché tutto ciò che è antico è sinonimo di arretratezza. Basta Confucio. Oltre a un vago cristianesimo ispirato al fondamentalismo protestante, Hong Xiuquan insegue una sorta di utopia socialista. Riesce a conquistare una massa enorme di seguaci. Le insurrezioni popolari arrivano a controllare un bel pezzo della Cina meridionale. Conquistano perfino una delle capitali storiche dell'impero, Nanchino. Nei territori che governano i ribelli Taiping s'instaura il Regno celeste. Viene abolito il costume disumano di fasciare i piedi delle donne. L'influenza del puritanesimo anglosassone si manifesta in una rigida separazione dei sessi. Inizia la distruzione di biblioteche buddhiste nei monasteri, di templi taoisti e confuciani. Alcuni di questi ingredienti sembrano preannunciare il comunismo di Mao, in particolare la sua fase piú radicale che è la Rivoluzione culturale negli anni Sessanta del Novecento. Infatti Mao rivendicherà qualche continuità con i Taiping. L'Occidente s'infila in questa insurrezione di popolo anche in un altro modo:

vende le sue armi moderne ai ribelli Taiping, che spesso finiscono con l'avere un arsenale piú distruttivo dell'esercito imperiale. Al fianco dei Taiping appaiono mercenari italiani, francesi e inglesi. Gli occidentali insegnano nuove tecniche per fondere l'acciaio e fabbricare cannoni. La rivolta Taiping viene repressa nel sangue dopo quattordici anni. Nonostante *taiping* in mandarino signifíchi «pacifico», il bilancio di vittime di questa guerra civile è immane, oscilla fra i venti e i settanta milioni, uno dei conflitti piú devastanti della storia. Lascia dietro di sé una scia d'instabilità e disordini. Nonché una voglia di Occidente. Che tornerà a manifestarsi in altre forme. Da quel momento infatti la Cina attraversa diverse «rivoluzioni abortite» (i Cento giorni; poi la Rivolta dei Boxer nel 1900). La dinastia Qing, per quanto agonizzante, reagisce con una serie di riforme amministrative e giudiziarie, militari e politiche, animate da buone intenzioni. Investe nella costruzione delle linee ferroviarie. Abolisce gli esami imperiali per il reclutamento dei mandarini, ormai superati perché si basano sull'apprendimento a memoria di una cultura libresca, obsoleta, inadeguata al Novecento. Il crepuscolo dell'ultimo imperatore si avvicina ma quegli sforzi riformisti hanno in comune l'ambizione di raccogliere la sfida delle nazioni occidentali, inseguendo quel che ha fatto il Giappone. Sí, perché piú a Est i cinesi hanno un'isola che sta diventando per loro un incubo, una minaccia, una spina nel fianco. Il Giappone ha imparato a copiare l'Occidente per primo e con risultati migliori. Figlio della cultura cinese – ne ha assorbito molte cose, dagli ideogrammi al confucianesimo –, il Sol Levante sta diventando superiore alla civiltà che lo ha influenzato per millenni. Nella Prima guerra sino-giapponese (1894-1895) l'esercito nipponico infila una serie eclatante di vittorie sia navali sia terrestri. Il Sol Levante sta diventando la Prussia dell'Estremo Oriente. Quando la dinastia Qing se ne accorge, comincia a mandare migliaia di studenti in Giappone. Per costruire una nuova élite efficiente e moderna, la Cina si sforza di copiare chi ha copiato meglio l'Occidente. Quando cade, la dinastia Qing viene sostituita nel 1912 dalla repubblica di Sun Yat-sen. Altro innovatore che guarda verso di noi. Sun Yat-sen, il padre della Cina moderna, è venerato tuttora dagli stessi dirigenti comunisti: dopo aver studiato inglese, matematica e scienze, e aver vissuto in Giappone e in Europa, ha preso la cittadinanza degli Stati Uniti. Un dettaglio non trascurabile: Sun Yat-sen si è convertito al cristianesimo, la sua prima scuola era gestita da sacerdoti anglicani; è stato battezzato da missionari protestanti americani. Le ondate di conversioni al cristianesimo, soprattutto fra le élite asiatiche, sono una misura fedele del progressivo innamoramento per l'Occidente. È una costante della storia da tempi antichissimi: negli scontri fra civiltà, chi perde si convince che l'avversario deve avere la protezione di un dio migliore. Ma non conta solo un brutale effetto dei rapporti di forze. Le élite asiatiche che viaggiano e studiano in Occidente nel Novecento toccano con mano i benefici del Progresso, quello che va scritto con la *p* maiuscola perché è davvero generoso di miglioramenti nella vita di tutti: igiene, medicina, alimentazione, istruzione, diritti individuali.

Negli anni Venti del Novecento la Cina repubblicana tenta di costruire dalle fondamenta un nuovo Stato e una nuova cultura di governo, sempre attingendo a modelli occidentali. È un periodo in cui fiorisce il capitalismo di Shanghai, la metropoli piú occidentalizzata. Shanghai diventa il punto di osservazione privilegiato per capire come la Cina assorba influenze europee e americane. La rivolta Taiping aveva già spinto alla fuga dalle campagne verso Shanghai i ricchi in cerca di sicurezza, insieme a intellettuali e artisti attirati dal contatto con le idee dell'Occidente, da una città tollerante e trasgressiva, che si libera dalle tradizioni confuciane. Illuminazione elettrica, gas, telefono, acqua corrente, tram, alla fine dell'Ottocento la capitale cinese del business ha le infrastrutture piú avanzate. Nel Novecento due cataclismi la favoriscono: la Prima guerra mondiale indebolisce l'Europa, il 1929 e la Grande depressione frenano l'economia americana. Shanghai ne approfitta per risucchiare investimenti dal resto del mondo, moltiplica fabbriche e banche, diventa uno dei maggiori porti del pianeta. La sua dimensione esplode, dal 1910 al 1930 balza da uno a tre milioni di abitanti, di cui oltre centomila stranieri. Il governatore dell'epoca, Zhang Zhidong, esprime lo spirito della città: «Imparare l'utile dall'Occidente, conservare l'essenza della Cina». È una frase che farà da programma per molti altri leader. La promiscuità delle influenze è visibile nella topografia stradale shanghainese, una babele di lingue che mescola la Bubbling Well road con la rue Lafayette e l'avenue Joffre. Il cosmopolitismo è immortalato negli stili architettonici del Bund, l'elegante viale lungo il fiume Huangpu dove si mescolano edifici d'impronta neopalladiana inglese, art nouveau francese, art déco e liberty americano. Sul Bund la fusione tra Oriente e Occidente si è materializzata a lungo nelle due statue di leoni in bronzo che dominavano la scalinata della Hongkong & Shanghai Banking Corporation, costruita nel 1923, la piú grande sede bancaria del mondo a quei tempi. I clienti prima di entrare accarezzavano la testa dei leoni: un omaggio alla ricchezza dell'impero britannico investita in quei forzieri, e all'antica venerazione cinese per i talismani di animali portafortuna. Anche se negli anni Trenta viene chiamata la Parigi d'Oriente, già allora Shanghai in realtà è girata piú verso New York, nell'urbanistica vuole imitare l'Empire State Building, il Chrysler Building, il Rockefeller Center (un'impresa che le riuscirà oltre ogni speranza settant'anni dopo, quando il solo quartiere di Pudong sorpassa Manhattan per il numero di grattacieli). Mentre negli Stati Uniti Francis Scott Fitzgerald celebra «l'età del jazz», dilagano a Shanghai le orchestre di sassofonisti e bassisti neri che al *Peace Hotel* intonano *I Can't Give You Anything but Love, Baby* sui ritmi di New Orleans. Il magazine piú in voga nella metropoli cinese diventa «Vanity Fair». La Mgm apre studi di produzione in quella che si afferma come la Hollywood asiatica. Cinque anni dopo San Francisco, la seconda maggiore sala cinematografica del mondo viene inaugurata a Shanghai. Il missionario inglese reverendo Darwent per compilare una guida della città registra minuziosamente il flusso del traffico e scopre che già allora a Shanghai avviene il soprasso delle automobili sulle biciclette: in una mattinata di febbraio del 1930 conta 1863 autovetture e 754 autobus contro 772 biciclette in transito sulla via Nanchino. È quella via Nanchino il cuore del consumismo, la Quinta Strada di Shanghai, che vede sorgere i primi quattro grandi magazzini, Xianshi, Yongan, Xinxin e Daxin, ciascuno con incassi strabilianti da centomila dollari (di allora) al giorno. I nuovi ricchi girano in Isotta Fraschini e Daimler, ballano il charleston all'*Astor House* e al *Cathay Hotel*. Orgogliosa del suo melting pot razziale, miracolosamente immune dalle crisi che divampano altrove, Shanghai è l'unico posto al mondo dove accade che il rappresentante diplomatico della Germania nazista, il barone Ottomar von Dammbach, perda al poker ottantamila dollari in una sera giocando con sir Elias Esdras, ricco ebreo sefardita, erede delle famiglie di mercanti fuggite da Baghdad nell'XI secolo per fare fortuna in Estremo Oriente. Il ricordo piú vivido di quell'èra di capitalismo ruggente è rimasto impresso nei manifesti pubblicitari degli anni Trenta. Shanghai ne viene invasa, lungo le strade, nei cinema e nei bar, nelle case sotto la forma dei calendari-réclame. È in quel periodo che nasce un'arte pubblicitaria tipicamente shanghainese, con i suoi pittori e le tipografie specializzate. Il manifesto fonde motivi tradizionali cinesi – fiori, laghetti, giardini – con mode e stili di vita occidentalizzati. Protagonista della pubblicità è una nuova figura di donna: bellezze dipinte in pose da star cinematografiche,

ammiccanti, sensuali, promuovono sigarette e cosmetici, abiti di seta, grandi magazzini e marche di benzina. Il dilagare di queste nuove icone femminili coincide con la popolarità delle «divine» del cinema cinese, star idolatrate alla pari di Marlene Dietrich e Greta Garbo. In un decennio si affiggono settecentomila manifesti commerciali. Il paesaggio di Shanghai viene trasformato dalla pubblicità onnipresente. Il suo stile è cosí inconfondibile che è rimasto nella memoria di varie generazioni. Settant'anni piú tardi, di fronte alle riproduzioni che si vendono sulle bancarelle, ancora oggi i cinesi riconoscono subito le «donne di Shanghai».
Con l'avvento del comunismo dopo la Seconda guerra mondiale il giornalista americano Edgar Snow, amico e biografo di Mao, scrive un epitaffio per quella Shanghai.

> Addio città luccicante di glamour; addio ricchezza pomposa che convive con orde di affamati. Addio ai cinesi eleganti nelle limousine blindate; ai gangster e ai sicari, ai club esclusivi, alle sale da oppio, alle puntate dei giocatori di mah-jongg, alle grida dei festini e delle ubriacature, alle vetrine con le sete, le giade e le perle. Addio ai transatlantici bianchi ormeggiati nel Huangpu; ai conquistatori americani e giapponesi. Addio alla piú malvagia e alla piú variopinta città d'Oriente, tutto questo è finito.

Eppure anche Mao rilancia a modo suo un esperimento segnato dall'influenza occidentale, benché di un genere diverso. Il marxismo non è cinese, è un'ideologia tedesca traghettata verso la Cina dai comunisti russi, altra nazione bianca ed europea. Mao fa sua quella massima: «Imparare l'utile dall'Occidente, conservare l'essenza della Cina». È ossessionato dall'idea di rivincita sull'Inghilterra.

Una delle sue imprese piú folli, il «Grande balzo in avanti», ha come obiettivo quello di sorpassare la produzione inglese di acciaio (negli anni Cinquanta la Gran Bretagna ha ancora una siderurgia importante). Quel Grande balzo in avanti Mao lo pianifica sulle spalle delle campagne, costringendo i contadini a lasciare i campi per lavorare in una miriade di piccoli altiforni artigianali costruiti nei villaggi. L'esito è un crollo dei raccolti, provoca stenti e carestie tra il 1959 e il 1962, trentasette milioni di morti. Un prezzo elevato che il popolo cinese paga alla rincorsa a tutti i costi di un modello che sta a ovest. Piú tardi lo stesso Mao scatena la Rivoluzione culturale anche con l'obiettivo di fare piazza pulita della tradizione cinese: ogni eredità del passato lui la vede come un fardello che impedisce alla sua Cina di spiccare il volo. Ecco le giovanissime guardie rosse maoiste aizzate perché distruggano templi buddhisti e biblioteche confuciane, come nella rivoluzione Taiping.

Un piccolo episodio curioso accade alla fine dell'èra maoista, con un grande regista del cinema italiano come protagonista. Michelangelo Antonioni viene invitato dal premier di Mao, Zhou Enlai, a visitare la Repubblica popolare per realizzarvi un documentario. Antonioni è un intellettuale di sinistra, simpatizza per il comunismo cinese, ma tiene gli occhi aperti e riesce a realizzare un documentario di grande qualità (che infatti l'ala radicale del Partito comunista farà censurare). S'intitola *Chung Kuo, Cina* ed esce nel 1972. In mezzo a tante immagini di grande interesse – a quei tempi la Cina era isolata politicamente, pochi la visitavano – c'è qualche scivolone ideologico dettato dall'attrazione di Antonioni verso quel Paese. Per esempio c'è un'esaltazione dell'uso dell'acupuntura invece dell'anestesia occidentale. Rivisto oggi, il documentario fa sorridere molti cinesi: mezzo secolo dopo, loro preferiscono curarsi con la medicina occidentale.

Muore Mao e gli succede un altro modernizzatore che guarda verso l'Occidente, ma in modo diverso. Si chiama Deng Xiaoping il leader comunista che decide di liquidare l'eredità del fondatore della Repubblica popolare. Il maoismo radicale, il comunismo egualitario vengono sostituiti con un'altra miscela ideologica. Deng dal 1976 in poi – e ancor piú dopo avere ordinato il massacro di piazza Tienanmen nel 1989 – spinge la Cina verso il capitalismo, pur mantenendo il dogma del partito unico. Il nuovo contratto sociale dice ai cinesi «arricchitevi liberamente», ma guai se mettete in discussione il sistema politico. Per accelerare la diffusione del benessere, Deng studia altre nazioni asiatiche – Giappone e Singapore – che hanno raggiunto livelli occidentali di modernità, «americanizzando» le proprie economie. Ai cinesi viene data la libertà di viaggiare e studiare all'estero. Nel trentennio decisivo per il boom dell'economia cinese, quello che segue la repressione di piazza Tienanmen, settecentocinquanta milioni di persone sono sollevate dalla miseria e raggiungono un tenore di vita soddisfacente. È un miracolo economico che non ha precedenti nella storia umana, per le sue dimensioni. Ma le ricette vengono quasi tutte dall'Occidente, di cui Deng (che ha studiato in Francia) è un ammiratore. Oggi noi europei o americani non ci facciamo caso, tanto ci sembra banale, ma perfino il paesaggio urbano delle metropoli cinesi è una scopiazzatura di quello degli Stati Uniti. Con diversi adattamenti, è il nostro mondo ad aver plasmato il loro. Ci hanno studiato con attenzione maniacale in tutti i settori, dallo scientifico all'artistico. Hanno abbandonato i loro vestiti per indossare i nostri. Hanno tralasciato la musica tradizionale per suonare Mozart e Beethoven. Hanno cominciato a mangiare meno riso e piú bistecche, a bere meno tè e piú caffè. Per una civiltà orgogliosa che visse durante millenni contemplando la propria superiorità, è impressionante quanto la Cina abbia consapevolmente deciso di farsi influenzare dall'Occidente. Perfino il piú sovranista e ipernazionalista dei leader cinesi, il presidente Xi Jinping, ha mandato la figlia a studiare all'università di Harvard, negli Stati Uniti. Come lui, molti altri membri della nomenclatura comunista hanno voluto che i figli si formassero in America.

Almeno per un aspetto iniziale il coronavirus ha confermato questo occidentalismo, sferrando un altro colpo alle tradizioni cinesi. Sí, perché ogni tanto la nostalgia è mortale. Durante l'epidemia sono tornato con la memoria ai miei anni di vita in quel Paese. Ricordo un dettaglio divertente che oggi mi appare in una luce sinistra. Abitavo nei bassi, in quel minuscolo residuo di centro storico fatto di vicoli (*hutong*) e casette antiche con il tetto a pagoda (*siheyuan*). Attorno a casa mia – sul laghetto Houhai di Pechino, a nord della Città Proibita – c'era un popolo povero, affezionato a usanze ancestrali. Si aggiravano bancarelle mobili che offrivano leccornie della cucina tradizionale. Inclusi scarafaggi arrostiti, scorpioni e lucertole alla griglia, ogni sorta di insetti e bacherozzi. Viaggiando nella Cina meridionale, a Guangzhou avevo visto macellai canini, che offrivano sul bancone le carni di quelle povere bestie scuoiate. La visita dei mercati alimentari ha sempre offerto emozioni speciali. Schifo, disgusto, angoscia o nausea in certi casi. Ma anche uno spaesamento esotico che ti faceva sentire «finalmente in Oriente», in quel luogo magico e irriducibilmente diverso dal nostro mondo. Il resto della Cina si era già omologato all'Occidente: stesse tecnologie, stessi grattacieli, stessi treni ad alta velocità, stessi ingorghi di traffico. La visita ai mercati attirava per ragioni identiche i miei amici cinesi. Per loro era l'occasione per trovare un frammento di memoria storica, un reperto delle proprie origini, un'idea di come avevano vissuto genitori e nonni, in una Cina che sembra lontanissima, oggi sfigurata dalla modernizzazione. In quei mercati però non ci andavamo solo in cerca di odori, colori e nostalgie. Andavamo anche a fare il pieno di germi. Il problema non sono le carni cotte, anche se di insetti o serpenti, topi o gatti. Il problema sono le bestie vive. Nel tradizionale «mercato umido», rimane il costume di vendere animali vivi. Da noi certi pescivendoli hanno il pesce o l'aragosta che ancora si dibatte nell'acqua. In Cina, laddove sopravvivono gli usi di un tempo, è normale esporre al mercato in gabbia non solo galline o conigli ma ogni sorta di selvaggina o roditori. Meglio se catturati nella natura. Sono più saporiti e nutrienti, almeno cosí credono i consumatori da tremila anni. Dai pipistrelli allo zibetto, alcuni di questi sono potenzialmente degli assassini: portatori di virus che talvolta ci trasmettono. Qualcosa di simile potrebbe essere successo in un mercatino di Wuhan, la città-focolaio all'origine dell'epidemia da coronavirus. Se trovate una fotografia di quel mercato di Wuhan, osservatela bene. Tra le bancarelle vedrete una mescolanza di clienti poveri e di cinesi benestanti che vanno a fare un'immersione nell'antichità, spaesati e divertiti come degli occidentali. A coloro che hanno sempre consumato carni selvatiche, va dato atto che ognuno si cerca le proteine dove può. Ma il loro mondo è condannato a scomparire, e l'emergenza sanitaria del 2020 ha dato un'altra accelerazione alla distruzione del passato. Un miliardo e quattrocento milioni di cinesi dovranno sfamarsi con prodotti dell'agro-business, manzi e suini e pollame torturati negli allevamenti mostruosi della grande industria. Che però sono piú controllabili dalle autorità sanitarie. Tutto questo è già accaduto, da noi. L'Oriente ogni tanto può sentire un affetto doloroso e struggente per il suo passato, meraviglioso o triste che fosse. Ma crisi di tale entità lo convincono che abbracciare la modernità occidentale è stato inevitabile.

Capitolo sesto
Il buddhismo fra noi: alle radici del mistero

> Voi avete gli orologi, noi abbiamo il tempo.
>
> Antico proverbio afghano

> Credo che tutta la sofferenza sia causata dall'ignoranza. Ognuno può sviluppare un buon cuore e un senso di responsabilità universale con o senza religione. Non c'è contraddizione tra scienza e spiritualità. Sia la scienza sia l'insegnamento del Buddha ci parlano della fondamentale unità di tutte le cose.
>
> TENZIN GYATSO, XIV Dalai Lama,
> dal discorso di accettazione del premio Nobel per la Pace,
> 10 dicembre 1989

Quand'è che noi occidentali abbiamo cominciato a diventare un po' buddhisti? O magari a sentirci attratti verso un mix di diverse religioni orientali, qualche insegnamento del buddhismo insieme a elementi di taoismo, filosofia indiana e yoga, conditi dalla saggezza laica confuciana o dallo shintoismo giapponese? Guardando oltre gli aspetti superficiali, le mode, qual è la ragione profonda di questa penetrazione tra noi? A esplorare il mistero si scopre che ha piú di un secolo di storia alle spalle, questa nostra conversione a volte strisciante e subliminale, a volte esplicita. E coinvolge tanti aspetti della cultura occidentale, inclusa la scienza.

A New York vado a fare la spesa vicino a casa mia, al supermercato Whole Foods di Columbus Circle. Mentre attendo in fila alla cassa, noto che sugli scaffali dei magazine è in bella vista il bimestrale «Lion's Roar» («il ruggito del leone»), che sotto la testata spiega cosí la sua missione: «Saggezza buddhista per risvegliare il tuo cuore e la tua mente». Sul numero di marzo 2020 in copertina c'è la foto di una statua custodita al Metropolitan Museum di New York, un bodhisattva cinese che risale al XIII secolo. Questo numero della rivista è dedicato alla meditazione. Alcuni titoli degli articoli: *Non c'è nulla che devi riparare, nessun luogo dove andare* allude all'importanza di accettarci come siamo. Lo stesso messaggio viene da *Tu sei la grande perfezione*, commento firmato dal monaco tibetano Mingyur Rinpoche. Altri articoli spiegano *Come scoprire la tua naturale consapevolezza*, oppure guidano il lettore – che spesso è una lettrice – passo dopo passo verso *Semplici e potenti meditazioni per rilassarti dentro la tua vera natura*. È una rivista seria, include temi d'attualità come la lotta al cambiamento climatico e l'etica buddhista dell'accoglienza ai profughi.

Nello stesso corridoio di attesa per la cassa del supermercato, su quello scaffale di riviste ne trovo un'altra intitolata «Real Simple» («davvero semplice»), questo numero è sul tema «Il potere del meno». Meno roba, meno impegni, meno pensieri, meno appuntamenti, meno distrazioni: come fare il vuoto attorno a sé, eliminando tutto ciò che non è essenziale. È chiaro che sfrutta il successo mondiale del best seller *Il magico potere del riordino* di Marie Kondo, giovane scrittrice giapponese (trentacinque anni) che vive a Los Angeles. Kondo ha un metodo per riorganizzare le priorità della sua vita, cominciando con il mettere ordine in casa. La teoria di Kondo è che insieme con la casa si riordina la propria mente. «Sfoltire la vita e renderla piú leggera» è una delle sue massime. Con trenta edizioni e milioni di copie vendute in tutto il mondo, Kondo è stata prima un fenomeno editoriale, poi un «movimento», a cui l'autrice contribuisce con conferenze e attività di insegnamento, consulenza. Come spiega lei stessa, la sua arte del riordino «affonda le radici nella filosofia zen, nell'animismo e nel minimalismo».

L'ultimo libro della scrittrice giapponese, *Joy at Work* («gioia al lavoro»), applica le lezioni del riordino al proprio ufficio, alla scrivania, e ai rapporti con i colleghi. Per uno scherzo crudele del calendario, è uscito in inglese proprio mentre i luoghi di lavoro si stavano svuotando e la pandemia obbligava centinaia di milioni di persone a isolarsi, lavorare da casa, trasformando salotti o camere da letto in altrettanti uffici. Kondo, anche lei in isolamento forzato nella sua casa di Los Angeles, è stata subissata di interviste in videochiamata su come mettere ordine in una (potenzialmente caotica) casa-ufficio, con marito e moglie costretti a una coabitazione interminabile in pochi metri quadri, i figli tra i piedi tutto il giorno. Cosí la filosofia zen ha acquisito nuove applicazioni, nell'esperimento improvviso di un lavoro a domicilio per masse enormi di persone. La saggezza orientale di Kondo aggiornata al 2020 ha somministrato consigli per riordinare non solo il tavolo da pranzo convertito in scrivania, ma anche le cartelle digitali dei computer e l'arretrato delle e-mail, il calendario delle giornate passate su Zoom e altre piattaforme per riunioni collettive, il galateo dei rapporti di lavoro a distanza.

Non è solo Kondo ad aver offerto una saggezza orientale come conforto durante il coronavirus. Pochi giorni dopo l'adozione negli Stati Uniti di drastiche restrizioni alla mobilità, un articolo sul «New York Times» suggeriva ai lettori di cercare sostegno nel buddhismo. Intitolato *Take Steps to Counter the Loneliness of Social Distancing*, l'articolo di Jane Brody pubblicato il 24 marzo 2020 descriveva tutte le sofferenze create dall'isolamento forzato: dalla depressione fino ai rischi di morire per ictus, infarto, nonché l'aumento dei casi di demenza nelle persone anziane. Per proteggerci, l'autrice dava la parola a una psicoterapeuta, Michele Weiner-Davis, di Boulder, Colorado. Ed ecco il suo consiglio: «Offrite il vostro aiuto ad altri, contattate chi è solo, adottate l'approccio buddhista che consiste nel concentrarsi sul qui e ora; questo può vaccinarvi contro l'ansia».

Mindfulness è diventata una parola ubiqua nella vita degli americani. Letteralmente è la qualità di una mente piena. Cioè attenta e al tempo stesso serena, appagata. Indica una serie di tecniche per isolarsi dal frastuono della vita quotidiana, dimenticare preoccupazioni ed emozioni, cancellare le incombenze e altre cause di stress, fare una sorta di vuoto mentale benefico per focalizzarsi su ciò che siamo. I corsi di *mindfulness* e meditazione, individuali o collettivi, vengono tenuti ovunque da almeno dieci anni: a mia moglie lo ha offerto la scuola dove insegnava a San Francisco; parecchie aziende li propongono ai propri dipendenti. Si possono fare nei centri di yoga, in molte palestre di fitness, in qualche museo di arte orientale. *Mindfulness* raccoglie un insieme di tecniche di concentrazione, rilassamento mentale e meditazione che si ispirano a tradizioni asiatiche. Anche se, in fondo, silenzio e concentrazione, astrazione dalla vita materiale e meditazione fanno parte della tradizione cristiana (in particolare nella vita monacale), oggi non è a quella che pensiamo quando facciamo *mindfulness*, bensí al buddhismo e allo yoga. Il che è storicamente giusto: sembra proprio che la tradizione monacale del Medioevo cristiano abbia attinto a costumi che esistevano da tempi molto piú antichi in Oriente. I filosofi greci già conoscevano l'esistenza in Asia di «anacoreti» (monaci eremiti) e «ginnosofisti», questi ultimi essendo i primi adepti dello yoga.

Quello che osservo negli Stati Uniti sulla penetrazione di religioni e filosofie orientali vale anche per l'Europa. A Pomaia, una frazione di Santa Luce sui colli pisani spesso visitata dal Dalai Lama, è iniziata la costruzione del piú grande monastero buddhista d'Europa. Lí esiste già da anni un importante centro del buddhismo tibetano – Lama Tzong Khapa – dove si svolgono corsi di formazione «per diffondere la cultura dell'amore, della compassione e della saggezza insegnata da Buddha». I buddhisti italiani si stima siano arrivati a quota duecentomila. In Francia lo stesso Dalai Lama inaugurò un tempio buddhista nel 2008 a Roqueredonde; i buddhisti francesi sono censiti a seicentomila. Finora il piú grande di tutti i monasteri buddhisti europei era quello di Eskdalemuir in Scozia, che esiste dal 1967. Negli Stati Uniti si calcola vi siano sei milioni e mezzo di buddhisti.

C'è qualcosa di arcano, di affascinante e sconcertante, in questo dato: il buddhismo esiste da duemilacinquecento anni e tuttavia è solo dall'inizio del Novecento che invade l'Occidente in modo significativo. E ciò avviene senza che dietro l'espansione buddhista ci sia un piano di conquista, una volontà di proselitismo. È l'Occidente che «chiede» di essere convertito; non è il buddhismo che decide di mandare missionari in Europa o in America come noi li mandavamo in massa in Asia nell'epoca coloniale (altro fenomeno è la presenza di una popolazione immigrata di religione buddhista perché proveniente da Cina, Taiwan, Vietnam, Corea, Laos, Cambogia, Birmania. Ma i due buddhismi, quello degli immigrati e quello degli occidentali, si mescolano pochissimo o non si frequentano affatto).

Prima di esplorare le ragioni di questa conquista «involontaria» dell'Occidente, mi soffermo su qualche definizione. Spesso parliamo delle religioni asiatiche con superficialità, talvolta confondendo le une con le altre. Non sono uno specialista e mi limito qui a riportare alcuni concetti semplificati, rinviando alle fonti e a letture piú approfondite. Taoismo e buddhismo nascono in periodi vicini, attorno al VI secolo a. C., ma in luoghi molto distanti: il primo in Cina, il secondo in India. Laozi, il Vecchio Maestro, è considerato l'autore di *Daodejing. Il canone della via e della virtú*, il testo originario del taoismo. Ecco il concetto di *dao*, nel riassunto che ne dànno i due sinologi italiani Attilio Andreini e Maurizio Scarpari nel libro *Il daoismo*:

Via, sentiero, principio ineffabile preesistente nell'universo, quiete perfetta, origine e impulso vitale di tutti gli esseri. [...] Progenitore della molteplicità dei viventi e origine dell'armonioso procedere del mondo, il *dao* può essere al contempo pensato come il nulla, il vuoto. [...] Conoscere il *dao* equivale all'esperienza mistica di essere in sintonia con esso contemplando l'universo, superando ogni dicotomia tra bene e male, vita e morte, trascendendo gli orizzonti del tempo e dello spazio, aspirando a una saggezza che consiste nella dimenticanza di tutte le cose. [...]

Ebbene il messaggio daoista, nel promuovere armonia e tolleranza, c'invita a non dimenticare che gli uomini, prima ancora di essere animali sociali, sono entità cosmiche che necessitano di uno sviluppo equilibrato [...] in conformità con le leggi di natura.

Siddhārtha Gautama Sakyamuni, detto il Buddha, è un personaggio storico, anche se la sua figura si è caricata di leggenda e spesso lo si è trasformato in una divinità. Vive anche lui nel VI secolo a. C., nasce principe nell'India settentrionale. La sua biografia sottolinea uno strappo, il momento dell'iniziazione al dolore. Dopo una gioventú vissuta nel lusso, isolato per volontà del padre che vuole proteggerlo, alla prima uscita scopre che il mondo è fatto di malattia, vecchiaia, morte. È da quella rivelazione che hanno inizio il viaggio interiore e il suo insegnamento. Il carattere essenziale dell'universo per Buddha è l'impermanenza, la sua natura ultima è la vacuità, che l'individuo deve riconoscere nella pratica spirituale. La dottrina buddhista invita al distacco dal mondo e alla estinzione (nirvana) delle cause all'origine della sofferenza: l'ignoranza, il desiderio, l'attaccamento, l'avidità, che sono veleni dello spirito e ostacoli al raggiungimento della salvezza.

L'obiettivo è il compiersi di un risveglio, Buddha significa «il risvegliato».

In duemilacinquecento anni di storia di queste religioni si sono accumulate tante scuole di pensiero, dottrine, interpretazioni, addirittura sette. Taoismo e buddhismo hanno conosciuto conflitti tra di loro, ma anche fusioni e mescolanze. Il termine «zen», che usiamo spesso a sproposito (l'ho visto perfino in una pubblicità di design), in origine indicava una particolare scuola del buddhismo cinese influenzato dal taoismo, e fiorito sotto la dinastia Tang nel VI secolo d. C., nonché le sue derivazioni in Giappone Vietnam Corea.

Lascio a parte l'induismo, per citarlo nel capitolo sull'India: è la piú grande religione «incompresa» da noi occidentali. Vuoi perché non siamo mai riusciti a capirlo (equivocandolo come una religione panteista, e in quanto tale piú arcaica dei monoteismi), vuoi perché non accettiamo uno dei suoi tratti che è il sistema delle caste. L'induismo è molto piú antico del buddhismo e del taoismo, ed è riuscito a superare il buddhismo nella sua terra natale. Anche se l'influenza induista è reale in Occidente attraverso i canali dell'arte, della letteratura, della medicina ayurvedica e dello yoga, in quanto pratica religiosa ha scarsa penetrazione tra noi, se si eccettua il canale dell'immigrazione indiana e cingalese.

L'elenco delle nostre contaminazioni contemporanee è molto lungo. Si può cominciare dalla cultura di massa, perché è la manifestazione piú appariscente. Forse ricordate l'influenza buddhista e induista sui Beatles, che divenne un elemento integrante della loro ispirazione creativa a partire dal soggiorno che fecero a Rishikesh in India nel 1968: l'impatto mondiale fu talmente rilevante che oggi esiste in quel luogo sulla riva del Gange un Beatles Ashram, per commemorarlo. Da allora il fenomeno si è allargato in tutte le direzioni. Interi filoni della musica techno hanno tratto ispirazione dal buddhismo, incluso un brano della band americana Beastie Boys intitolato *Bodhisattva Vow*, «i voti del bodhisattva». Il film-culto *Matrix* è stato analizzato per i suoi riferimenti al buddhismo. Abbiamo avuto in Italia un famoso calciatore buddhista (Roberto Baggio); in America un attore come Richard Gere è un seguace devoto del Dalai Lama. Potrei citare a memoria diverse decine di adepti solo tra i personaggi piú conosciuti. Ma sarebbe sbagliato credere che sia esclusivamente una moda per celebrity, un vezzo eccentrico, una forma di snobismo o di esibizionismo. Il premio Nobel per la Pace assegnato al Dalai Lama nel 1989 ha contribuito all'attenzione verso la spiritualità tibetana, oltre a sensibilizzare l'opinione pubblica occidentale per il destino di quel popolo perseguitato dal regime cinese.

L'influenza del buddhismo è penetrata in mondi molto seri. Penso per esempio a un autorevole psichiatra di New York, Mark Epstein, autore di saggi in cui spiega come il buddhismo lo abbia guidato nella psicoterapia dei pazienti. L'insegnamento di Buddha, sostiene, è prezioso per affrontare i traumi della vita.

> Nella sua Prima Verità, – dice Epstein, – Buddha ci spiega la sofferenza come la base della vita. Ha un ap-

proccio psicologico. Nel *Dhammapada* usa l'immagine di un pesce gettato sulla terra, che trema, si dibatte, lotta disperatamente: è l'angoscia, la mancanza di pace di cui soffriamo. Il trauma ci colpisce tutti, fa parte della precarietà dell'esistenza umana. Alcuni sono espliciti: la perdita di una persona, la morte, un incidente, una malattia, un abuso. Altri sono nascosti come la privazione emotiva che subisce un figlio non amato. Altri, come il mio senso di alienazione, di estraniazione, sembrano non avere una causa. Buddha, da terapista, per prima cosa ci aiuta a riconoscere il trauma. Ma poi ci insegna che pur essendo una parte inseparabile dalla vita stessa, il trauma non deve avere per forza l'ultima parola.

Lo psichiatra Esptein insiste in un tratto distintivo del buddhismo che è «andare verso lo zero, essere meno, perché il meno è di piú».

La forza di penetrazione del buddhismo negli ambienti scientifici occidentali fu al centro di un caso eclatante in Francia qualche decennio fa. Matthieu Ricard, figlio del celebre filosofo-politologo liberale Jean-François Revel, era avviato a una brillante carriera come scienziato di biologia molecolare. Si era formato nell'attività di ricerca sotto la guida di François Jacob, premio Nobel per la Biologia, lavorando con lui all'Institut Pasteur di Parigi. Di colpo mollò tutto per andare a fare il monaco buddhista in Tibet. Vicino al Dalai Lama, Ricard (che oggi ha settantaquattro anni) è diventato uno degli accompagnatori e interpreti del leader spirituale tibetano nelle tournée internazionali. La storia di Ricard è istruttiva perché la sua scelta di vita non nasce da una crisi esistenziale. Al contrario lui la rivendica come coerente con la sua passione di scienziato. Ne ha parlato in un avvincente libro-dialogo scritto a quattro mani con il padre nel 1997, intitolato *Il monaco e il filosofo*. Da notare che Revel (scomparso nel 2006 all'età di ottantadue anni) era un ateo dichiarato, inizialmente pieno di diffidenza verso la scelta del figlio. Quest'ultimo lo ha persuaso. Revel nell'introduzione a quel libro-dialogo si sbarazza dei vecchi pregiudizi occidentali che avevano visto «il buddhismo come una saggezza della passività, dell'inazione, il nirvana come un'indolenza ripiegata su sé stessa, indifferente all'impegno civile e sociale». Suo figlio Matthieu Ricard spiega cosí il passaggio dalla ricerca biochimica al buddhismo:

> La mia carriera scientifica era il risultato di una passione per la scoperta. Tutto quello che ho fatto in seguito non è un rigetto della ricerca scientifica, ma la constatazione che non può risolvere le questioni fondamentali dell'esistenza. La scienza piú importante è la conoscenza di sé. Da dove proviene la sofferenza? La sofferenza è il risultato dell'ignoranza. La mia formazione scientifica, l'attenzione al rigore, è perfettamente conciliabile con la metafisica e la pratica buddhiste. Per me la vita contemplativa è una vera e propria scienza dello spirito.

All'università di Harvard, considerata la migliore d'America e forse del mondo, da anni uno dei corsi piú ricercati dagli studenti è quello di Michael Puett, professore di storia e civiltà cinese. A suo modo è diventato un guru laico. Gli stessi studenti che si preparano a diventare la nuova classe dirigente degli Stati Uniti, che saranno assunti come manager dalle aziende tecnologiche della Silicon Valley o dalle banche di Wall Street, assorbono dalle lezioni di Puett la saggezza orientale. Come chiarisce lui stesso nel libro che ha scritto insieme a Christine Gross-Loh, *La Via*, «gli insegnamenti di quegli antichi filosofi cinesi, che affrontavano problemi molto simili ai nostri, offrono prospettive radicalmente nuove su come vivere bene». Il docente di Harvard traduce in un linguaggio contemporaneo l'essenza del pensiero di Confucio, Mencio, Laozi. Il termine *La Via* che dà il titolo al suo libro è al centro della religione taoista. Puett descrive il nostro tempo come «"L'età dell'autocompiacimento": un periodo in cui la gente, infelice e insoddisfatta, assiste a crisi sempre piú gravi senza reagire, convinta che non esistano altre strade praticabili». Per lui la risposta è nell'insegnamento di filosofi cinesi: «[...] affinare gli istinti, allenare le emozioni e impegnarsi in un costante processo di autoperfezionamento cosí da arrivare a reagire nella maniera piú etica e giusta».

Negli Stati Uniti le lezioni di vita ispirate dalla saggezza dell'Asia hanno abbracciato una tradizione locale: la letteratura del *self-improvement*, la manualistica del miglioramento individuale, la fiducia nella capacità che abbiamo di reinventare noi stessi, di riformare il nostro carattere, di plasmare la nostra personalità seguendo dei percorsi con istruzioni dettagliate. Ma se questa è la versione popolare, non bisogna sottovalutare un altro aspetto: il successo del buddhismo, dello zen o delle filosofie orientali nel fare breccia nella classe dirigente. Steve Jobs, il fondatore di Apple, si avvicinò al buddhismo zen dopo un viaggio in India negli anni Settanta.

L'innamoramento degli americani per la saggezza venuta dall'Oriente è ormai antico. Nel 1937 un best seller in piena Depressione fu il libro di un cinese, Lin Yutang, s'intitolava *Importanza di vivere*. L'autore presentò al pubblico americano con parole semplici una sintesi di insegnamenti estratti da due millenni di confucianesimo, taoismo, buddhismo, resi accessibili alla mentalità occidentale.

> Il filosofo cinese, – scriveva Lin Yutang nel 1937, – è colui che sogna con un occhio aperto, che vede la vita con amore e con dolce ironia, che mescola il suo cinismo con una tolleranza gentile. Ogni tanto si sveglia dal sogno della vita poi riprende a sonnecchiare, sentendosi piú vivo quando sogna che quando è sveglio; perciò investe la sua vita cosciente con la qualità del sogno. Con un occhio aperto e uno chiuso vede la futilità di ciò che lo circonda e delle sue stesse imprese, però mantiene abbastanza senso della realtà da continuare ad agire. Raramente è disilluso, perché non ha illusioni. Raramente è dispiaciuto, perché non ha speranze esagerate. Cosí il suo spirito è libero. Dopo aver esaminato la letteratura e la filosofia cinese, concludo che il piú alto ideale della nostra cultura è sempre stato un uomo con un senso di distacco e di disincanto verso la vita. Questo gli consente una mente elevata, che attraversa la vita con ironia, fugge dalle tentazioni della ricchezza e della fama e del successo, accetta quello che viene. Da quel distacco sorge anche il suo senso di libertà, l'amore del vagabondaggio, una leggerezza che culmina in una intensa gioia di vivere.

Il distillato di saggezza che Lin Yutang propose agli americani ottant'anni fa non era precisamente legato a una sola religione o una sola filosofia, bensí era una sintesi, un «sincretismo» che attingeva a tante influenze. Questo approccio eclettico e inclusivo è molto diffuso a Oriente. Avevano un atteggiamento simile il grande filosofo induista Swami Vivekananda – che contribuí a far conoscere lo yoga in Occidente un secolo fa – o il leader dell'indipendenza indiana Mahatma Gandhi, che aspirava a una fusione tra diverse dottrine religiose. Fra le innumerevoli versioni recenti del sincretismo orientale si può ricordare la figura di Bhagwan Shree Rajneesh detto Osho, di formazione jainista, la piú antica religione indiana, fautore della meditazione dinamica.

> Se sei infelice, disperato, miserabile, – scrive Osho, le cui opere vengono continuamente ripubblicate, – vuol dire che stai vivendo inconsapevolmente, ti muovi come un automa, non sei attento e presente al tuo esistere. [...] Abbiamo dato vita all'inferno perché siamo in lotta con noi stessi e quando la tensione si fa insostenibile, lottiamo contro gli altri.

La vera origine di questa attrazione di tipo nuovo verso l'Oriente dobbiamo collocarla nell'Ottocento. È proprio il secolo in cui le classi dirigenti asiatiche si convincono che il Progresso siamo noi, europei o americani, e tentano di imitarci in tutti i modi. Dall'Illuminismo nascono le due correnti principali che l'Asia adotta da noi: capitalismo liberale da un lato, socialismo marxista dall'altro. È in quella fase che a casa nostra esplode un movimento di segno opposto: il rifiuto della modernità, che si traduce in una fuga dall'Occidente. È un movimento culturale che ha tante anime. Da una parte lo ispira l'orrore per il materialismo associato alla rivoluzione industriale, il dominio dell'economia, l'egemonia della borghesia capitalistica e dei suoi valori. Dall'altra c'è anche un rigetto dell'Illuminismo, la nostalgia di un mondo dove c'è spazio per l'irrazionale, dove il sentimento prevale sulla ragione, la comunità detta legge all'individuo. La corrente piú poderosa che dichiara guerra all'Occidente – e va alla ricerca di un'alternativa in Asia – è il Romanticismo. Soprattutto quello tedesco. C'è stata la scoperta del sanscrito alla fine del Settecento, che ha aperto una nuova èra di studi sulle religioni nate in India, e ha diffuso l'ipotesi di una radice comune dei popoli dell'Europa e dell'India: gli ariani o indoeuropei. Herder, Goethe, Schelling, Schopenhauer condividono l'idea che bisogna cercare in Asia la sorgente primaria di tutte le idee (Schlegel), si staccano da Voltaire perché quel che li attira dell'Oriente è lo stereotipo opposto: l'irrazionalismo, il misticismo indiano. I romantici prendono le distanze dall'infatuazione europea per la scienza, la tecnica, lo sviluppo economico. Il filosofo Friedrich Nietzsche è tra quelli che s'impadroniscono di Buddha come di un pensatore nichilista, fondatore di un culto del nulla. L'India spiritualista diventa l'anti-Occidente per eccellenza. Il compositore Richard Wagner attraversa una fase buddhista in rivolta contro i «dogmi limitati e meschini» della tradizione europea. Per Nietzsche il bello del buddhismo è l'assenza del ripugnante senso di colpa cristiano, dell'ottimismo vittoriano; per lui non esiste il Progresso, la vicenda umana è un ripetersi di cicli. Carl Gustav Jung trova nel taoismo una capacità unica di sintonizzarsi con la nostra «esperienza interiore», di scavare nella dimensione nascosta della nostra psiche, di superare la contrapposizione fra la materia e lo spirito. Lo psicanalista svizzero è un capostipite della re-invenzione dell'Oriente che attraversa la cultura del Novecento. Piú entrano in crisi le nostre certezze sul progresso e sulla razionalità, piú l'Occidente affonda nell'insicurezza e nel vuoto di valori, piú si convince che la vera saggezza si trova sulle rive del Gange o sui monti del Tibet (c'è un'altra vena del romanticismo che si dirige verso la rivalutazione del sangue e del suolo, dello spirito nazionale, quella che rifiuta l'Occidente illuminista, razionalista, individualista, in nome di legami identitari piú profondi: da questa si alimenteranno nazismi e fascismi).

Negli Stati Uniti, tra coloro che guardano ai testi sacri dell'India come a una fonte d'ispirazione per contrastare i danni dello sviluppo industriale, ci sono due precursori dell'ambientalismo: i trascendentalisti Henry Thoreau e Ralph Waldo Emerson.

All'apice degli imperialismi britannico, francese e russo, il Tibet – grazie al suo isolamento geografico, al clima rigido, alla natura aspra e ostile – è uno dei pochi territori asiatici che si sottraggono alla colonizzazione. Per gli europei dell'epoca, è uno shock la descrizione fatta dai rari esploratori: sulle montagne piú alte del pianeta esiste una civiltà rimasta indifferente all'invenzione della ruota... che la usa solo come strumento di preghiera. Nell'èra in cui Cina, India e Indocina vengono concupite dagli appetiti commerciali dell'uomo bianco, il Tibet diventa l'ultima landa arcana e inaccessibile, sulla quale tutte le fantasie possono scatenarsi. Dal 1870 al 1876 un esploratore dello zar, il romantico colonnello Nikolaj Michajlovič Prževal'skij, detto «il Lord Byron russo», lancia diverse spedizioni nella speranza di scoprire la mitica Śambhala, che ha sentito descrivere da un lama come un'isola dorata in mezzo a un mare a elevatissima altitudine.

Nel 1875 la misteriosa Madame Helena Petrovna Blavatsky, anche lei di origine russa, dà vita alla

Teosofia. Quel movimento, che seduce una élite intellettuale a New York e a Londra, vede nel buddhismo tibetano il nucleo originario di tutte le religioni, indica nelle montagne dell'Himalaya i luoghi dove lo spirito umano può raggiungere la piú pura introspezione, la sede dei mahātmā (le «grandi anime»). Per alcuni teosofi il Tibet è addirittura la regione dove si rifugiarono i sopravvissuti della mitica Atlantide per salvarsi dalla rovina della civiltà. L'esploratrice francese Alexandra David-Néel, che nel 1912 incontra il tredicesimo Dalai Lama, contribuisce a diffondere in Europa il fascino del Tibet come depositario della spiritualità autentica, una scuola di ascetismo dove lo stesso cristianesimo deve imparare a rigenerarsi.

Nel 1933 esce in Inghilterra *Orizzonte perduto* di James Hilton, un best seller mondiale che crea il mito di Shangri-La. Oggi quasi dimenticato, quel romanzo contiene un presagio, anticipa uno dei temi dell'innamoramento contemporaneo fra Occidente, buddhismo, yoga: il sogno dell'immortalità che è implicito nelle versioni piú estreme del nostro salutismo. Questa forma attuale di *hybris* è particolarmente visibile in California, nella terra della New Age, dove i miliardari «zen» arricchiti con l'economia digitale finanziano progetti come la Singularity, il centro di ricerca sulla longevità che punta a sconfiggere la morte. Il sogno di trasformare l'uomo in dio, inseguito con accanimento dai nuovi ricchi del XXI secolo, era stato preannunciato settant'anni prima proprio in *Orizzonte perduto*. Una favola dove il buddhismo reinventato dalla fantasia anglosassone incontra l'immortalità.

All'inizio del romanzo un gruppo di occidentali è per caso riunito su un volo che viene dirottato per ragioni in apparenza misteriose. L'atterraggio forzato vicino al monte Karakal li porta a contatto con Shangri-La, altissima e sperduta, dove una comunità di saggi vive felicemente lontana dalla civiltà moderna, pur conoscendo nei dettagli tutto ciò che vi avviene. A Shangri-La i lama che praticano lo yoga e la meditazione trascendentale restano giovani per centinaia d'anni, la morte li coglie di rado e quando arriva li trova preparati, sereni. Ma il segreto dell'eterna giovinezza non è l'aspetto che piú colpisce i lettori negli anni Trenta del secolo scorso. Quando esce il romanzo di Hilton, e poi ne viene tratto l'omonimo film diretto da Frank Capra nel 1937, l'Occidente è ancora traumatizzato dalla Grande depressione iniziata nel 1929. A stento ha superato le ferite della Prima guerra mondiale e già l'avvento dei totalitarismi (Mussolini, Hitler, Stalin) preannuncia nuovi conflitti, altri orrori e violenze di massa. Il personaggio principale di *Orizzonte perduto*, Hugh Conway – un diplomatico inglese angosciato dal ricordo della guerra – riassume cosí il clima del suo tempo: «Mi pare che intorno a me il mondo intero sia impazzito». Un altro passaggio suona profetico, anni prima dell'Olocausto e della bomba atomica di Hiroshima: «L'età oscura che verrà coprirà tutto il mondo con un'unica coltre funebre». Ai funesti presagi di Conway risponde il gran lama di Shangri-La: «Staremo qui con i nostri libri, con la nostra musica, con le nostre meditazioni, a custodire le fragili eleganze di un'età moribonda, cercando

quella saggezza di cui gli uomini avranno tanto bisogno quando le loro passioni si saranno consumate».
L'iniziazione che ha luogo a Shangri-La si adatta alle menti piú razionali dell'Occidente. Il gran lama è ben diverso dai visionari feroci che vogliono costruire l'Uomo Nuovo.

> In breve potrei definire la nostra principale credenza cosí: moderazione. Inculchiamo la virtú di evitare eccessi di qualunque specie; persino, perdonatemi il paradosso, eccessi di virtú. Questo principio è la fonte di uno speciale grado di felicità.
> [...] La nostra gente è moderatamente sobria, moderatamente casta, e moderatamente onesta.

Il successo di *Orizzonte perduto* diffonde il sogno di Shangri-La come una terra fuori dal tempo, lontana dal dolore e dal male, immunizzata dalla ferocia dell'uomo. È stato definito il piú perfetto romanzo di evasione, in senso letterale, perché è centrato sul tema della fuga.

A guidarci dal romanticismo ottocentesco all'America «invaghita di Oriente» nel XX secolo un altro personaggio chiave è lo scrittore svizzero-tedesco Hermann Hesse, autore di romanzi-culto come *Siddharta* e *Pellegrinaggio a Oriente*. L'attrazione di Hesse per l'Asia è un'eredità familiare. Suo nonno e i suoi genitori hanno vissuto in India, lavorando al servizio della missione protestante di Basilea, hanno imparato varie lingue locali, hanno fatto propri il pensiero e i costumi del Paese. Un suo cugino si è trasferito in Giappone ed è uno studioso di buddhismo zen. Da bambino Hesse, cresciuto tra Germania e Svizzera, è immerso nelle letture di testi sacri della tradizione asiatica, che lo affascinano. Nel 1911, all'età di trentaquattro anni, decide di realizzare il suo sogno e visitare finalmente il Paese dov'è nata la madre. Con l'amico pittore Hans Sturzenegger s'imbarca a Genova alla volta dell'India. La navigazione è una lunga catena di disavventure. Già al primo scalo a Napoli il bastimento viene messo in quarantena dalle autorità sanitarie per un'epidemia; peste e colera perseguiteranno i passeggeri anche in Egitto, obbligandoli a un'altra sosta forzata. Il seguito dell'itinerario nel Sudest asiatico non sarà piú fortunato. Incapaci di adattarsi ai climi tropicali e al cibo locale, tormentati da infezioni batteriche, costretti a imbottirsi di medicinali e oppiacei per attenuare i malesseri, Hesse e il suo compagno di viaggio non hanno alternativa se non quella di stravolgere i piani, cancellando proprio la tappa piú agognata. Alla fine Hesse in tre mesi avrà visitato Singapore, la Malesia, l'Indonesia, Ceylon: manca l'India delle rimembranze familiari, che doveva essere la destinazione principale. Tra i Paesi che lui visita l'isola di Ceylon (oggi Sri Lanka) è il piú simile etnicamente e culturalmente all'India continentale. Lí rimane un po' disgustato per il costante assedio dei mendicanti. Cosí in *Dall'India*, una raccolta dei suoi diari indiani del 1911, Hesse descrive la sosta nella cittadina di Kandy a Ceylon:

> Una passeggiata si trasforma in una corsa faticosa e irritante sotto le forche caudine dell'industria turistica, come capita anche in Europa solo nelle località beneficiate dal denaro inglese. Alla fine si è ben contenti di rifugiarsi presso il coolie ghignante che per venti volte ti ha sbarrato la strada con la stanga del suo risciò e che per venti volte hai scacciato; aveva ragione lui, sapeva benis-

simo che lui e i suoi colleghi riescono sempre a indurre uno straniero appena arrivato, che voglia passeggiare per Kandy, a buttarsi in una carrozzella.

Del resto, ci si abitua a tutto. Me l'ero vista con il caldo terribile di Singapore e di Colombo, con le zanzare della foresta vergine, con i pasti indiani, con la diarrea e le coliche, e ce l'avrei fatta anche in questo caso. Imparai a evitare lo sguardo delle bellissime ragazzine dai neri occhi tristi quando mendicavano, imparai a respingere gelidamente i vecchi dai capelli bianchissimi che sembravano immagini di santi, mi abituai a un fedele codazzo di prezzolati d'ogni tipo riuscendo a tenerli a freno con gesti da sergente e rudi comandi. Imparai persino a prendermi gioco dell'India e dovetti mandar giú l'orribile scoperta che lo sguardo carico di interiorità, orante e anelante della maggior parte degli indiani non invoca gli dèi e la redenzione, ma semplicemente il denaro.

Ricostruendo a distanza le memorie di quel viaggio Hesse torna a esaltare il suo Oriente mitico. Sei anni dopo essere rientrato in Europa, nel 1917, scrive:

Non potremo mai, noi figli invecchiati dell'Occidente, ritornare all'umanità arcaica e all'innocenza paradisiaca dei popoli primitivi. Ma quel che ci attira nello spirito dell'Oriente, e si esprime ancora oggi nei gesti degli asiatici, è il ritorno alle sorgenti e il rinnovamento fecondo.

Hesse capisce l'importanza dello yoga e ne intuisce il potenziale successo in Europa:

La via indiana verso il sapere non è una scienza ma una tecnica psichica, una modificazione dello stato di coscienza. Chi è stato formato su questa via non calcola e non studia, ma vede le verità attraverso l'occhio interiore, percepisce istantaneamente invece di pensare [...]. In Europa ci manca una tradizione per sviluppare la nostra facoltà di concentrazione [...]. L'unico metodo di questa natura prodotto in Europa negli ultimi secoli, e purtroppo inaccessibile ai non cattolici, sono i geniali esercizi spirituali di Ignazio di Loyola [...]. Lo yoga è proprio ciò di cui l'Europa è affamata.

Le accurate descrizioni che Hesse fa degli esercizi di meditazione del giovane Siddharta sono tipiche di uno yogi ben allenato.

> Tacendo Siddharta restava in piedi sotto il sole a picco, ardendo di dolore, ardendo di sete, finché non sentisse piú né dolore né sete. Tacendo stava in piedi sotto la pioggia; l'acqua gli cadeva dai capelli sulle spalle gelate, sui fianchi e sulle gambe gelate, e restava in piedi finché spalle e gambe non fossero piú gelate, ma tacessero e stessero chete.
> [...] Siddharta si tirava su a sedere e imparava l'economia del respiro, imparava a emettere poco fiato, imparava a sospendere la respirazione. Imparava, partendo dal respiro, ad assopire il palpito del cuore, a ridurne i battiti, finché fossero pochi e sempre piú radi.
> [...] Praticò la spersonalizzazione, praticò la concentrazione. Un airone volava sopra il boschetto di bambú e Siddharta accoglieva quell'airone nella propria anima, volava sopra boschi e montagne, era airone [...].

In *Dall'India*, Hesse spiega la sua adesione alla religiosità indiana come una ricerca di Dio all'interno del proprio Io. Interpreta l'attrazione degli occidentali verso l'Asia, dal Romanticismo di Schopenhauer in poi:

> L'ondata spirituale proveniente dall'India, che da un secolo si è riversata in Europa [...], si è ora propagata in modo visibile [...]. La nostalgia dell'Europa per la cultura spirituale dell'antico Oriente si è manifestata con ogni evidenza. Da un punto di vista psicologico l'Europa inizia a rendersi conto da alcuni segni di decadenza che l'eccessiva unilateralità della sua cultura (come si evidenzia soprattutto nel campo delle specializzazioni scientifiche) richiede un correttivo, un rinnovamento che provenga dal polo opposto.

La meditazione attraverso lo yoga non consiste nella conoscenza cosí come la intende la nostra cultura occidentale, bensí in uno spostamento del livello di coscienza, una tecnica che ha come meta ultima il raggiungimento di una pura armonia, una collaborazione simultanea e costante del pensiero logico e di quello intuitivo.

Negli anni Cinquanta del Novecento i poeti americani della Beat Generation – Allen Ginsberg, Jack Kerouac – hanno un rapporto di amore-odio con Hesse ma fanno propria la sua attrazione per l'India. Negli anni Sessanta è Timothy Francis Leary, il guru americano dell'Lsd e delle droghe psichedeliche, a lanciare *Siddharta* come un testo indispensabile per «espandere la propria coscienza di sé». Leary segna la contro-cultura giovanile negli Stati Uniti. Docente di Psicologia a Harvard, piú volte arrestato per aver distribuito allucinogeni ai suoi studenti, definito dal presidente Richard Nixon «l'uomo piú pericoloso d'America», il 14 gennaio 1967 arringa un raduno hippy al Golden Gate Park di San Francisco. Due anni dopo sfida Ronald Reagan per l'elezione a governatore della California, e come inno della sua campagna elettorale John Lennon compone la canzone *Come Together*. Il pensiero di Leary – spesso evocato nei testi delle loro canzoni – influenza la musica di Beatles, Moody Blues, Who, Nevermore, Porcupine Tree, Dog Fashion Disco, e il musical *Hair*. Il giro dei suoi fan ha incluso John Frusciante e attori di Hollywood come Johnny Depp, Winona Ryder, Uma Thurman. Grazie alla benedizione di Leary il *Siddharta* s'impone come la Bibbia alternativa dei giovani, la lettura mistica piú diffusa tra milioni di adolescenti. Ispira negli hippy e nei contestatori la moda del pellegrinaggio in India. Generazioni disorientate di figli del benessere consumistico di colpo non si riconoscono piú nei valori dell'Occidente e partono verso le rive del Gange a cercare una saggezza diversa, la pace interiore, nuove risposte ai dubbi e ai tormenti esistenziali. La moda delle religioni orientali diventa uno dei tratti distintivi della filosofia New Age, impregna l'aria della California, condiziona anche coloro (come Steve Jobs) che sono ancora bambini quando esplode il movimento hippy, i figli dei fiori. In quell'happening generazionale che è la Summer of Love di San Francisco nel 1967, insieme alle rockstar angloamericane suona sul palco Ravi Shankar, il grande musicista indiano che è il maestro di sitar dei Beatles.

L'avanzata del buddhismo fra noi ha preso negli anni Sessanta quelle dimensioni, e da allora non si è fermata. Tanto da scatenare reazioni, resistenze, critiche. Non ha lasciato affatto indifferente la Chiesa cattolica. Papa Giovanni Paolo II è uno dei piú espliciti nel condannare il buddhismo, che definisce «ateismo, religione senza Dio», dalla quale non ci si può attendere la salvezza. Ratzinger, prima di diventare papa, nel 1989 da influente teologo accomuna nella condanna anche la pratica dello yoga perché può degenerare in un «culto del corpo». Gli attacchi contro questa invasione di campo che provengono dal cattolicesimo conservatore – cosí come quelli dei fondamentalisti protestanti – presentano un'analogia interessante con una critica da sinistra. Oltre a socialisti e comunisti, che vedono deviare verso religioni esotiche l'energia contestatrice di una parte della gioventú, c'è il sociologo francese Gilles Lipovetsky, che cataloga la religiosità New Age come un «supermercato self-service», una mercificazione consumistica dei beni spirituali. Secondo questa critica l'Oriente agognato dagli occidentali sul finire del XX e all'inizio del XXI secolo è un luogo immaginario, dove generazioni di consumatori narcisisti vanno in cerca di ricette per la propria felicità individuale. Lipovetsky teorizza che la società postmoderna aspira a «un'etica indolore» e iperindividualista che respinge il sacrificio, applica alla religione e alla morale gli stessi criteri del godimento consumista. Il buddhismo piace perché offre una spiritualità senza dogmi, senza costrizioni, senza vere chiese, senza istituzioni. Forse davvero senza dio, o con un dio moderno perché immanente, identificato con la natura stessa. È nel momento in cui l'Occidente sembra aver trionfato, esportando in Asia il suo sistema economico capitalista, che viene assediato dai dubbi, da un senso di vacuità, da una caduta di valori, e nell'Oriente «conquistato» prova a trovare le risposte alle proprie angosce esistenziali.

Questa nostra attrazione non è sfuggita agli asiatici. L'industria del turismo ha trasformato la sete per la spiritualità buddhista in un business. I risultati sono esilaranti, o nauseabondi, a seconda dei casi e della nostra sensibilità. Quando abitavo in Cina andai a visitare la finta Shangri-La che è stata eretta per sfruttare il mito di *Orizzonte perduto*: è una Disneyland del buddhismo tibetano, costruita su misura per i visitatori occidentali, ma fuori dai confini del vero Tibet, dove il governo cinese non vuole testimoni scomodi per la sua repressione.

Meno indecente, piú sofisticata, è l'operazione di rilancio di un Vietnam rétro, o vintage. Fu quello uno dei miei viaggi piú lunghi in Asia, lo raccontai nei dettagli in un libro che scrissi quando ancora vivevo a Pechino, *Slow Economy*, del 2009. Oggi rileggendo quegli appunti di viaggio è evidente un dato generazionale. Ho fatto in tempo a vivere da bambino e da adolescente (avevo dodici anni nel 1968) il mito del Vietnam per una generazione di giovani americani ed europei. L'Oriente allora era rosso. La religione che volevamo importare dall'Asia era il comunismo. Ma già negli anni terribili della guerra americana in Vietnam – dal 1965 al 1975 – affiorava una strana ambiguità. Tra i martiri vietnamiti della resistenza antimperialista, gli eroi del nostro Pantheon giovanile, cominciarono a esserci dei monaci buddhisti (all'epoca si usava chiamarli «bonzi») che si autoimmolavano, si uccidevano cospargendosi di benzina e bruciandosi in pubblico. Era un atto di protesta estremo, terribile. Scuoteva le nostre coscienze occidentali. I bonzi che morivano tra sofferenze atroci in un rogo aprivano i telegiornali in Occidente, finivano sulle copertine dei magazine americani «Time» e «Life». Ci fu spiegato che quella forma di protesta aveva un'antica tradizione nel mondo buddhista; mentre non aveva niente a che vedere con la cultura comunista. Nella gioventú americana – quella pacifista che rifiutava il servizio militare, bruciava in piazza la bandiera a stelle e strisce – il Vietnam cominciò a subire una trasfigurazione d'immagine:

dal comunismo al buddhismo, due mondi alternativi e perfino antagonisti tra loro si contendevano la nostra immaginazione e la nostra solidarietà. Quale dei due Orienti abbia vinto, alla lunga, lo chiedo ai miei ricordi di viaggio nel Vietnam pacificato, americanizzato, che attraversavo quindici anni fa.

Una tappa nel mio itinerario lungo il nuovo turismo orientalista è Lao Cai, dove arriva il Victoria Sapa Express, lussuoso treno wagon-lit ricostruito nello stile coloniale. È un gemello dell'Orient Express, i coloni francesi lo usavano nel primo Novecento per sfuggire al caldo tropicale delle pianure e rifugiarsi su queste montagne a milleottocento metri. Le avevano battezzate «Pyrénées Tonkinoises» (il Tonchino era la parte settentrionale del Paese, nella tripartizione amministrativa decisa dall'impero francese), e nell'aspetto sono tornate a esserlo. Nella vicina Sapa si riaprono raffinati alberghi francesi restaurati nello stile di allora, un gradevole incrocio architettonico tra gli chalet dell'Alta Savoia e l'estetica indocinese. Sulle montagne coltivate a terrazze dove cresce il «riso che s'incolla», in mezzo ai bufali d'acqua, i bambini della minoranza etnica Hmong hanno imparato a dire *hello*, *bonjour* e anche *ciao*, per esibirsi negli hotel per stranieri, dove le loro danze folcloristiche fanno da sfondo ai buffet di ostriche e aragoste. Il Vietnam rétro è un paradiso perduto di fantasie erotiche e languori nostalgici da imperi decadenti. Nell'èra del suo boom economico il regime comunista cavalca il business del turismo di lusso, accoglie a braccia aperte le multinazionali degli ex invasori, se si chiamano Sofitel o Sheraton e portano visitatori di alta gamma e portafoglio. Pierre Loti e André Malraux, Francis Ford Coppola e Oliver Stone, tutti gli autori della letteratura e del cinema occidentale che hanno visitato questi luoghi si sono riciclati per contribuire a una sofisticata menzogna: è la gaudente ricostruzione di un passato idealizzato, un Paese che recita il teatro del colonialismo come se dimenticasse di averlo odiato e di averlo sconfitto in guerre spietate. I francesi sono i primi a comprare questo inganno. Air France li sbarca direttamente da Parigi ad Hanoi per sorbire all'ora dell'aperitivo un Kir Royal davanti al teatro dell'opera che è una replica esatta del Palais Garnier. Li vedi sognare a occhi aperti in mezzo al fruscio delle cameriere dai fianchi snelli, avvolte negli aderenti *ao dai* di seta. Sovranisti o di sinistra, dopo qualche bicchiere al bar si lanciano in appassionate requisitorie contro i bombardamenti al napalm dei presidenti Lyndon Johnson e Richard Nixon, dimenticando che a pochi metri dal loro albergo il governatore francese negli anni Cinquanta faceva torturare centinaia di prigionieri politici, uomini donne e anziani. Nella città di Hue il migliore albergo ha ripreso il nome della dinastia transalpina che lo fondò, i Morin. Nelle camere esibisce foto d'epoca della ricca famiglia anche se oggi è di proprietà di un'azienda statale vietnamita. Il concierge dell'albergo organizza visite alla vicina piantagione di cauccíu per chi vuole rituffarsi negli antichi splendori ricreati dal film *Indocina*, con Catherine Deneuve nella parte della intraprendente latifondista. In omaggio al turista parigino la guida pudicamente sorvola sul fatto che quel caucciú fu una delle grandi rapine coloniali: diecimila tonnellate prodotte nel solo 1929 nella regione dell'Annam. La gomma fu un'origine della fortuna dei Michelin e anche dei lauti profitti della Banque de l'Indochine, ai tempi in cui un usciere francese della banca guadagnava il triplo di un docente universitario vietnamita. L'amnesia storica concessa ai turisti fa il gioco del regime di Hanoi che ha le sue ragioni per stendere un velo su altre pagine del passato. A Ha Long, splendida baia marina di montagne carsiche, gli occidentali sono invitati a vivere per un budget modesto un'esperienza da nababbi. Navigano nelle calde acque color smeraldo sulle giunche a vela, con marinai e camerieri dalla gentilezza squisita, cuochi che cucinano i granchi pescati all'istante. Gli stranieri ignorano che questa placida invasione di minicrociere di lusso avviene nella zona che negli anni Ottanta era il teatro di un tragico esodo dei boat people, tre milioni di disperati costretti a fuggire dalla fame e dalle persecuzioni degli eredi di Ho Chi Minh. Da quando ha sposato l'economia di mercato il governo accoglie a braccia aperte gli emigrati che vogliono tornare, come fece Deng Xiaoping con la ricca diaspora cinese. Ma guai a riaprire le ferite del passato. Nessuno deve ricordare che negli anni 1965-75 insieme all'aggressione americana ci fu una vera guerra civile nord-sud, e i vincitori imposero il comunismo soffocando la parte piú ricca e moderna del Paese. Qualche volta la realtà rovina il revival di atmosfere coloniali. Malgrado gli sforzi di fantasia delle agenzie di viaggio il Mekong non è piú lo scenario selvaggio e tenebroso del film *Apocalypse Now* con Marlon Brando, quel fiume avvolto nell'insidiosa vegetazione tropicale dove le motovedette Usa subivano micidiali incursioni dei vietcong travestiti da pescatori. Quando il regista francese Jean-Jacques Annaud per filmare *L'amante* ha cercato le acque placide e sensuali descritte da Marguerite Duras, è rimasto deluso da un paesaggio «simile a un'autostrada di Città del Messico». Il delta del Mekong oggi attraversa una regione di venti milioni di abitanti con un'agricoltura fra le piú produttive del mondo. Il fiume è una metropoli galleggiante, le sue acque inquinate brulicano di chiatte che trasportano cemento e ghiaia per i cantieri edili di Saigon, avviata verso lo stesso disastro ambientale di Bangkok o Shanghai. Ma la voglia di sognare prevale, il Vietnam onirico ha ormai partorito un genere letterario e giornalistico inarrestabile. Un reportage sul «New York Times» è stato dedicato al pellegrinaggio nei luoghi della memoria di Marguerite Duras, alla disperata ricerca di ogni traccia della perversa relazione sessuale che la scrittrice ebbe da adolescente con un ricco cinese. L'apice di questa messinscena è firmato dagli abili gestori dell'hotel *Metropole* di Hanoi, il palace glorioso che nella prima metà del Novecento ospitò tutte le celebrità del mondo. Dopo un periodo di decadenza durante il comunismo di guerra – vi pioveva dai soffitti pieni di buchi, e colonie di topi spadroneggiavano nelle cucine –, l'albergo è stato restaurato nel suo splendore originario da una joint venture tra una banca locale e i francesi di Sofitel. Parquet in mogano, mobili in tek, antiche maioliche blu incastonate nella parete dietro la reception, la tettoia di bambú e vimini attorno alla piscina: tutto è tornato d'incanto come ai tempi in cui la piazza di fianco si chiamava Square Chavassieux, le mogli dei diplomatici andavano in calesse al *Petit Lac*, e lo chef si vantava di fare la miglior bouillabaisse marsigliese a est del Cairo. Gli ospiti dell'albergo possono, per una tariffa non proprio modica, prenotare la suite dove alloggiò Somerset Maugham, o quella di Graham Greene, o infine dormire nello stesso letto dove Charlie Chaplin consumò la luna di miele con Paulette Goddard nell'aprile 1936. Nella biblioteca dell'albergo figurano in bella vista le opere del principe Henri d'Orléans, che nel suo diario di viaggio *De Paris à Tonkin à travers le Tibet inconnu* (1891) ammaliava i francesi con lo spaesamento esotico del turismo in Estremo Oriente. Il management del *Metropole* non trascura nessun segmento di clientela, ha un occhio di riguardo anche per la sensibilità politically correct dei turisti piú liberal: l'opuscolo in carta patinata sulla storia dell'albergo sottolinea che fra gli ospiti ci furono le due piú famose contestatrici americane della guerra del Vietnam, l'attrice Jane Fonda detta Hanoi-Jane e la cantante folk Joan Baez. La sofisticata attrazione di questo restyling coloniale del Vietnam deve molto alle qualità dei suoi abitanti. Sono di una cortesia disarmante con gli occidentali, mai contaminata da tracce di risentimento per il passato (gli americani trasecolano di fronte a tanta simpatia, i francesi la considerano un normale omaggio alla loro missione civilizzatrice). Negli anni Sessanta, in piena guerra, il leader comunista Ho

Chi Minh lanciò un messaggio agli americani: «Stenderemo il tappeto rosso davanti a voi perché abbandoniate il Vietnam. Poi quando avremo finito di combattere sarete di nuovo i benvenuti qui, perché avremo bisogno della vostra tecnologia e dei vostri aiuti». Allora poteva sembrare retorica e propaganda. Oggi la frase del presidente scomparso risuona come una sconcertante profezia. Lungo l'autostrada dall'aeroporto di Hanoi alla città non si vede un solo manifesto inneggiante al regime comunista, ai due lati invece c'è una fitta selva di cartelloni di pubblicità commerciali tra cui dominano le marche americane. Si fa fatica a credere che questo Paese sia stato protagonista per dieci anni di una guerra spietata con gli Stati Uniti che straziò e divise il mondo, un conflitto senza quartiere che uccise tre milioni di vietnamiti, seminò orrende malattie per i defolianti chimici usati nei bombardamenti, una tragedia che ferí per sempre la coscienza dell'America e la costrinse a ritirarsi per la prima volta nella sua storia di fronte a un avversario indomabile. Che i vietnamiti abbiano cancellato ogni rancore, Bill Clinton lo scoprí di persona già nel 2000. Il primo presidente americano a visitare il Vietnam in trentun anni (Richard Nixon c'era stato per salutare le truppe Usa nel 1969) fu l'oggetto di un entusiasmo popolare che travolse le forze dell'ordine e sorprese il governo di Hanoi: decine di migliaia di giovani si accalcavano lungo l'autostrada dell'aeroporto sei ore prima che l'Air Force One di Clinton atterrasse. Un altro Bill catalizza ancora meglio l'innamoramento per l'America. Sempre nel 2000 quando il settimanale locale «Gioventú» organizzò un sondaggio fra i suoi lettori per stabilire chi fossero gli idoli delle nuove generazioni, stravinse Bill Gates. I voti raccolti dal fondatore della Microsoft tra i giovani vietnamiti erano sette volte superiori rispetto a quelli di qualunque leader politico nazionale. Il Partito comunista fu sotto shock, la censura fece sequestrare e distruggere centoventimila copie della rivista. Da allora i giovani vietnamiti non hanno cambiato gusti, i loro dirigenti sí. Bill Gates visita spesso Hanoi, viene ricevuto con i massimi onori dal governo che è felice di attirare gli investimenti della Microsoft per fare del Vietnam un centro di produzione di software. La trasformazione del Vietnam copia la ricetta del suo piú potente vicino, la Cina. Anche qui resta un regime autoritario, il potere è in mano al partito unico che non ammette pluralismo né opposizione. Hanoi come Pechino, senza rinnegare ufficialmente il comunismo, ha adottato un insieme di riforme per traghettare il Paese verso il mercato. È il nuovo dragone asiatico che sfrutta il protezionismo anticinese dell'America e il clima da Seconda guerra fredda, per attrarre le multinazionali occidentali (o giapponesi, coreane) che cercano alternative alla Cina. I due terzi dei vietnamiti oggi sono nati dopo il 1975, l'anno in cui gli ultimi elicotteri dei marine evacuarono l'ambasciata Usa di Saigon; per loro la «guerra americana», come la chiamano, è preistoria. Dopo un secolo trascorso dai loro bisnonni e nonni e genitori a combattere quasi senza sosta – contro i francesi, i giapponesi, gli americani, i cinesi –, per la prima volta c'è un'intera generazione che non ha mai vissuto né in guerra né sotto un'occupazione straniera. Ricostruire la storia non è una priorità di questo Paese. A settanta chilometri a nord di Ho Chi Minh city (Saigon) visito i leggendari tunnel segreti di Cu Chi, un miracolo di ingegnosità dei guerriglieri vietcong: è una rete lunga duecento chilometri di angusti cunicoli sotterranei, a tratti ramificati perfino su tre piani, con depositi di armi, rifugi antiaerei, dormitori, cucine, invisibili uscite verso il fiume, che per anni sfuggirono alle ricerche del nemico. Si incontrano solo turisti americani, qualche francese e assorte comitive giapponesi. Nessun vietnamita sembra interessato. Quasi tutto straniero anche il pubblico nel «Museo degli orrori di guerra» di Saigon, dove il visitatore occidentale fa un tuffo nella memoria degli anni Sessanta. Ci sono tutte le immagini atroci e famose della guerra che segnò una generazione al suo battesimo politico, lasciò l'impronta sul Sessantotto, ed è rimasta per sempre nell'album della sinistra mondiale. Qui si ha la prova visibile che quella guerra fu documentata solo da una parte: per creare il museo il governo ha saccheggiato gli archivi fotografici dei magazine americani «Time» e «Life», si ritrovano gli scatti piú celebri dei fotoreporter occidentali, un'antologia di premi Pulitzer a testimonianza di uno dei momenti migliori del giornalismo americano («La guerra non l'abbiamo persa sul terreno ma sulle colonne del "New York Times"», disse il generale William Westmoreland). È una memoria monca e unilaterale; nulla di quel che fecero i soldati nordvietnamiti è visibile. Ci sono le foto di «Life» sulla strage di My Lai – cinquecento fra donne e bambini uccisi dai G. I. americani –, manca ogni traccia delle esecuzioni di massa ordinate dal generale Giáp durante l'offensiva del Tet nel 1968, per esempio i tremila civili vietnamiti sterminati e gettati nelle fosse comuni a Hue. Naturalmente la storia la scrivono i vincitori ma nel caso di Hanoi l'oblio delle pagine piú buie nasconde una ferita nazionale. Lo dimostra la mia guida, il trentenne Trong Nguyen, quando mi accompagna nell'itinerario lungo i luoghi della memoria. Con la massima naturalezza – nonostante sia nato dopo la guerra e sia indottrinato a dovere dal patriottismo di regime – essendo saigonese lui parla sempre di «vittoria del Nord», di «ingresso delle truppe del Nord a Saigon». Mai gli viene in mente di usare il termine di «riunificazione» che fu il dogma ai tempi del presidente Ho Chi Minh. Il vecchio Ho morí nel 1969 senza aver visto la fine della guerra. Lo spirito di unità nazionale fu tradito dalla seconda generazione dei dirigenti comunisti di Hanoi, incapaci di superare le rivalità antiche: da oltre mille anni il Vietnam settentrionale è confuciano e influenzato dalla Cina mentre il Sud è piú buddhista e ha conosciuto una civiltà di derivazione indiana. L'armonia tra le diverse componenti non è mai stata facile. Appena conquistata Saigon i vietcong – cioè i guerriglieri comunisti del Sud – vennero emarginati e i nordisti presero tutto il potere. Quattrocentomila abitanti del Sud bollati come collaborazionisti degli americani finirono nei campi di rieducazione, due milioni deportati nelle campagne, un milione tentò la fuga all'estero nella disperata odissea dei boat people. Con amaro umorismo alcuni intellettuali dissidenti hanno accusato Hanoi di essersi pacificata prima con gli Stati Uniti che con i suoi cittadini del Sud. Oggi il regime ha concesso delle liberalizzazioni non solo sul terreno economico. La religione torna a essere praticata senza ostacoli, alcuni templi buddhisti si riempiono ogni pomeriggio di processioni di donne tutte vestite con la stessa sobria tunica grigio-marrone. Sembrano suore, invece sono nonne e madri di famiglia che obbediscono a un'antica tradizione. Mezzo secolo fa una generazione di giovani occidentali «scopriva» l'Asia contemporanea attraverso la guerra del Vietnam; di quella pagina cupa della storia ricorderemo sempre meno l'impronta comunista; al visitatore occidentale il Vietnam di oggi propone una seduzione molto piú antica, dove è la religione a definire una civiltà.

Capitolo settimo
Cindia alla resa dei conti con l'Islam

> Gli dèi stessi vengono dopo la creazione.
> Quindi chi può sapere davvero come nacque la creazione?
> Chi sa quale fu la sua origine?
> Lui che sorveglia tutto dal piú alto dei cieli,
> Lui sa – o forse non sa neppure lui.
>
> *Rig Veda*, 1500 a. C.

Conosco quest'aria, la annuso e mi annusa; è l'aria tropicale, acquosa, morbida, calda di erbe macerate, di animali, di fogne aperte, inasprita da un sapore di orina, di bestia in cattività; è un'aria che mi commuove, mi eccita per la sua qualità disfatta ed ingenua, la sua gravezza generatrice di fungosità, di muffe, di muschio; questa è l'aria dell'India, un'aria sporca e vitale, purulenta e dolciastra, putrefatta e infantile.

Cosí lo scrittore Giorgio Manganelli raccontava il suo primo arrivo a Delhi, nel 1975, come inviato della rivista «Il Mondo».

Ancora nel 2003 io ricordo un viaggio a Delhi in cui, a darmi il benvenuto appena uscito dal terminal, c'erano mucche sacre sdraiate sulla piazzola dei taxi.

Cambia velocemente l'India, in tanti sensi. L'odore che descriveva Manganelli oggi lo si trova in campagna ma non piú all'aeroporto di Delhi. Quello che sento io arrivando il 24 febbraio 2020 è un altro odore familiare: lo stesso smog denso, acre, pestilenziale, che mi bruciava gola e narici quando atterravo a Pechino quindici anni fa. Zolfo, ecco cos'era la puzza dominante che ricordo dai miei anni cinesi, anidride solforosa da carburanti dei camion diesel. Oggi è Delhi a essere avvolta in una nube tossica permanente, l'atterraggio avviene come nella nebbia, la città rimane invisibile dall'aereo fino all'ultimo centinaio di metri prima di toccare la pista. Vi contribuisce il fatto che l'India continua a costruire centrali elettriche a carbone; mentre i suoi contadini non hanno mai smesso di praticare l'incendio a fini di concimazione dei terreni; se si aggiungono i cantieri edili onnipresenti è un mix perverso di inquinamenti arcaici e moderni. Le mucche sono sparite da tempo nelle zone moderne della capitale. Ma qualcosa della vecchia India rimane: un po' di tuk-tuk, i taxi-motofurgoncini, tipo Ape, che offrono ai passeggeri il privilegio di respirare direttamente i gas di scarico visto che non hanno finestrini. Lungo l'autostrada che porta in città, resta lo spettacolo di baracche accatastate le une sulle altre, un groviglio di lamiere, una stratificazione di casupole minuscole misere e sporche che sembrano crescere spontaneamente nutrendosi a vicenda, come una fitta vegetazione tropicale ipertrofizzata e invasa da esseri umani. I mercatini si succedono alle baraccopoli, in mezzo spuntano piccoli templi dedicati a divinità variopinte.

L'ultima volta venni nel 2010, seguivo Barack Obama. Altra èra per l'America, altra èra per l'India. Dieci anni dopo ho seguito Donald Trump e proprio durante la visita del presidente americano Delhi è stata insanguinata da violenze terribili: quaranta morti in poche ore, centinaia di feriti, nelle lotte fra indú e musulmani. Il quartiere degli scontri sembra devastato da una guerra, con carcasse di auto incendiate, case e botteghe ridotte a rovine e macerie fumanti. I telegiornali locali durante il mio soggiorno parlano piú di quello che della visita di Trump. Tutto ha avuto inizio quando un giovane politico locale, Kapil Mishra, che aveva un passato di militanza progressista con Greenpeace e Amnesty International ma di recente si è convertito al fondamentalismo indú, ha invocato l'intervento della polizia per disperdere una manifestazione di donne musulmane. Prima ancora che la polizia raccogliesse l'appello, bande armate di induisti e musulmani si stavano affrontando. Quando sono arrivati gli agenti, ai bastoni hanno aggiunto le armi da fuoco. Alla partenza di Trump l'intera zona era sotto coprifuoco e legge marziale.

I miei colleghi americani che detestano il presidente, in quelle giornate di violenza, hanno dato la colpa a Trump e alla sua visita. Ma il premier indiano Narendra Modi pratica un nazionalismo locale da molto prima che Trump entrasse in politica. Modi cominciò l'ascesa nel 2001 come governatore dello Stato del Gujarat. Quell'anno per gli americani è associato all'11 settembre; in India fu nel 2001 che un gruppo di terroristi islamici assaltò il parlamento uccidendo ventidue persone. In quanto ai dirottamenti multipli di aerei, la tecnica usata da al-Qaida per l'attacco alle Torri gemelle e al Pentagono era già stata sperimentata in India dagli stessi jihadisti. Spesso la storia indiana precede, anticipa, preannuncia la nostra. Oggi questo è uno dei pochi Paesi al mondo dove Trump gode di una vasta popolarità, ma nessun indiano ha aspettato che fosse lui a «inventare» il sovranismo. Tantomeno hanno preso suggerimenti da lui sulla questione islamica. Tra l'India e l'Islam esiste un conto aperto da mille anni, una lunga e intensa relazione, tra capitoli felici e periodi terribili.

La parabola più recente nell'immagine esterna dell'India l'ho vista consumarsi velocemente. Nello sguardo degli occidentali è passata dalla tristezza all'euforia per poi piombare nell'orrido, il tutto nel giro di pochi anni. Ho contribuito con alcuni miei libri a registrare i cambi di atmosfera, la comparsa di nuove narrazioni, le riscoperte, le delusioni. Ora siamo di nuovo piombati nella fase dell'India-inferno. Che in un certo senso per noi è rassicurante, perché è il ritorno di uno stereotipo mostruoso ma familiare, antico e solido. Ai tempi del colonialismo inglese ci furono lunghe fasi in cui prevaleva nella descrizione del Paese l'aspetto feroce: i roghi delle vedove bruciate vive con i cadaveri dei mariti o le gesta sadiche dei banditi-guerriglieri thug, i fachiri fanatici, i culti di divinità guerriere assetate di sangue. Con la dichiarazione d'indipendenza c'era stata l'India della Partizione, la cruenta secessione di Pakistan e Bangladesh nel 1947. Un esodo biblico di profughi a decine di milioni, massacri etnico-religiosi, pogrom e vendette, due milioni di morti. E l'assassinio di Gandhi, il profeta disarmato ucciso da uno dei «suoi», un fanatico indú. Poi, durante la mia infanzia ci fu l'India delle carestie, per le quali nacquero in Occidente alcune fra le prime grandi operazioni umanitarie. Diverse generazioni di occidentali si rifiutarono di concepire un viaggio in quel Paese, convinti che sarebbero rimasti traumatizzati da scene di miseria ripugnanti. Salvo poi abbracciare con entusiasmo il boom turistico piú recente, in un innamoramento improvviso, inebriante, vertiginoso.

Sull'India abbiamo a disposizione un arsenale letterario meraviglioso e variegato. Se vogliamo tuffarci nell'esotismo classico c'è *Kim* di Rudyard Kipling. Per il lirismo abbiamo le poesie di Rabindranath Tagore. Per la spiritualità, per il Pantheon affollato delle divinità, oltre ai testi originali delle *Upaniṣad* e del *Mahābhārata* (anche nelle versioni teatrali europee di Peter Brook) ci sono le interpretazioni dei grandi orientalisti italiani come Giuseppe Tucci e Fosco Maraini. Per l'India moderna raccontata da dentro abbiamo l'imbarazzo della scelta, dal premio Nobel V. S. Naipaul – il mio preferito per il cinismo nel descrivere il caos, le rivolte permanenti – al successivo Nobel Salman Rushdie, fino ai piú recenti Amitav Ghosh, Arundhati Roy. La prima parte della sua storia postindipendenza segnata da miseria, oscurantismo, passività e fatalismo fu raccontata con toni amari e crudi da Pier Paolo Pasolini in *L'odore dell'India*: all'insegna della disperazione. Un giovane che voglia avere un futuro, sentenziava Pasolini, dall'India deve fuggire. Ebbi la fortuna di percepire in anticipo il successivo rovesciamento di atmosfera, perché abitavo in California al passaggio del millennio. Fu un ribaltamento positivo e clamoroso. Dovendo affrontare il Baco del Millennio – un'apocalisse informatica largamente fasulla, il timore di un black-out totale da paralisi informatica al passare dall'anno '99 allo '00, allarme esagerato ma foriero di investimenti miliardari per aggiornare i software di ciascun computer esistente sul pianeta – la Silicon Valley fece ampio ricorso alla sua gemella indiana. L'improvvisa apparizione di un vasto bacino di giovani talenti matematici e informatici fra Bangalore e Hyderabad fu uno shock salutare per molti di noi. Partimmo alla scoperta di un'India nuova, il continente della speranza, dove potevamo trovare le chiavi del nostro futuro. Ne ricordo gli ingredienti essenziali: una nazione giovanissima quindi con una marcia in piú sul piano demografico; un mondo anglofono facilmente assimilabile nella globalizzazione; una liberaldemocrazia impregnata di tradizioni britanniche da opporre all'autoritarismo della Cina; l'emergere di dinastie imprenditoriali innovative; una classe politica che sembrava voler uscire dal torpore socialista-dirigista e aprirsi alle liberalizzazioni. Su queste novità reali ciascuno poteva ricamare, per leggervi giustificazioni storiche. Riscoprimmo con voluttà il sanscrito e l'antichissima matematica indiana (l'invenzione del numero zero, l'algebra poi copiata dagli arabi) come segnali precursori di una vocazione scientifica avanzata. In cerca di una versione piú progressista bastava visitare lo Stato del Kerala per scovare un modello di sviluppo ambientalista, sostenibile, socialmente equo e ad alta tolleranza religiosa. L'India come potenza emergente alternativa alla Cina era anche una proposta geopolitica interessante per l'Occidente. I migliori venditori di quella narrazione furono gli indiani stessi. Ricordo le edizioni del World Economic Forum di Davos in cui le montagne svizzere dei Grigioni erano invase da delegazioni politico-imprenditoriali in arrivo da Delhi e Mumbai, Chennai e Kolkata, con slogan sfavillanti e un'autostima alle stelle. I grandi capitalisti Mittal e Tata ne approfittarono per espandersi comprando acciaierie italiane e francesi o marche automobilistiche inglesi; incontravano meno diffidenza delle acquisizioni cinesi. «*Incredible India!*» fu il leitmotiv di una fortunata campagna pubblicitaria per promuovere il turismo: puntando sulla ricchezza e varietà d'esperienze che un viaggio in India può offrire, dai paesaggi naturali al turismo culturale e archeologico, fino al «paesaggio umano» che è il piú sorprendente di tutti. Bollywood, che già era la capitale asiatica del cinema – con una capacità d'invasione dei mercati emergenti comparabile a quella del cinema americano –, cominciò a sfornare prodotti commerciali studiati su misura anche per i gusti del pubblico statunitense ed europeo. L'ultimo scampolo di questo innamoramento occidentale verso la speranza indiana lo vissi accompagnando Obama. Ritrovo un mio diario del viaggio, datato 6 novembre 2010. Quel giorno Obama s'inchina ai caduti di un altro 11 settembre. Al Ground Zero dell'India ricorda «le fiamme dell'hotel *Taj Mahal* che accesero il cielo di Mumbai per quattro giorni, quando indú cristiani musulmani e sikh si aiutarono tra loro contro la ferocia dei terroristi». Va in pellegrinaggio nella casa di Gandhi, «l'uomo che piú di ogni altro avrei voluto conoscere», il profeta scalzo della «verità comune di ogni religione del mondo, che siamo tutti figli dello stesso Dio». Rende omaggio alla «piú grande democrazia del mondo», ricorda che l'India ha raccolto le sfide enunciate da Franklin Delano Roosevelt: «Libertà dal bisogno, libertà dalla paura». È una giornata di emozioni forti: il presidente americano parla di valori, di una visione del mondo che includa i meno privilegiati. Sente attorno a sé l'eccitazione di una nazione giovane, vibrante di progetti e di speranza. La prima tappa è dentro l'hotel dove alloggia, al *Taj Mahal* dove l'Albero della Vita è stato piantato per commemorare i caduti nell'attentato del 26 novembre 2008. La piú grave strage terroristica dopo l'11 settembre: 173 morti. Ai parenti delle vittime che lo circondano dice: «In quelle giornate orribili il *Taj* è diventato il simbolo della forza e della resistenza del popolo indiano, del vostro coraggio e della vostra umanità». Ricorda l'eroismo di un manager dell'albergo, Karamveer Kang, che continuò a proteggere gli stranieri nascondendoli, pur avendo perso la famiglia. Racconta della governante indiana che salvò un bambino ebreo, dopo che i genitori erano stati crivellati di colpi. Il suo discorso al *Taj* non piace a tutti. Il Bjp, il partito della destra indiana che in quel momento è ancora all'opposizione, lo critica: «Perché non ha nominato il Pakistan, perché l'America continua a finanziare chi addestrò i terroristi dell'attacco a Mumbai?» Il fondamentalismo è un problema che inseguirà Obama fino in Indonesia, dove farà un discorso sulla questione musulmana. Anche la destra americana è pronta ad accusarlo di cedimenti, tanto piú che nei ranghi del Tea Party è ben radicata la leggenda sul «presidente islamico». Obama visita Mani Bhavan, dove il Mahatma Gandhi visse dal

1917 al 1934. È uno dei «padri spirituali» che lo ispirano, insieme a Martin Luther King e Nelson Mandela. Obama dice di Gandhi: «È un mio eroe. Ha trasformato il mondo solo attraverso la forza della propria etica. Ha cambiato il modo in cui vediamo gli altri, e noi stessi». La sua consigliera per i diritti umani, la ex reporter di guerra Samantha Power, ricorda che per Obama «è Gandhi il vero artefice dello slogan Yes We Can, l'uomo che guidò alla vittoria il movimento d'indipendenza». In questo vertice tra le due piú grandi democrazie del pianeta c'è posto anche per un'idea gandhiana della società civile. «Nei villaggi indiani portiamo l'esperimento dell'Open Government, trasparenza e potere diffuso», spiega Samantha Power. È un progetto lanciato in quella occasione: America e India mettono insieme le rispettive culture politiche e tecnologie di software, perché tutti gli atti della burocrazia siano accessibili su Internet o dallo smartphone. Una leva per combattere la corruzione e l'arroganza dell'amministrazione pubblica.

Qui mi fermo con i miei appunti di viaggio del 2010, perché la fine di una stagione della politica indiana si consuma allora: proprio su «dettagli» come questo. Prima di parlare di fondamentalismi e di «scontri di civiltà» fra le grandi religioni d'Oriente, è obbligatorio ricordare come si è logorata ogni credibilità del partito del Congresso, cioè la sinistra di governo indiana. Totalmente identificato con una famiglia regnante, la dinastia Gandhi (che non ha parentele con il Mahatma Gandhi bensí ha inizio con Jawaharlal Nehru, poi Indira Gandhi, Rajiv e la moglie italiana Sonia, infine gli ultimi rampolli Rahul e Priyanka), il partito del Congresso non ha saputo mantenere un impegno importante: liberare il popolo dalla morsa della burocrazia piú gigantesca, inefficiente e rapace del mondo. Forse solo in qualche nazione africana la corruzione è cosí sistematica, pervasiva, capillare, quotidiana. Il partito del Congresso, lungi dal combatterla, si è trasformato in regime, apparato di potere, occupazione permanente di uno Stato soffocante e oppressivo, un'armata di statali-ladri. Le promesse di una liberazione dalla burocrazia grazie alle tecnologie digitali sono state tradite. Nel 2014, durante un'elezione legislativa dall'affluenza record – con cinquecentocinquantuno milioni di votanti effettivi –, gli indiani hanno cacciato il partito del Congresso precipitando a un minimo storico la formazione che aveva governato quasi sempre dalla proclamazione dell'indipendenza nel 1947. Al suo posto gli elettori hanno scelto il partito della destra nazionalista Bjp guidato da Narendra Modi, a cui poi hanno dato una maggioranza ancora piú schiacciante nell'elezione successiva del 2019. Modi, chi era costui? All'epoca della sua prima vittoria nazionale era noto come il governatore del Gujarat, colui che era stato a guardare – o peggio, si era macchiato di abominevole complicità – quando nel 2002 si erano scatenate in quello Stato le violenze degli induisti contro i musulmani: piú di mille morti. Modi viene da una famiglia di commercianti di tè, piccola borghesia appena sopra la soglia della povertà. Una biografia provinciale, banale e mediocre rispetto agli «aristocratici» Gandhi formati nelle migliori università inglesi. Un self-made man della politica, con una capacità istintiva di interpretare gli umori della nazione. O meglio, della sua maggioranza induista.

Con l'arrivo di Modi al governo un altro rovesciamento spettacolare è avvenuto nella percezione esterna dell'India: dalla nazione della speranza siamo tornati a raccontare la bestia immonda, il mostro. A guidare questo revisionismo sono stati per primi gli stessi intellettuali indiani che hanno visibilità e influenza in Occidente. La scrittrice Arundhati Roy, ambientalista già molto critica dell'ideologia neoliberista durante il periodo dell'India Felice, ha visto avverarsi le sue previsioni piú apocalittiche e oggi denuncia un Paese in preda a violenze terribili contro i piú deboli, intolleranza, censura, sessismo, derive autoritarie. Tutta la diaspora degli scrittori indiani che fanno la spola tra New York e Londra ha cominciato a saturare la conversazione globale con il nuovo messaggio: Modi è la versione indiana di Donald Trump e Boris Johnson, di Marine Le Pen e Matteo Salvini, un reazionario razzista, con l'aggravante del fondamentalismo religioso che riabilita l'induismo delle caste, aizza i pogrom antislamici. Fine del sogno, fine dell'idillio Occidente-India, caduta rovinosa di un mito. Un esponente acuto e brillante di questa critica è Pankaj Mishra che sulle colonne del «New York Times» ha definito l'India di Modi «un inferno di sistemica crudeltà». Avvistai Mishra ai tempi in cui uscí in America il suo saggio *L'età della rabbia*, un'esplorazione globale del populismo contemporaneo. Mi aveva colpito l'attenzione alla figura di Gabriele D'Annunzio, precursore del futurismo, ispiratore del Mussolini giovanile, genio nel marketing di sé stesso. Non capita spesso di trovare un intellettuale del mondo anglofono che conosca bene D'Annunzio, ma nel caso di Mishra non è sorprendente: il fascismo italiano degli anni Venti ebbe un'influenza notevole su alcuni settori del nazionalismo indiano che lottava per l'indipendenza. Esiste una macchia addirittura nella storia del pacifista Gandhi, un periodo di simpatia verso Adolf Hitler che combatteva gli odiati inglesi. Perfino il Mahatma ebbe il suo momento di Realpolitik all'insegna del detto: il nemico del mio colonizzatore è un mio potenziale alleato (Gandhi ebbe un lungo carteggio con Hitler la cui ambiguità è imbarazzante. Nell'ultima missiva spedita al Führer, alla vigilia di Natale del 1941, il pacifista indiano elogiava del leader nazista «il coraggio e la devozione alla patria»).

Il nazionalismo in India dunque ha una storia antica, ma ben piú antica è la storia delle guerre di religione. L'islamofobia di Modi è reale: tanto quanto l'indofobia che fa parte della storia dei musulmani. In quell'area del mondo, molto piú che in Europa, l'Islam è stata una religione conquistatrice, aggressiva e dominatrice, mille anni prima di al-Qaida e dell'Isis. La conquista dell'Andalusia, l'assedio di Vienna sono episodi importanti per noi occidentali, ma in realtà le puntate dell'Islam in Europa furono un'inezia nella storia globale di quella religione. Le grandi offensive di proselitismo e conquista militare – due cose spesso legate nell'avanzata dell'Islam – furono dirette dal Vicino Oriente verso l'Altro Oriente. Molto piú durevole e cruento dello scontro fra musulmani e cristiani fu quello fra l'Islam e le grandi civiltà asiatiche che lo avevano preceduto. Dalla Persia all'India, dall'Afghanistan all'Indonesia, tutte dovettero soccombere, furono dominate e finirono nell'area del Corano. Zoroastriani, induisti, giainisti e buddhisti hanno conosciuto secoli di oppressione e persecuzione delle loro religioni, culture, costumi e tradizioni artistiche. Noi occidentali rimanemmo giustamente inorriditi quando i talebani afghani fecero esplodere le statue di Buddha di Bamyan – tesori archeologici del VI secolo – nel marzo 2001, sei mesi prima dell'11 settembre. Ma per gli asiatici quello era solo l'ultimo gesto di una lunga scia di vandalismi, distruzioni iconoclaste, atti di odio verso l'arte, che durano da un millennio. Ci furono anche periodi felici di tolleranza e dialogo tra le religioni, di convivenza armoniosa sotto sovrani illuminati: Akbar è uno fra gli imperatori Moghul (musulmani) che viene ricordato come un esempio di moderazione nell'applicare le regole islamiche, di apertura alle altre religioni e sincero interesse ecumenico. Ma la storia nei tempi lunghi annovera altrettanti periodi di oppressione in nome della sharia. Lo zoroastrismo, che fu la principale religione della Persia, è quasi scomparso in Asia, ridotto a minoranze esigue in Iran e a qualche diaspora famosa (i farsi dell'India, tra cui ci sono grandi capitalisti come i Tata). Induismo e buddhismo non sono spariti, ma hanno sempre sentito di dover lottare per la sopravvivenza contro i grandi monoteismi. Sia l'Islam sia il cristianesimo sono stati percepiti come religioni aggressive, importate da popoli conquistatori, con un'agenda geopolitica e di dominazione culturale che si nascondeva dietro le conversioni religiose. Queste ultime peraltro hanno spesso avuto una giustificazione socioeconomica: Bibbia e Corano non impongono le caste, i monoteismi di derivazione semitico-abramitica sono delle fedi piú egualitarie nella loro visione della comunità umana. È tra le caste piú basse, i dalit o intoccabili, che le conversioni continuano ancora oggi.

Il Bjp di Modi cominciò la sua ascesa sull'onda degli scontri attorno a un sito carico di simboli storici. È la città di Ayodhya, dove sorge una moschea – la Babri Masjid del XVI secolo – che secondo gli indú è costruita su un antico tempio dedicato a Rama. Nel 1992 una folla decise di cancellare l'onta e distrusse la moschea. Episodi come questo costellano tutta la storia dell'India, in un flusso e riflusso di avanzate e arretramenti fra le due grandi religioni rivali, quella locale e quella venuta dall'Arabia. Le prime incursioni musulmane dall'Arabia alla costa indiana risalgono all'anno 643 d. C., al califfato Rashidun, poco dopo la morte di Maometto. Da allora i tentativi di conquistare e soggiogare l'India non sono mai cessati e sono stati vittoriosi per lunghi periodi. La dinastia dei Ghuridi, convertita dal buddhismo all'Islam sunnita, è la prima dominazione musulmana sull'India settentrionale, poco dopo l'anno Mille. Poi tocca al sultanato islamico di Delhi: dura trecentoventi anni, inaugurato nel 1206 dalla dinastia dei Mammalucchi, s'installa fino al 1526. Seguirà l'impero Moghul, anch'esso musulmano, destinato a durare fino all'arrivo degli inglesi. L'India è stata sotto l'Islam molto piú a lungo di quanto non sia stata una colonia dell'Occidente. Tra le regioni piú martoriate dalle guerre religiose c'è il Kashmir: durante il regno di Sikandar (1389-1413) subí conversioni forzate e persecuzioni cosí crudeli che alla fine rimasero in tutta la vallata solo undici famiglie induiste: le altre si erano piegate a obbedire alla religione dei dominatori, o erano fuggite. Un altro periodo terribile per l'intolleranza religiosa il Kashmir lo attraversò dopo la conquista da parte degli afghani, forse il regno piú oppressivo. Non deve stupire che il Kashmir sia sempre un territorio gravato di memorie dolorose, e altamente simbolico per gli indiani.

La parabola politica di Modi va situata in questo contesto di lunghissimo periodo – e va messa in parallelo con altri spietati «regolamenti di conti» con l'Islam che avvengono ancora piú a Oriente: da Myanmar alla Cina, dalle persecuzioni contro i Rohingya con l'avallo di Aung San Suu Kyi e dei monaci buddhisti birmani, fino ai campi di rieducazione in cui Xi Jinping detiene un milione di uiguri musulmani nello Xinjiang. Per capire ciò che avviene tra l'Islam e gli altri – induisti, buddhisti, confuciani – in quella parte del mondo, è utile rileggere senza pregiudizi *Lo scontro delle civiltà* di Samuel Huntington. Quel libro – uscito nel 1996 – ebbe la sfortuna di essere rilanciato, e travisato, dopo lo shock dell'11 settembre 2001. I piú si scandalizzarono del titolo o si accontentarono di qualche recensione frettolosa e non andarono oltre. Fu scambiato talvolta per un manifesto che teorizzava, propugnava, incoraggiava la guerra fra «noi e loro», cioè fra l'Occidente e l'Islam. Al culmine della strumentalizzazione ci fu chi vide in Huntington un profeta-apologeta dell'invasione americana in Iraq, decisa da George W. Bush nel 2003 per rovesciare Saddam Hussein. Insomma, *Lo scontro di civiltà* finí per essere un titolo a effetto e uno slogan da talk show, da usare pro o contro l'America di Bush e le sue azioni internazionali. Il saggio di Huntington merita ben altra interpretazione. Lungi dall'esortare allo scontro, l'autore constatava che dopo il tramonto delle ideologie del Novecento (comunismo, fascismo, liberalismo, nazionalismo) il motore della storia torna a essere tutto ciò che compone una «civiltà»: religioni, grandi tradizioni culturali e valoriali. Huntington non era affatto ossessionato dal binomio Occidente-Islam, anzi dedicava grande interesse ai popoli «altri»: di ceppo confuciano e induista. Il collante delle civiltà è piú antico e piú potente del nazionalismo. Il nazionalismo è un'invenzione europea dell'Ottocento, un'idea recente, che abbiamo esportato con successo e di cui si sono impadronite volentieri molte classi dirigenti asiatiche. Gandhi era un nazionalista, cosí come lo fu il leader vietnamita Ho Chi Minh. Nazionalisti furono anche i capi militari giapponesi nella fase dell'espansionismo in Asia, e lo è oggi il premier nipponico Abe Shinzō. Nazionalista fu Mao Zedong e lo è Xi Jinping. Ma il nazionalismo importato dall'Ovest forma una miscela superiore quando s'innesta sul concetto di Stato-civiltà, piú ancestrale e radicato dello Stato-nazione. La Cina si percepisce come uno Stato-civiltà, le cui radici affondano dai 2500 ai 4500 anni fa. È la civiltà degli Han, un insieme di ingredienti etnici culturali e linguistici, modelli valoriali, riti, culti, filosofie e tradizioni religiose, che precedono la formazione stessa di uno Stato. L'India è uno Stato-civiltà da almeno altrettanto tempo, anche se forse con una minore unità rispetto alla Cina perché esistono due civiltà indiane, quella del sanscrito a Nord e quella dravidica nel Sud. Ma di certo anche l'India è stata civiltà molto tempo prima di diventare Stato e nazione. Ed è la propria civiltà che ha sentito piú volte minacciata dall'Islam.

Le vicende recenti formano una concatenazione di eventi in cui è impossibile assegnare torti e ragioni, o stabilire «chi ha cominciato» nelle faide tra comunità religiose. Oggi è Modi all'attacco. Dopo la rielezione nel 2019, ha varato una legge per garantire asilo e naturalizzazione ai profughi venuti dai Paesi confinanti che perseguitano le minoranze religiose, ma dalla corsia preferenziale sono esclusi i musulmani. Modi giustifica questa discriminazione col fatto che i Paesi vicini – Pakistan, Afghanistan, Bangladesh – sono musulmani, e le minoranze perseguitate sono induiste, cristiane, ebree, buddhiste, giainiste o zoroastriane. In India la legge è contestata dall'opposizione e da ampi settori della società civile, denunciata come un attentato alla laicità della repubblica fondata nel 1947. Da quando la legge è stata varata la tensione è ai massimi livelli tra induisti e musulmani: questi ultimi rappresentano quasi il quindici per cento della popolazione indiana di un miliardo e quattrocento milioni. Insieme con questa legge è partita un'altra operazione nello Stato dell'Assam, un censimento che può sfociare nella perdita dei diritti per gli immigrati musulmani venuti dal Bangladesh. C'è stato anche l'ulteriore giro di vite sul Kashmir – unico Stato a maggioranza islamica nella federazione indiana – con un'amputazione della sua autonomia costituzionale. È evidente che siamo in una fase di Revanscismo induista. Per ognuna di queste «vendette», Modi e il suo partito possono citare episodi precedenti in cui l'India si è sentita minacciata, aggredita. Il terrorismo endemico gode dell'appoggio dei servizi segreti pachistani, i santuari dei jihadisti che attaccarono Mumbai o dei guerriglieri del Kashmir sono nel Paese confinante, dotato della prima bomba atomica islamica. Si risale cosí fino al peccato della Partizione: Gandhi e Nehru nel 1947 volevano una grande India con gli stessi confini del Raj britannico, laica e ospitale per ogni confessione religiosa; la classe dirigente islamica preferí la secessione, per costruire in Pakistan la prima teocrazia islamica dell'epoca contemporanea. Una lettura abbastanza in voga attribuisce ciò alle oscure trame degli inglesi. È vero, l'imperialista bianco applicava con ingegno l'antica massima «divide et impera». Fin dalla sua prima penetrazione nell'impero Moghul, la piccola potenza britannica seppe far leva sulle rivalità locali: incluse quelle tra musulmani e indú. Ma le rivalità erano ben piú antiche, avevano già insanguinato l'India per tanti secoli, non furono inventate dagli inglesi. È un vezzo del nostro eurocentrismo, un sintomo di presunzione oltre che di ignoranza, l'immaginare che tutti i mali del mondo li abbiamo generati noi.

Oggi l'élite indiana cerca di convincere sé stessa e gli altri che Modi tradisce lo spirito autentico della sua nazione, ne offende le tradizioni piú sacre. Un bell'esempio di questa appassionata apologia della «vera» civiltà indiana ce lo offre un politico-intellettuale di fama internazionale, Shashi Tharoor che fu un grande diplomatico e alto funzionario delle Nazioni Unite. Uomo di cultura raffinata, Tharoor ha scritto una difesa dell'induismo nella sua versione «buona», un manifesto anti-Modi, che vuole raccontare al mondo intero l'anima dell'India. *Why I am a Hindu*, «perché sono un indú», è una lettura affascinante. Prende in contropiede i nostri stereotipi, ci fa capire che dell'induismo abbiamo una visione superficiale. È perfettamente possibile essere un induista laico, perfino ateo, spiega l'autore. L'unica cosa inconcepibile è un induista-integralista, intollerante, fazioso.

> L'induismo, – sostiene Tharoor, – è una religione senza dogmi fondamentali. Non ha un fondatore. Non ha un profeta. Non ha una chiesa organizzata, né una fede obbligatoria o riti e liturgie consacrate. Non ha un singolo testo sacro, né un'idea uniforme sui valori della vita. All'origine *Hindu* indicava soltanto i popoli al di là del fiume Indo ed era un termine usato dagli stranieri. Oggi abbraccia un ventaglio eclettico di dottrine che vanno dal panteismo all'agnosticismo e dalla fede nella reincarnazione all'adesione al sistema delle caste. Ma nessuno di questi elementi costituisce un credo obbligatorio. Noi induisti non abbiamo dogmi.

È Tharoor ad attirare la nostra attenzione sui versi che ho messo all'inizio di questo capitolo: tratti dall'antichissimo *Rig Veda*, esprimono meraviglia e ammirazione di fronte al creato, ma anche scetticismo sull'onniscienza-onnipotenza di Dio.

> Mi piace una religione, – dice Tharoor, – che solleva un dubbio cosí fondamentale sul creatore dell'universo. Come indú, io appartengo all'unica religione mondiale che non pensa di essere detentrice della verità, non pensa di essere l'unica fede vera. L'induismo è una civiltà, non un dogma. Accettiamo come vere tutte le altre religioni.

Le trecentotrentatre divinità censite nell'induismo, ci spiega Tharoor, sono in realtà gli infiniti e multiformi aspetti di Dio: che è assente e presente dentro e fuori di noi. Cita il primo leader dell'India indipendente, Nehru: «Essere induista vuol dire una cosa diversa per ciascuno di noi». Questa visione è cosí elastica che esiste una robusta tradizione di induismo ateo (proprio come per il buddhismo). In questo, Tharoor riprende il pensiero di alcuni dei piú grandi esperti della materia. Ananda Coomaraswamy, in un saggio del 1943, definiva il «bramanismo o dottrina vedica» come «la piú antica delle discipline metafisiche giunta fino a noi in una tradizione intatta», ma escludeva con forza che fosse «panteista». Ishvara, il concetto induista che piú si avvicina all'idea del dio monoteista, prende anche la forma trinitaria di Brahma (creatore), Vishnu (conservatore) e Shiva (distruttore); piú i loro avatar. Tra questi appaiono dèi-animali che probabilmente nascono per assorbire nell'induismo tradizioni animistiche, panteistiche, di adorazione della natura, che appartenevano alle etnie indigene prima della tradizione vedica. L'induismo si è mostrato cosí inclusivo da assorbire anche, a suo tempo, giainismo e buddhismo, che vengono considerati da alcuni come parte della stessa fede. Se nella pratica quotidiana è una religione che a noi occidentali sembra «primitiva» perché affollata da troppi dèi – in questo ci ricorda i Pantehon greco-romani –, nell'interpretazione piú autentica è una religione che vede la divinità apparire in tante forme diverse; talvolta vede questa divinità manifestarsi nella natura stessa e in tutti gli esseri che la abitano; ha una visione di Dio piú astratta e postmoderna di quanto pensiamo. In quanto alla reincarnazione, Coomaraswamy la considerava come una prefigurazione di ciò che la scienza ha scoperto sull'eredità genetica. Sulle caste, il grande filosofo induista Swami Vivekananda si applicò a dimostrare che non hanno nulla a che vedere con la religione, sono una «pratica sociale», per quanto antichissima, cristallizzata, che un buon induista può rifiutare senza rinnegare la propria fede. E tuttavia è in nome della fede che ancora nel XXI secolo in alcune zone dell'India vengono commesse atrocità contro quegli «intoccabili» che osano uscire dai recinti invisibili, sfidare i tabú, oltrepassare le convenzioni sociali.

L'élite indiana globalista vuole convincerci che Modi tradisce la vera identità e vocazione del suo Paese. Questo leader sarebbe una brutta parentesi, la conseguenza di un contagio mondiale dei nazionalismi xenofobi. Ci rassicurano: quando avremo trovato le terapie per curare il morbo, l'India tornerà a essere quella «vera», come la propagandava nel mondo Kamal Nath, uno dei migliori esponenti della fase magica *Incredible India!»* Piú volte ministro nell'èra pre-Modi, segretario generale del partito del Congresso, negoziatore per i governi di Delhi al Wto (l'organizzazione del commercio mondiale), Kamal Nath scrisse un best seller sul secolo indiano, *The India's Century*, che toccava tutti i tasti giusti per piacerci:

> L'India è unica come nazione multiculturale, multilinguistica, multietnica. Dall'indipendenza ha sempre rifiutato di adottare una sola cultura o un solo credo religioso. Non ha mai imposto alle minoranze la lingua della maggioranza, l'hindi, e la Costituzione riconosce ventidue lingue nazionali. Garantisce alle minoranze religiose la libertà totale di esercizio del culto e anche di proselitismo. Malgrado tante provocazioni il popolo indiano ha sempre mantenuto separati Stato e sacre scritture, in accordo con la visione di Gandhi e Nehru. Abbiamo sviluppato un'interpretazione unica della laicità.

È l'idea dell'India come ponte ideale fra Oriente e Occidente, un crogiuolo di storia e di cultura che unisce quanto di buono c'è in ogni civiltà, un luogo dove Europa e Asia possono fondersi per dare il meglio di sé. L'induismo – che tra noi occidentali soffriva della sua immagine arcaica, politeista – viene rivalutato perfino come la religione dell'ambientalismo. Mia figlia Costanza – che è docente di Scienze ambientali in California e fa la spola con l'India dove svolge le sue ricerche – insegna agli studenti americani che le nostre religioni monoteiste ci hanno ispirato un malsano senso di superiorità. Fatti a immagine e somiglianza di Dio, abbiamo ricevuto da lui il diritto-dovere di dominare la natura. La fede biblica o coranica ci ha reso arroganti, prevaricatori. L'induismo della reincarnazione educa a percepire l'essere umano come una tappa di transizione fra diverse forme di vita; impone perciò il rispetto di tutte le altre specie naturali. Anche questa riscoperta dell'induismo ambientalista fa parte della narrazione irenica sull'India. Poi bisogna fare i conti con le centrali a carbone, la nube di smog sopra New Delhi, le emissioni di CO_2 che crescono piú velocemente di quelle cinesi. Il divario fra l'ideale e la realtà perseguita ogni civiltà. È indiscutibile che Gesú Cristo abbia predicato l'amore del prossimo; la storia di duemila anni di cristianesimo (che include le crociate, la Santa Inquisizione, i roghi degli eretici) ci costringe a fare la distinzione tra il Verbo e la storia. Lo stesso vale per il divario tra induismo teorico e induismo reale. Il regolamento di conti che è in atto fra l'India di Modi, la sua minoranza musulmana, e gli islamismi che circondano il Paese (il regime pachistano, i talebani afghani) rientra nella sfera della storia reale. Come la Birmania di Aung San Suu Kyi e la Cina di Xi Jinping, gli Stati-civiltà dell'Oriente prolungano oggi una vicenda ininterrotta dai tempi dei popoli delle steppe, delle orde che traversavano l'Eurasia portando aggressioni militari, commerci, sistemi di valori, divinità. Nei flussi e riflussi secolari di questi movimenti continentali, viene sempre il momento in cui l'invasore è respinto e diventa un perseguitato.

In Occidente domina l'idea che l'India etnonazionalista e fondamentalista di Modi sia in preda a una involuzione, che sia risucchiata verso un capitolo piú retrogrado della sua storia, che faccia appello alla parte ignorante e rozza della sua anima. L'osservatorio della diaspora indiana in America però scompagina questo schema. Diaspora potente, ricca, culturalmente sofisticata, gli indiani hanno conquistato posizioni di comando nell'industria tecnologica degli Stati Uniti. Dal 2020 il nuovo chief executive della Ibm è Arvind Krishna, di origine indiana. Il numero uno di Google è Sundar Pichai. Quello di Microsoft è Satya Nadella. Un altro personaggio influente nella Silicon Valley è Vinod Khosla, che fondò Sun Microsystems. Tutti di origine indiana, come lo sono tanti altri dirigenti di aziende tipo Adobe Systems o Nokia, solo per rimanere nel settore tecnologico. L'emigrazione di cervelli verso la California è aumentata al punto da provocare intasamenti amministrativi nella concessione di visti. Oggi vengono censiti ottantanovemila cittadini indiani residenti nella Silicon Valley, piú ottantaseimila tra San Francisco e Oakland. E se sono il sei per cento della popolazione in quella parte della California, salgono al sedici tra i fondatori di start-up. Per chi abita nella Silicon Valley l'origine indiana è quasi sempre associata al talento nelle nuove professionalità digitali. La punta dell'iceberg è quel «club indiano» che domina nel top management. Emigrazione colta e spesso nazionalista: tra di loro il sostegno a Modi è diffuso. Quando il premier fu invitato da Trump negli Stati Uniti, riempí un intero stadio in Texas con una folla osannante.

Capitolo ottavo
Giappone, il tao e il tè

> Da noi il tè [...] è divenuto una religione dell'arte del vivere. La bevanda è diventata un pretesto per praticare il culto della purezza e della raffinatezza, una sacra funzione. [...] Nel desolato deserto dell'esistenza, la stanza del tè era un'oasi [...]. Il teismo è una sorta di taoismo dissimulato.
>
> OKAKURA KAKUZŌ, *Lo Zen e la cerimonia del tè*, 1906

Qualche tempo fa, quando ancora viaggiavamo, era tornato di moda il Giappone. Un po' credo fosse avvenuto per esclusione. La Cina, ancor prima dell'allarme sanitario, era avvolta da un nuovo clima di ostilità. L'India di Narendra Modi, la Birmania di Aung San Suu Kyi ci ricordavano che le paure etniche non sono solo occidentali, hanno seguiti di massa tra induisti e buddhisti. Il Giappone è una storia a parte. Oggi è raro che faccia notizia per la grande politica, vive un po' nell'ombra della mastodontica vicina. Ci attira perché fra i templi di Kyoto e la fioritura dei ciliegi inseguiamo un'idea di Oriente irriducibile; forse qualche risposta alle nostre ansie piú acute. Il Giappone fu la prima nazione asiatica nell'èra contemporanea a batterci sul nostro terreno, diventando uno dei luoghi della modernità piú sofisticata. Ma non si è mai omologato completamente, coltiva una diversità tenace. Conosce l'arte del silenzio laddove l'Occidente è il regno del rumore. Una delle sue manifestazioni è l'ambientalismo, che non è recente bensí affonda le radici in un culto nato tremila anni fa. La venerazione dei *kami*, spiriti che abitano la natura. È lo *shintō*, religione «indigena», ancora piú antica del buddhismo. È un insieme di credenze e riti panteistici (Dio è ovunque) e animistici (l'universo intero, animali piante rocce fiumi e mari, lo stesso clima, sono esseri viventi). Fra shintoismo e buddhismo i rapporti sono stati alterni: in certe epoche le due religioni si fusero; altre volte i sovrani nipponici vollero ristabilire nello shintoismo l'unica religione di Stato. È sopravvissuto in modo sorprendente, adattandosi alla razionalità scientifica.

Tra i primi ad aver colto questo fascino del Giappone ci fu uno scrittore-viaggiatore italiano, Fosco Maraini. Allievo di un altro grande etnologo-orientalista, quel Giuseppe Tucci che gli fece scoprire il Tibet, Maraini subisce in Giappone un crudele scherzo del destino. Ci arriva nel 1938 per fuggire dal fascismo; ma il Giappone si allea con Hitler e Mussolini; dopo l'8 settembre 1943, essendosi rifiutato di giurare fedeltà a Salò, viene arrestato dalla polizia nipponica e deportato in un campo di concentramento (insieme a moglie e figli, tra cui Dacia). Quella vicenda non incrina il suo amore: dopo le prime esplorazioni degli anni Trenta e Quaranta, in Giappone lui abita a piú riprese tra gli anni Cinquanta e Settanta. Le sue intuizioni, immortalate in best seller mondiali come *Ore giapponesi* del 1957, dobbiamo rileggerle oggi per capire cosa ci attira verso il Sol Levante.

> I giapponesi, – scriveva Maraini, – sono grandi. Attraverso i millenni, resistendo alla gigantesca pressione culturale della Cina e del buddismo prima, dell'Europa e

dell'Occidente poi, persino alla sconfitta, hanno mantenuto intatto questo culto delle origini, questo legame mistico con la natura e con gli dèi. L'Occidente ride; pensa: gli dèi, chi sono costoro? La verità è che tutti noi ci troviamo dinanzi all'esocosmo, all'infinito mistero; cento sono le vie per avvicinarsi al supremo segreto. Il mistero è nostro padre, gli dèi sono nostri figli [...] ogni civiltà ha gli dèi che si merita. Il Giappone [...] ha le mitologiche, felici, umane, irrazionali figure dei suoi dèi nascosti con le stelle fra le chiome degli alberi giganteschi d'un bosco.

[...] Lo Shinto non vive di credi e di dogmi, ma di simboli ed intuizioni, di suggerimenti e sussurri, d'allusioni e di poesia, di riti, d'una liturgia accattivante, d'architettura e di giardini, di musiche, di silenzi.

Il Giappone era consapevole almeno quanto la Cina che l'incontro con l'Occidente poteva essergli fatale. Nei secoli passati è proprio osservando l'esperienza cinese che il Giappone ha maturato la convinzione di doversi difendere da noi. Nel 1645 un letterato cinese, fuggito dal suo Paese dopo l'invasione dei mancesi, diventa consigliere dello shōgun Tokugawa Mitsukuni, potente signore feudale nel periodo Edo (l'antico nome di Tōkyō). Nel suo nuovo sovrano nipponico il consigliere cinese instilla la convinzione che tra le cause della caduta della dinastia Ming c'è stata la propagazione del cristianesimo. Chiudere il Giappone ai missionari europei è indispensabile, altrimenti l'isola farà la stessa fine dell'Impero celeste. Nei due secoli successivi il Sol Levante segue per lo piú questa strategia, insulare e isolazionista, anche se non tutti i suoi dirigenti sono d'accordo. Nel XVIII secolo cresce l'insofferenza nell'élite nipponica, molti intellettuali non condividono l'autarchia, pensano che l'apertura all'Occidente porterebbe a un progresso nelle conoscenze scientifiche, astronomiche e geografiche. Durante la grande crisi del 1783-1788 il Giappone è stremato da una grave carestia che fa migliaia di morti. Scoppiano rivolte contadine che cingono d'assedio Edo, la capitale dei Tokugawa. Si fa strada già allora l'idea che per sfuggire alla miseria e ristabilire l'ordine sociale il Giappone debba studiare gli Stati europei. Uno dei riformatori di quel periodo, Honda Toshiaki, cerca di convincere l'aristocrazia militare al potere che bisogna emulare l'Inghilterra. Lo shock finale arriva nel secolo successivo, per opera di un'altra nazione occidentale. È l'America a dare la spallata decisiva al vecchio ordine feudale del Sol Levante, quando nel 1853 si affaccia sulle coste giapponesi la flotta militare comandata dal commodoro Matthew Perry. Gli Stati Uniti sono una potenza emergente con appetiti commerciali sull'intero Pacifico, vogliono espugnare il mercato giapponese che fino a quel momento è rimasto quasi inaccessibile. La tecnologia militare dell'Occidente ha una superiorità soverchiante, con i cannoni americani puntati addosso l'isola è obbligata ad aprirsi, accetta di firmare un trattato le cui condizioni vengono dettate da Washington. Poco dopo, Regno Unito, Russia, Francia e Olanda si accodano alla penetrazione americana e sulla sua scia beneficiano dei «trattati ineguali». La politica delle cannoniere infligge un'umiliazione al Giappone e lo costringe a una posizione subalterna, ma fa anche scattare una serie di reazioni al suo interno. Una figura chiave del rinnovamento nella classe dirigente, il *daimyō* (signore feudale)

Shimazu Nariakira, guida la svolta: «Dobbiamo spalancare le braccia alla tecnologia straniera. Se prendiamo l'iniziativa potremo dominare; sennò, saremo dominati». Si apre nel 1868 quel periodo di grandi riforme che nella convenzione storica viene chiamato Restaurazione Meiji, nome fuorviante poiché è tutt'altro che un ritorno al passato, anche se «restaura» il potere imperiale. La vecchia classe dirigente feudale viene emarginata, il baricentro decisionale torna in capo all'imperatore. Cominciano le innovazioni che puntano a industrializzare il Giappone adottando metodi di produzione occidentali, nonché a dargli un'amministrazione pubblica e un esercito moderni, che possano competere con le potenze europee e americana. La parola d'ordine è *Bunmei-kaika*, «civiltà e illuminismo». Per occidentalizzare il Paese si assumono consulenti stranieri, gli *oyatoi gaijin*, si mandano studenti e delegazioni all'estero. Il risultato, spettacolare, sorprenderà il resto del mondo. Si può dire che la strepitosa rincorsa del Giappone nell'èra Meiji alla fine dell'Ottocento sia stata la prova generale per due altri miracoli: il successivo boom economico giapponese dopo la Seconda guerra mondiale, e quello cinese dal 1990 in poi; in ambedue i casi la ricetta è simile, visto che si basa sull'adozione di ingredienti occidentali nell'economia, nella scienza e nella tecnica, nell'amministrazione pubblica, nell'organizzazione militare, che però vengono messi al servizio di un sistema valoriale e di un modello culturale molto diversi. La via maestra è: copiare il meglio della modernità occidentale per poterla battere sul suo stesso terreno, preservando il cuore della propria identità. Anche i tre miracoli asiatici «minori», che hanno avuto per protagonisti i dragoni di Singapore, Taiwan e Corea del Sud, hanno come precursore illustre ed esempio istruttivo l'impero Meiji alla fine dell'Ottocento. Il primo shock per l'Occidente arriva nel 1904-1905, quando le forze armate giapponesi infliggono una pesante sconfitta alla Russia: è la prima volta nei tempi moderni che una potenza «bianca» viene messa in ginocchio militarmente da una nazione asiatica, da molti allora considerata sottosviluppata. È in quel momento che il Giappone appare sugli «schermi radar» dei governi europei e americano come un soggetto forte, con cui bisognerà fare i conti nelle relazioni internazionali. Per fare da paciere tra giapponesi e russi, cercando di lenire la dura umiliazione dello zar, interviene il presidente americano Theodore Roosevelt, con un'opera da intermediario che gli varrà il premio Nobel per la Pace.

Due anni dopo aver sconfitto la Russia, dal Giappone arriva una nuova offensiva, di tutt'altro genere. Questa è sottile, gentile e suadente, ma di una straordinaria potenza culturale. Nel 1906 viene pubblicato a Boston *Lo Zen e la cerimonia del tè* di Okakura Kakuzō, che conquista l'élite americana. È un breve trattato che spiega la cerimonia del tè, divenendo subito per i suoi lettori il simbolo di tanto altro. Una chiave per capire l'Asia in tutte le sue dimensioni. Agli occidentali Okakura segnala che questo Giappone, mentre è impegnato a diventare moderno e ricco quanto loro, ha deciso di preservare le proprie tradizioni piú antiche e sacre: dietro la cerimonia del tè s'intravvede un intero universo di valori, di usanze, di riti. In Giappone effettivamente sta accadendo proprio quello: la Restaurazione Meiji occidentalizza l'economia, l'esercito, e parecchi aspetti della vita giapponese, ma perché il cambiamento non sia destabilizzante lo unisce a una riaffermazione della religione *shintō*, delle arti marziali judo e jiujitsu, delle composizioni poetiche *haiku*. *Lo Zen e la cerimonia del tè* esce in una fase in cui è già esploso da qualche decennio il «giapponismo», una moda che è in crescendo dalla fine dell'Ottocento soprattutto a Parigi, vera capitale europea della cultura. Nella pittura si ispirano in vari modi al Sol Levante Van Gogh, Pissarro e Degas. Il giardino di Monet a Giverny è considerato un esempio classico di *japonisme*. Nella musica, Claude Debussy è uno dei piú aperti all'influenza nipponica. L'opera di Okakura sul tè beneficia di un'attenzione aggiuntiva, legata all'emergere del Giappone come superpotenza politica e militare. «L'occidentale medio, – scrive Okakura, – si era abituato a considerare barbaro il Giappone nel periodo in cui si dedicava alle delicate arti della pace, e lo chiama civile da quando ha iniziato a compiere massacri sui campi di battaglia della Manciuria». La figura di Okakura contribuisce al successo del trattato. Nato a Yokohama nel 1862, suo padre era stato un samurai, e aveva assicurato che la sua istruzione includesse le tradizioni piú sacre. Okakura però ha avuto anche l'opportunità di studiare filosofia con un docente americano, ha viaggiato, è adesso un esperto d'arte. Elegante nei kimono, raffinato, grande seduttore, ha una storia d'amore proibita con una ex geisha sposata col barone Kuki, ambasciatore giapponese a Washington. Entra inoltre nelle grazie di una ricca americana collezionista d'arte, Isabella Gardner. L'originalità di Okakura sta nella sua capacità di abbracciare l'intera Asia nei suoi interessi e nei suoi scritti: si appassiona dell'India, soggiorna a Calcutta dove diventa amico del poeta Rabindranath Tagore e di Suor Nivedita, una ex rivoluzionaria irlandese convertitasi all'induismo. Nel suo primo libro pubblicato in inglese, *Ideali dell'Oriente* (1903), Okakura sostiene che l'arte giapponese è una sintesi del misticismo indiano e delle virtú morali dell'antica Cina. Questo approccio pan-asiatico è al cuore del suo piccolo capolavoro, *Lo Zen e la cerimonia del tè*, la cui influenza è enorme: le idee di Okakura ispirano l'architettura di Frank Lloyd Wright e poi la corrente del minimalismo. Il filosofo tedesco Martin Heidegger e il poeta Ezra Pound lo hanno studiato e citato.

Okakura scrive del tè come si parla di arte, filosofia, religione: con lo stesso rispetto, con solennità. Si capisce l'enorme fascino esercitato dal suo breve trattato su generazioni di occidentali. «Non esiste ricetta per preparare il tè ideale, – scrive, – cosí come non ci sono regole per creare un Tiziano». Cita Lichihlai, poeta cinese della dinastia Song, secondo cui una delle cose piú deplorevoli al mondo è «lo spreco di buon tè causato da una manipolazione incompetente». Per noi occidentali profani, il suo libriccino è l'iniziazione a un universo arcano. C'è un riassunto della storia del tè, nato nella Cina meridionale, studiato nella botanica e nella medicina che gli attribuiscono il potere di alleviare la stanchezza, rafforzare la volontà, e perfino migliorare la vista. In impacchi esterni viene usato per curare i reumatismi. Pressato in tortini e bollito nell'èra Tang, triturato in polvere e sbattuto nell'acqua sotto la dinastia Sung, preparato come infusione di foglie durante l'impero Ming. Per alcuni taoisti è un ingrediente nella ricerca dell'elisir dell'immortalità. I buddhisti lo usano per combattere la sonnolenza nelle lunghe meditazioni. I poeti delle dinastie meridionali hanno celebrato il tè come «la schiuma di liquida giada». I vari modi di preparare e consumare l'erba-bevanda hanno un'influenza profonda sull'arte della porcellana cinese. Esiste perfino una Bibbia del tè, in tre volumi, il *Chaking* di Luwuh, redatto sotto la dinastia Tang nell'VIII secolo d. C., in un'epoca in cui buddhismo, taoismo e confucianesimo stanno cercando una felice sintesi tra loro. Le migliori tradizioni cinesi però s'interrompono e s'imbarbariscono con la conquista mongola e le sue devastazioni nel XIII secolo. Nonostante i tentativi dei Ming di restaurare le tradizioni, piú tardi un'altra dinastia straniera, i Qing, venuti dalla Manciuria, spezzerà la continuità nei riti. «Per il cinese dei nostri giorni, il tè è una deliziosa bevanda, non un ideale», scrive Okakura. È il Giappone a sostituire la Cina, come custode delle tradizioni in questo campo. La civiltà del tè in Giappone risale all'anno 729 d. C., quando l'imperatore Shōmu lo ha fatto servire a cento monaci nel suo palazzo di Nara. Nel XV secolo sotto lo shōgun Ashikaga Yoshimasa la cerimonia del tè diventa una liturgia indipendente, con delle regole istituzionalizzate. Il tè come una religione, cosa significa? Per spiegarlo ai lettori occidentali d'inizio Novecento, Okakura conia il termine «teismo», ne fa risalire le origini al taoismo di Laozi e poi allo zen; racconta come la civiltà asiatica abbia tradizioni comunitarie che richiedono un sacrificio costante dell'individuo per il bene di tutti. Il contributo piú originale del taoismo alla vita degli asiatici, secondo lo scrittore giapponese, è nel regno dell'estetica.

> Il taoismo, – scrive Okakura, – accetta l'esistente cosí com'è, e diversamente dal confucianesimo e dal buddhismo cerca di trovare la bellezza in questo mondo di sofferenze e di affanni. [...] Lao-tzu [...] sosteneva che solo nel vuoto si trova ciò che è veramente essenziale. [...] Colui che riuscisse a fare di sé un vuoto in cui gli altri potessero entrare liberamente riuscirebbe a dominare ogni situazione.
>
> Queste idee taoiste hanno esercitato una profonda influenza su tutte le nostre teorie dell'azione e perfino su quelle relative alla scherma e alla lotta. Il *jūjutsu*, l'arte giapponese di autodifesa, deve il proprio nome a un passo del *Te-tao-ching*. Nel *jūjutsu* si deve cercare di liberare ed esaurire la forza dell'avversario attraverso la resistenza passiva, il vuoto, conservando la propria energia per poter vincere nello scontro finale. Nel campo artistico, l'importanza di questo stesso principio è dimostrata dal valore dell'allusione. Attraverso il non espresso offriamo all'osservatore la possibilità di completare l'idea; è cosí che i grandi capolavori attirano irresistibilmente la nostra attenzione, fino a quando ci sembra di entrare a farne veramente parte. C'è un vuoto per consentirci di entrare e di colmarlo fino alla pienezza della nostra emozione estetica.

Dalla filosofia del tè Okakura vuole estrarre alcune lezioni sui rapporti fra Oriente e Occidente. Il lungo isolamento del Giappone ha aiutato questa civiltà a sviluppare l'introspezione, il suo «teismo» è un culto della bellezza scoperta in mezzo alle realtà sordide della vita quotidiana. Purezza, armonia, igiene, geometria morale, il senso romantico dell'ordine sociale, capacità di definire noi stessi in proporzione all'universo: questi sono gli ingredienti dell'Oriente. Gli occidentali d'inizio Novecento sono colpevoli di gridare al Pericolo Giallo, mentre secondo lui l'Asia potrebbe scoprire di essere precipitata in un «Disastro Bianco».

Lo Zen e la cerimonia del tè ha un fascino che è legato anche alla sua ambiguità. Insieme con lo zen e il minimalismo nell'arte, l'autore teorizza un'estetica del militarismo, la bellezza della guerra, la sua funzione purificatrice: proprio come faranno dopo di lui Gabriele D'Annunzio e i futuristi italiani. La cerimonia del tè, che per secoli era stata un rito affidato alle donne, con lui diventa una performance culturale molto virile, legata al revival del nazionalismo nipponico. Due anni prima di scrivere sul tè, in un libro intitolato *Il risveglio del Giappone*, Okakura aveva contribuito all'orgoglio nazionale e alla volontà di rivincita sull'Occidente. Questo è il filo rosso che collega il filosofo del tè con le correnti imperialiste che giustificheranno le aggressioni militari del Giappone verso i vicini Paesi asiatici, e l'attacco a Pearl Harbor nel 1941. Uno studioso europeo del Giappone, l'olandese Ian Buruma, nel suo libro *Occidentalismo* rivisita questa vicenda. Buruma ricorda un convegno culturale che riuní i piú importanti intellettuali giapponesi a Kyoto nel 1942, pochi mesi dopo il bombardamento a sorpresa della U. S. Navy nelle Hawaii che provocò l'ingresso dell'America nella Seconda guerra mondiale. La funzione di quel convegno era di dare una solida difesa ideologica alle offensive militari del Giappone. Il titolo del simposio a Kyoto era «Come superare il moderno». La modernità era sinonimo di Occidente. L'occidentalismo, spiega Buruma, era visto come un virus che aveva infettato lo spirito giapponese. Tra le perversioni degli europei, gli intellettuali nipponici denunciavano la specializzazione delle discipline scientifiche, la frammentazione del sapere in comparti ristretti, che aveva sostituito l'approccio olistico della spiritualità orientale. L'ossessione sull'individuo e i suoi diritti era un'altra malattia importata dall'Occidente. L'America in particolare, agli occhi di questi letterati giapponesi, era la civiltà delle macchine, egoista e materialista, un mondo di individui atomizzati e anonimi, strappati alle proprie radici. Contro la fredda razionalità dell'Ovest, la salvezza doveva venire dal «sangue» del Giappone. Usando questi temi, i teorici del nazionalismo giapponese si collegavano al Romanticismo tedesco dell'Ottocento: un movimento nato contro l'Illuminismo francese, per difendere il *Volk*, le radici ancestrali della cultura popolare germanica. A loro volta i romantici tedeschi avevano riscoperto l'Asia come culla della civiltà e madre di ogni spiritualità. Con Okakura e i nazionalisti giapponesi, il cerchio si chiude. Perciò il Giappone era «culturalmente pronto» all'alleanza con la Germania di Hitler e con l'Italia di Mussolini: c'erano nell'aria molti ingredienti simili, unificati da una comune avversione a una certa idea di Occidente. Per quanto risultasse aberrante ai popoli conquistati e oppressi, il Giappone teorizzò che le sue invasioni in Corea, Cina, Indocina e Sudest asiatico erano una «liberazione» dell'Oriente dal dominio dell'uomo bianco.

Non stupisce che questo Giappone, con il suo teismo-taoismo, possa generare un genio mostruoso come quello di Mishima Yukio. Romanziere straordinario, uno dei grandi del Novecento, con l'opera monumentale *Il mare della fertilità* ci ha lasciato una tetralogia che è una serie di romanzi «interpretazione del mondo»: abbracciano temi che vanno dalle origini indiane del buddhismo alla teoria della reincarnazione, alla storia cinese nell'èra Tang. Erotismo e morte si fondono spesso nella sua estetica. Un altro grande romanziere giapponese, il premio Nobel Kawabata Yasunari, alla pubblicazione definisce la tetralogia «una fortuna e una fonte di orgoglio per la nostra epoca». Gran parte della critica invece la accoglie freddamente. Mishima, a differenza del suo collega ed estimatore Kawabata Yasunari, non avrebbe mai potuto ricevere il Nobel. È un artista maledetto per le sue idee politiche, come Céline in Francia. È un nostalgico del codice d'onore dei samurai. Il giorno stesso in cui consegna all'editore il manoscritto dell'ultima parte del *Mare della fertilità*, Mishima si suicida in pubblico dopo aver orchestrato una messinscena macabra e scandalosa. Nazionalista di estrema destra, aveva fondato una milizia di tipo fascista, la Tatenokai, con la missione di restaurare il potere dell'imperatore, cancellando cosí le riforme costituzionali di stampo liberaldemocratico imposte dai vincitori americani nel 1947. Per lui l'imperatore incarnava la piú pura e astratta essenza dello spirito giapponese antico.

Il 25 novembre 1970, lo scrittore e quattro membri della milizia irrompono in una base militare di Tōkyō, ne prendono in ostaggio il comandante, e con quel gesto dimostrativo cercano di convincere le forze armate a un golpe per abrogare la costituzione «occidentalista». Fallito il tentativo, il romanziere commette il seppuku o harakiri, il suicidio rituale, trafiggendosi il ventre e facendosi poi decapitare da uno dei suoi compagni. Per una singolare ironia della sorte, poiché Mishima ha fama di essere stato (anche) omosessuale, uno dei primi luoghi a onorarne la memoria è il Rainbow Honor Walk del quartiere Castro a San Francisco, il marciapiede dove si commemorano le personalità piú importanti per il movimento gay. E cosí nel tempio piú politically correct dell'Occidente estremo c'è posto per l'intellettuale-icona dell'estrema destra giapponese.

Oriente-Occidente è un binomio fatto di antagonismi, rivalità e complementarietà che il Giappone interpreta a modo suo. Dietro la metafora del tè di Okakura c'è un progetto di ben altra importanza, portato avanti dalla classe dirigente militarista. All'apice dell'ascesa nazionalista, il Sol Levante decide di essere la «vera» Asia e si auto-attribuisce una missione civilizzatrice. Specchio rovesciato del colonialismo inglese o del nascente espansionismo americano, il piano di Tōkyō parte dalla conquista della Corea all'inizio del Novecento, poi si allarga alla Manciuria e a tutta la Cina, infine con la grande Guerra del Pacifico divora interi pezzi degli imperi europei e punta verso Indocina, India. Tratta gli altri popoli asiatici come razze inferiori, ma al tempo stesso li vuole affrancare dalla dominazione bianca. Al colonialismo degli europei ne vuole sostituire uno che ha nel suo cuore un'idea di Oriente. La fase pan-asiatica che occupa la prima metà del Novecento è una conquista giapponese del continente che marcia non soltanto sulle spalle di un formidabile esercito, ma anche su un modello culturale. Come ai tempi di Gengis Khān e Tamerlano, di nuovo c'è un piccolo popolo guerriero venuto dall'Estremo Oriente che dilaga inarrestabile per i grandi spazi continentali.

Quel capitolo di storia del Giappone non si è concluso del tutto con la sconfitta del 1945, le bombe atomiche su Hiroshima e Nagasaki. Il Giappone democratico e gentile, ambientalista e pacifista – la terra che ci ha dato il sushi e l'arte della composizione floreale ikebana, il Paese del *Piccolo libro dell'Ikigai* del neuroscienziato Ken Mogi che ci regala tante deliziose idee per trovare serenità nei gesti della vita quotidiana – nel 2020 ha un primo ministro che è un pezzo di storia guerriera. Abe Shinzō, che ha battuto i record di longevità al potere, viene da una dinastia illustre del nazionalismo. Suo nonno fu il plenipotenziario economico che regnò su vaste zone occupate in Cina e Corea. Suo padre faceva parte delle squadre di piloti-kamikaze pronti al suicidio nel conflitto con gli americani. Nel suo libro, *Utsukushii Kuni e* («verso un Paese meraviglioso»), l'attuale premier si è ribellato all'idea che il nonno fosse considerato un criminale di guerra. Abe Shinzō è un revisionista che non accetta la colpevolizzazione del Giappone per le avventure imperiali in Cina e Corea: le considera politicamente e moralmente equivalenti a ciò che fecero gli occidentali con il loro colonialismo (o i cinesi qualche secolo prima). Se l'America si ritira nell'isolazionismo, Abe Shinzō è pronto a riformare la costituzione per riarmare il Giappone contro la Cina, anche con la bomba atomica. La sua figura ci ricorda che esistono piú Asie, divise da tensioni interne. E anche se una di queste la crediamo dormiente, ha conservato un'idea forte di cosa dovrebbe essere l'Oriente.

Capitolo nono
Irresistibile, incompreso: lo yoga

> L'ideale dello Yoga è vivere in un eterno presente, fuori dal tempo. Liberati nella vita, non possedere piú una coscienza personale nutrita dalla propria storia, bensí una coscienza da testimoni, che è pura lucidità e spontaneità. Lo Yoga riprende e continua una tradizione universale nella storia religiosa dell'umanità, la tradizione che consiste nell'anticipare la morte per assicurare la rinascita in una vita resa reale dall'incorporazione del sacro.
>
> MIRCEA ELIADE, *Yoga. Immortalità e libertà*

Quando la pandemia ha imposto a ondate successive la reclusione domestica forzata, dalla Cina agli Stati Uniti, oltre a mascherine, disinfettanti e carta igienica, c'è un altro articolo che è andato a ruba sui siti del commercio online, a Pechino e Shanghai come a New York e Los Angeles. È il tappetino sintetico e soffice su cui si fanno gli esercizi di yoga. Nei primi mesi del 2020 le consegne di quei tappetini da parte di Amazon in America e di Alibaba in Cina sono state dilazionate per molte settimane, perché le scorte di tutte le marche si erano esaurite in un lampo. L'Estremo Oriente e l'Estremo Occidente hanno cercato di riempire le rispettive quarantene con l'aiuto della stessa disciplina indiana, altrettanto estranea alle tradizioni cinesi quanto alle nostre. È il coronamento di un'espansione mondiale dello yoga, che cresceva da decenni. È una storia affascinante e ambigua, un concentrato di insegnamenti: su come noi ci appropriamo di culture orientali stravolgendole, e di come loro stanno al gioco, compromettono la propria autenticità, incoraggiano il tradimento e l'impostura.

Cominciai a praticare lo yoga quando avevo quindici anni e abitavo a Bruxelles. Esattamente tre anni dopo il mitico viaggio dei Beatles in India (1968), che aveva contagiato la mia generazione col «mal d'Oriente». Un Oriente immaginario e seducente. Da adulto, nel periodo in cui vivevo in Asia riuscii a organizzarmi un ritiro in un *ashram* nel Tamil Nadu, di cui conservo ricordi esilaranti, compresa la mia «evasione» per intolleranza verso gli eccessi di disciplina. Vivendo in Cina tentai senza successo di alternarlo col tai-chi, ma ormai lo yoga mi era entrato «nella memoria delle giunture». Negli ultimi dieci anni, da quando ho piantato la tenda a New York, la mia pratica si è intensificata. Nell'èra pre-coronavirus, tra un viaggio intercontinentale e l'altro seguivo corsi da sessanta o novanta minuti – sempre di gruppo – anche quattro o cinque volte alla settimana. Sono eclettico in quanto a tecniche, passo da Vinyāsa a Iyengar, da Hatha a Kuṇḍalinī. Quel che contava di piú, per me, era la qualità dei maestri: ne avevo selezionata una mezza dozzina, donne e uomini di varie età, che mi mettevano a mio agio. Mi affezionavo anche a compagni e compagne di corso, erano diventati parte della routine. Lo yoga mi ha fornito, in modo crescente col passare degli anni, un centro di gravità permanente, per citare Franco Battiato. È stato la mia guida, la mia protezione e la mia cura contro gli stress multipli legati al mio nomadismo globale dell'èra pre-COVID-19: ansie tensioni e logorii che andavano dal puro e semplice jet lag (nossignori, non ci si abitua affatto), alle diete tossiche da hotel + aereo, ai problemi piú seri come la distanza cronica dai propri cari. Tutte cose che ora mi sembrano appartenere a un passato lontanissimo, da guardare con nostalgia (il confino tra le pareti di casa non ha risolto però la questione degli affetti: mi ha incollato a mia moglie ma ha reso incolmabili le distanze dai nostri figli e da mia mamma). Lo yoga sembrava funzionare perfino come un super-stretching per attutire i danni dell'altra mia disciplina favorita, la maratona. E a lungo ho sperato che mi aiutasse a raggiungere un atteggiamento «zen» – uso la parola nell'accezione pop, volgarmente astratta dal suo significato storico. Forse mi ha aiutato a ridimensionare le preoccupazioni, a osservare la vita con distacco, dall'esterno. Quando mi inginocchio sul tappetino e inizio la posizione del cane o il saluto al sole, mi dico che il resto può aspettare.

Nella reclusione forzata ho riscoperto lo yoga individuale. Era da cinquant'anni che non lo praticavo cosí: da solo, senza maestri, lontano dai compagni. Frugando nella memoria mi sono ricordato il mio primo guru: al termine dei suoi corsi mi assegnava i compiti a casa, che a quindici anni eseguivo ogni sera in camera mia con una disciplina scrupolosa. Nel 2020 è stata una riconquista faticosa. Mi mancano l'occhio vigile della maestra o del maestro, gli ordini, le correzioni. Mi aiutavano a essere sottoposto a un ritmo. Preferivo essere circondato da altre allieve e allievi, quasi sempre migliori di me (soprattutto le donne). Ora mi sono dovuto adattare, per necessità. Evito i corsi online, non mi collego alle classi in videoconferenza. Non esistevano quando ero ragazzo e ho diverse obiezioni: la piú banale è che sono miope, non voglio usare gli occhiali per seguire in video una classe guidata. Perciò torno ai ricordi dell'adolescenza: camera da letto, silenzio totale, sforzo mnemonico per ricostruire le sequenze di posizioni, movimenti, respirazione, come i maestri comandano. Di sicuro sono piú lento e faccio piú errori. C'è un solo vantaggio. Non posso distrarmi, il pensiero non può uscire dalla stanza per girovagare, le preoccupazioni della vita e del lavoro non riescono a infiltrarsi nella pratica quotidiana, perché dovendo dare ordini a me stesso sono concentrato. Pianifico la prossima mossa, e quella dopo. Cerco di scoprire dove sto sbagliando. Sorveglio il mio respiro.

Ho riscoperto un grande classico, *Lo yoga* di Mircea Eliade, è un libro la cui prima edizione risale al 1954, ed esercitò un ruolo pionieristico per la comprensione dello yoga in Occidente. Autorevole e rigoroso, non fu letto abbastanza. Forse perché ebbe un decennio di anticipo sull'innamoramento di massa trainato da eventi come la Summer of Love di San Francisco nel 1967 e il viaggio dei Beatles in India. La storia di Eliade è sorprendente. Giovane romeno, comincia a interessarsi di yoga a diciannove anni da studente dell'università di Bucarest, perché soffre di insonnie feroci. Nel 1928 è a Roma quando s'immerge nella monumentale *History of*

Indian Philosophy di Surendranath Dasgupta. Nella prefazione legge un ringraziamento dell'autore al mahārāja di Kasim Bazar per la sua munificenza nel finanziare le ricerche sugli antichi filosofi. Eliade scrive al principe indiano chiedendogli una borsa di studio, e la ottiene. Parte per Madras, poi va a Calcutta, dove diventa allievo prediletto di Dasgupta e amico di Rabindranath Tagore, il piú grande poeta indiano del Novecento, premio Nobel per la Letteratura. Nel 1930 Eliade si fa praticamente adottare dal suo guru, vive in casa sua, vorrebbe sposarne la figlia ma viene respinto. Parte per un giro dell'India, approda al Kumbh Mela di Allahabad, dove all'apprendimento della filosofia unisce un severo tirocinio yoga sotto la guida di diversi asceti, i *sādhu*. Finisce in un *ashram* a Rishikesh, sulle rive del fiume Gange, proprio dove i Beatles andranno in pellegrinaggio trentotto anni dopo. Lí diviene discepolo di Swami Sivananda, luminare dello yoga e della filosofia indiana nel Novecento. Le peripezie di Eliade in India valgono tanti romanzi, includono episodi piccanti come la sua lunga esplorazione della variante tantrico-erotica. Accade nel febbraio del 1931 quando Mircea viene circuito da Jenny, un'intraprendente violoncellista sbarcata da Johannesburg. Jenny lo invita a casa sua col pretesto di ascoltare il *Peer Gynt*, e lo trascina in una maratona di esercizi sessuali. Yoga tantrico piú *Kāmasūtra*, nelle sue memorie Eliade conserva un ottimo ricordo di quel periodo durato alcuni mesi. Poi se ne distacca per tornare a perseguire correnti piú filosofiche. All'età di trent'anni sarà già considerato una delle autorità mondiali, rispettato dallo storico delle religioni Ananda Coomaraswamy e dall'orientalista Giuseppe Tucci. In seguito nessun trattato di yoga ha potuto esimersi dal fare i conti con il suo. Eliade, che scrisse altre opere pregevoli tra cui *Il mito dell'eterno ritorno*, ha saputo pensare i rapporti fra Oriente e Occidente con una profondità che ha pochi eguali. Lo studio dello yoga per lui offre all'uomo occidentale una via di fuga dalla trappola del tempo presente, un modo per liberarci dalla prigionia della Storia, ma evitando «detestabili ibridazioni spirituali». Dalla filosofia indiana lui estrae questa convinzione: la sofferenza umana, il nostro destino miserabile, non è dovuto a qualche castigo divino o a un peccato originale, bensí all'ignoranza. Non è un'ignoranza qualsiasi, è l'equivoco per cui scambiamo la nostra esperienza psichica con lo Spirito, con il Sé. Lo yoga autentico, ricostruito nella sua storia e nella sua pienezza, è un'ascesi e una tecnica di meditazione per raggiungere la liberazione attraverso la conoscenza. Leggendo Eliade sono costretto a «fare le mie scuse» allo yoga per come lo tratto da cinquant'anni. Ho sempre cercato di limitarmi a quello «fisico», e a tenere le distanze dalla dimensione filosofica o spirituale. Quell'intraprendente intellettuale romeno che divenne uno dei massimi conoscitori mondiali della disciplina è tassativo: non si può.

Il mio errore è abbastanza diffuso. Se lo yoga ha conquistato l'Occidente – e piú di recente la Cina – questo è avvenuto attraverso una lunga catena di fraintendimenti, manipolazioni, inganni. Fino alla vera e propria prostituzione, che lo ha trasformato in una moda e un business planetario. La storia d'amore fra l'America e lo yoga non è nata ieri. Il piú importante pioniere nell'esportazione di questa disciplina in Occidente è Swami Vivekananda, un esperto vero, uno studioso serio che alla fine dell'Ottocento si adopera per introdurre in Occidente una visione completa della civiltà indiana: lo yoga per lui è solo una parte di quel patrimonio culturale insieme alla filosofia e alla religione, alla letteratura e alla poesia. Nel 1893 Vivekananda fa una tournée a Chicago; fra i suoi ammiratori ci sono il magnate della finanza John D. Rockefeller, lo scrittore russo Lev Tolstoj, la romanziera americana Gertrude Stein. Nel 1896 i vip di San Francisco già affollano le lezioni di Hatha yoga di uno dei pionieri di questa disciplina, Pierre Bernard. Un genio nel promuovere la propria immagine di guru. Quel nome francese se l'è inventato, lui si chiama Perry Baker, originario dello Iowa, ma per i suoi discepoli è «The Great Oom». Quando la sua fama raggiunge la East Coast, una ricca ereditiera della famiglia Vanderbilt, Margaret, finanzia la creazione di uno *ashram* a Nyack, nello Stato di New York, perché Baker-alias-Bernard possa diffondere il verbo nell'alta società di Gotham City. A partire dal 1910 molte celebrità della vita mondana newyorchese praticano regolarmente la disciplina venuta dall'India: dalla star di Broadway Lillian Russell al compositore Leopold Stokowski, dallo scrittore britannico Francis Yeats-Brown a tutta la dinastia miliardaria dei Vanderbilt. Nei ruggenti anni Venti quell'infatuazione esotica è riservata all'establishment del denaro o della cultura, il cui stile di vita rimane inaccessibile per la maggioranza degli americani. La prima diffusione dello yoga tra le masse avviene invece negli anni Cinquanta e Sessanta, con le ondate di orientalismo che ho raccontato: il *Siddharta* di Hesse, i poeti della Beat Generation in California negli anni Cinquanta, infine i figli dei fiori del movimento hippy. Il 1968 è l'epoca in cui lo star system sposa lo yoga con la società dei consumi. Quando i Beatles vanno in India al loro seguito viaggiano altre celebrity tra cui l'attrice Mia Farrow, giovanissima ma già celebre esponente del jet set hollywoodiano. La conversione della Farrow allo yoga segnala un fenomeno di massa: insieme con l'attrazione della corrente New Age per le religioni esotiche e tutto ciò che viene dall'Asia, anche il «saluto al sole» diventa parte di un rito condiviso da un'intera generazione.

Nel 2014 pubblicai un libro, *All You Need Is Love*, nel quale usavo le canzoni dei Beatles per raccontare la crisi contemporanea; lo adattai per uno musical. Portandolo in scena nei teatri, la parte dello spettacolo che suscitava sempre l'ilarità del pubblico era quella sul viaggio in India. Di aneddoti comici ce ne furono tanti ma sullo sfondo c'era un tema serio. Nella grande confusione che regna sotto il cielo del 1968, le gioventú del mondo si rivoltano: i pacifisti americani che non vogliono mettersi la divisa per andare a uccidere vietnamiti (o a morire), gli studenti del Maggio parigino e delle università occupate in tutta l'Europa, i ragazzi a Praga massacrati dai carri armati sovietici, le guardie rosse che Mao istiga a «sparare sul quartier generale» cioè a rovesciare l'establishment. In quel pandemonio i

Beatles partono a cercare l'illuminazione in India. Senza essere degli ideologi, intuiscono che una parte della gioventú occidentale non vuole cambiare la propria società ma uscirne del tutto, approdare in un altrove magico, dall'altra parte dell'universo. L'India artefatta, un mosaico d'immagini dove si mescolano Gandhi lo yoga e l'oppio, diventa una terza via tra il materialismo dell'Occidente e l'Oriente rosso del maoismo.

Across the Universe è un cantico in omaggio alla saggezza orientale. *Jai Guru Deva Om*: «gloria al maestro divino, al guru che scaccia le tenebre». In realtà John Lennon la compone, sotto l'influenza della droga psichedelica Lsd, undici giorni prima di partire per Madras, l'inizio del suo itinerario indiano. La canzone mistica nasce, racconta John, dalla crescente esasperazione nei rapporti con la sua prima moglie Cynthia. «Me ne stavo lí a letto, sdraiato a fianco a lei, irritato. Aveva passato la sera a farmi rimproveri, e le sue lamentele continuavano a risuonarmi nella testa, all'infinito, come una corrente inarrestabile. Andai al piano di sotto a suonare, e invece di una canzone arrabbiata venne fuori questa cosa cosmica, per fortuna». Talmente cosmica che la Nasa, per celebrare il proprio cinquantesimo anniversario, il 4 febbraio 2008 trasmetterà nello spazio la canzone, «puntandola» in direzione della Stella polare, insomma cercando letteralmente di farla sentire dall'altra parte dell'universo. Paul McCartney quel giorno invia un messaggio di congratulazioni all'ente spaziale americano: «Ben fatto, Nasa! Mandate tutto il mio affetto agli alieni. Baci. Paul».

La spedizione in India della band inglese ha una destinazione precisa e un antefatto. Loro partono nel 1968 per raggiungere il guru indiano Maharishi Mahesh nel suo *ashram*. Ma non è la prima volta che lo incontrano. Lo yogi si è già conquistato un «mercato» sulla West Coast californiana, dove alcune migliaia di adepti, «figli dei fiori», seguono i suoi insegnamenti. Preceduto dalla sua fama americana, nell'agosto 1967 Maharishi sbarca a Londra e vi affitta un salone dell'hotel *Hilton* per impartire lezioni di meditazione trascendentale: una tecnica di concentrazione per astrarsi dal «rumore di fondo» del mondo esterno, affrancarsi dalle sirene del materialismo, padroneggiare le tecniche del silenzio contemplativo. George Harrison, il piú hippy dei quattro Beatles, ha già cominciato a appassionarsi di antica saggezza indiana, e trascina i suoi compagni alla scoperta dello yogi. Che cosa può accadere quando i quattro cantanti pop piú celebri della storia incontrano un santone interessato a «vendere» le proprie ricette all'Occidente? Di tutto. L'antefatto al pellegrinaggio indiano è un incontro a una conferenza del guru nel Galles. Sullo stesso treno che porta i Beatles nella provincia britannica viaggia anche Maharishi. La trasferta dei quattro ragazzi di Liverpool attira come sempre un'attenzione ossessiva, eserciti di fan e giornalisti. Seduto a gambe incrociate, circondato dai reporter nel suo scompartimento, beato come una Pasqua per tutta quell'attenzione attorno a lui, l'indiano si fa delle risate talmente fragorose che salta e rimbalza sul sedile. La scenetta ispirerà un'altra canzone, di McCartney: *The Fool on the Hill*, lo scemo sulla collina; dove Paul in realtà difende lo yogi, trattato come lo scemo del villaggio, e descrive il suo riso come una forma di distacco dalle cose terrene. Il geniale Maharishi – che in patria molti considerano un impostore e un ciarlatano – sembra possedere un tocco magico. Forse anche il tocco di Re Mida. Aspira a farsi assegnare una percentuale sulle royalty dei dischi dei Beatles, per finanziare il Movimento di rigenerazione spirituale. Non ci riuscirà, ma non per questo i suoi affari andranno male: trent'anni dopo il viaggio dei Beatles il nome di Maharishi riaffiora sulle cronache occidentali, stavolta nelle pagine finanziarie. Nel 2007 il guru ha aperto il Maharishi Global Financial Capital acquistando una sontuosa sede a Manhattan a due passi dalla Borsa di Wall Street, in una palazzina di cinque piani. Il guru spiega di aver scelto quella sede «per ragioni sia spirituali che pratiche». È uno dei pochi immobili in tutta New York a essere perfettamente rivolto a Oriente, in conformità con le regole della «architettura vedica». Inoltre, il cuore della capitale finanziaria dell'America è il luogo ideale «per insegnare ai banchieri a orientare le finanze del mondo in una direzione positiva». Nella stessa occasione si scopre che il Maharishi nei trent'anni post-Beatles ha aperto in America quattro «palazzi della pace» dove si insegna «lievitazione yoga», e gestisce una Maharishi University of Management a Fairfield, in Iowa.

L'elenco della star che hanno seguito l'esempio dei Beatles arriva fino ai nostri giorni. L'attrice

Jennifer Aniston, resa celebre da *Friends*, ha dichiarato al magazine «People»: «Lo yoga ha stravolto la mia vita». Madonna, Santana e Sting appartengono allo stesso movimento dei «convertiti». Lo yoga in America è diventato un Big Business. Con venti milioni di praticanti regolari, e un fatturato annuo di dieci miliardi di dollari. La ricerca della pace dei sensi è ormai un lusso, una speculazione, con tariffe sovrapprezzo. Nei quartieri benestanti di Manhattan e Boston, Los Angeles e San Francisco, i negozi della catena Lululemon sono il massimo dello chic per chi vuole vestirsi «semplicemente» per il tappetino e gli esercizi di respirazione. Alcuni maestri di yoga arrivati nell'empireo delle star, come Bikram Choudhury e Sharon Gannon, sono miliardari.

Il successo pop dello yoga ha raggiunto una dimensione tale che alcuni vi hanno visto una minaccia per l'identità religiosa dell'Occidente, il nucleo duro dei nostri valori piú sacri. Nel 1989 l'allora cardinale Ratzinger sostiene che certi esercizi spirituali, tra cui lo yoga, «possono degenerare in un culto del corpo». Le sensazioni piacevoli che si ricavano dallo yoga, sosteneva il teologo tedesco e futuro papa, non vanno confuse con la vera «salute spirituale». Dietro quella condanna c'era probabilmente il timore che con lo yoga si diffondessero credenze tipiche della New Age, come l'astrologia o la reincarnazione. Un rigetto analogo c'è stato negli ambienti del fondamentalismo protestante – i «cristiani rinati», chiese radicate negli Stati Uniti, a cui appartiene l'ex presidente George W. Bush, e che hanno votato in massa per Trump. Secondo loro è impossibile scindere lo yoga dall'induismo, religione politeista e quindi dedita alla «idolatria», un sistema di credenze con cui non ammettono compromessi. Come antidoto in America è nato un nuovo filone: lo «yoga cristiano». Una delle pioniere è stata Janine Turner, il cui Dvd intitolato *Christoga* educa a «riempire il corpo con lo yoga, riempire l'anima con Cristo». In Alabama una chiesa metodista ha offerto ai suoi fedeli corsi regolari di «Yoga for Christians»: gli esercizi fisici restano quelli prescritti dalla tradizione indiana, i canti in sanscrito invece vengono sostituiti dalla recitazione di brani della Bibbia. Un'istruttrice, Laurette Willis, ha ribattezzato i movimenti yoga con termini che evocano la religione cristiana, per esempio la «posizione dell'angelo».

Un altro passaggio nell'ascesa globale di questa disciplina, e nel suo stravolgimento, è lo Yoga Day celebrato nel mondo intero il 21 giugno di ogni anno su decisione delle Nazioni Unite, a partire dal 2015. La giornata viene festeggiata in molti Paesi con raduni all'aperto, uno dei quali si tiene di fronte al Palazzo di vetro, la sede Onu a New York; un altro, sempre a Manhattan, nella piazza piú luminosa del pianeta, Times Square. Coincide con il solstizio d'estate, felice sovrapposizione: chi pratica lo yoga cerca anche un equilibrio olistico, in sintonia con la natura. Ma è evidente l'uso politico dello yoga da parte del premier indiano Narendra Modi. La proclamazione Onu è anche un suo successo. Dietro c'è l'integralismo indú che recupera lo yoga come una parte del patrimonio nazionale e della propria identità. «È un'antica disciplina fisica, mentale e spirituale, il cui nome viene dal sanscrito e significa unire, fondere, simbolizza l'unione tra il corpo e la coscienza». Cosí recita il documento dell'Onu che ha istituito la ricorrenza annua. Un'altra ragione dietro questa consacrazione, e a sostegno del boom globale, è il salutismo di massa. Lo stesso documento delle Nazioni Unite fa riferimento alle raccomandazioni dell'Organizzazione mondiale della sanità, per promuovere le attività fisiche che possono contrastare le malattie cardiovascolari o il diabete. Centosettantasette Stati membri hanno aderito all'iniziativa, convinti che «lo stile di vita, individuale e collettivo, è un fattore determinante della salute». Lo yoga si è innestato su questa nuova consapevolezza, adattandosi bene alla nostra demografia: è un'attività soft, non conosce limiti di età, fattibile senza controindicazioni anche da parte di bambini, anziani, donne incinte; non potevano mancare i corsi per cani. Modi in persona, ogni anno presiede un megaraduno yoga con decine di migliaia di partecipanti a New Delhi. Scuole e uffici pubblici sono precettati per una partecipazione di massa della popolazione. Non era proprio cosí democratico, lo yoga, alle origini: praticato soprattutto dai bramini al vertice della piramide sociale, per secoli fu vietato alle caste inferiori. L'appropriazione da parte di Modi ci ricorda un'altra delle correnti antiche dello yoga, quella guerriera: ne esisteva la versione come arte marziale. Quando la East India Company espugnò Delhi, all'inizio dell'avventura coloniale inglese, fu anche perché l'armata di uno yogi-guerriero aveva indebolito l'impero Maratha. Il premier Modi è solo l'ultimo di una serie di indiani che giocano con furbizia sull'immenso equivoco che avvolge lo yoga in Occidente.

Il primo passo per la meditazione yoga è la concentrazione su un singolo oggetto; che sia fisico (lo spazio fra le sopracciglia, la punta del naso, una luce), un pensiero (una verità metafisica), o Dio non fa alcuna differenza. Quante volte mi sono sentito ripetere queste istruzioni dai miei maestri. Concentrarsi su qualcosa, mi spiegavano, aiuta a censurare le distrazioni e gli automatismi che dominano la nostra coscienza. Siamo in balia delle associazioni d'idee, innescate da sensazioni. Ci lasciamo dominare dall'esterno. «Il primo dovere di chi approccia allo yoga è proibirsi di pensare. Cioè controllare due motori della fluidità mentale: l'attività dei sensi, e quella del subconscio». Rimugino queste regole, da solo nella mia cameretta dove lo yoga è tornato a essere una attività solitaria. Con un orgoglio di cui oggi mi pento, per cinquant'anni ho disubbidito ai maestri. L'ho fatto convincendomi che era una forma di rispetto. Tutto quello che c'è dietro lo yoga – storia millenaria, stratificazioni di pensiero filosofico, spiritualità – mi sembrava troppo importante e distante dalla mia formazione. Essendo ateo, m'infastidiva la moda delle religioni orientali. Il mio yoga cominciò cinquant'anni fa proprio in una di quelle fasi d'infatuazione collettiva dalla quale prendevo le distanze. Sottopormi a una spruzzatina di concetti induisti o buddhisti mi pareva offensivo verso quella civiltà. Andare piú a fondo, non volevo. Fui cosí, fin da adolescente, un praticante laico, cultore dello yoga «solo fisico». Qualche volta ne ho parlato con maestri o maestre, anche in India, e sono stato incoraggiato dalla loro comprensione. Altre volte imbrogliavo. Nei minuti finali del corso, quando ci si sdraia in terra, si rilassa ogni muscolo, si rimane in silenzio, si ha un'occasione per meditare o fare il vuoto dentro di sé. Invece io lascio briglia sciolta ai miei pensieri. Ripasso le incombenze delle ore successive, gli articoli da scrivere, un libro da finire, un progetto futuro.

Il benessere psicofisico che mi ha sempre dato lo yoga mi appagava e mi bastava. Provavo fastidio verso qualche compagna o compagno di corso che mi sembrava vagare verso un Oriente immaginario, versione New Age. I soggiorni in India mi avevano messo soggezione nei confronti di quella cultura, e l'occidentale «convertito» spesso mi appariva una caricatura o un impostore.

Nella riscoperta obbligata dello yoga solitario mi guida Eliade. Il suo trattato si può anche usare come un manuale d'istruzioni. In piedi, fermo, ripasso la sua descrizione dell'*asana* che dà al corpo una rigidità stabile, riducendo al minimo lo sforzo fisico, la disciplina del respiro che rallenta, trattiene i flussi d'aria come tecnica per regolare la coscienza. Ma Eliade è tassativo sul fatto che lo yogin deve separarsi dal mondo profano (famiglia, società), «morire a questa vita per rinascere». L'ascesi è inscindibile dalla tecnica. Per cinquant'anni mi sono illuso di praticare il self-service dello yoga, prendendo il lato facile. Non sono andato oltre la superficie. Nella reclusione da pandemia, l'ascesi mi appare in una prospettiva nuova, che non avrei immaginato: è il mondo reale (quello di una volta) a essersi allontanato da noi. La «vita profana» ci ha voltato le spalle. Lasciandomi solo, in una cameretta, a ripensare cosa c'è dietro quelle posizioni, quei movimenti, quei ritmi del respiro studiati per duemila anni.

Capitolo decimo
Germi e scontro di civiltà

> Quando l'Agnello aprí il quarto sigillo, udii la voce del quarto essere vivente che diceva: «Vieni». Ed ecco, mi apparve un cavallo verdastro. Colui che lo cavalcava si chiamava Morte e gli veniva dietro l'Inferno. Fu dato loro potere sopra la quarta parte della Terra per sterminare con la spada, con la fame, con la peste e con le fiere della Terra.
>
> *Apocalisse* 6,7

> Come i Flagellanti che vagavano per l'Europa durante la peste nera autofustigandosi e piangendo i propri peccati, esperti e politici annunciano solennemente: la risposta fallimentare al coronavirus dimostra che la società americana è malata e che la leadership globale dell'America è morta.
>
> WALTER R. MEAD,
> *U. S. Leadership Will Survive Coronavirus*,

Pestilenze, epidemie sono state considerate dei castighi divini: inflitti ai popoli e a chi li governa, per punirli delle loro colpe. In Asia la tradizione che vede il contagio di massa come un flagello inviato dal Cielo è ancora piú antica e radicata che in Occidente. L'*Apocalisse* o *Rivelazione* è forse il testo piú «orientale» del Nuovo Testamento. Profezia sulla fine del mondo e sul Giudizio universale, riscoperta e celebrata senza sosta da duemila anni anche per le sue straordinarie qualità letterarie, si ricollega al filone dei profeti ebraici del II secolo a. C. come Daniele, Gioele, Zaccaria. Le prime narrazioni apocalittiche della Bibbia ebraica furono a loro volta influenzate da religioni orientali come lo zoroastrismo; ed è tipicamente di origine cinese il drago che si affaccia a piú riprese nel *Libro della Rivelazione*. L'*Apocalisse* di Giovanni, che si rivolge in un primo momento alle comunità cristiane dell'Asia minore, è anche una risposta alle persecuzioni organizzate dall'imperatore Domiziano. Tra i flagelli annunciati c'è l'epidemia di peste, «una piaga dolorosa e maligna sugli uomini che recavano il marchio della bestia e si prostravano davanti alla sua statua». Appaiono delle invasioni di cavallette che oggi diremmo «mutanti», perché anziché distruggere i raccolti – una calamità fin troppo reale e frequente, all'origine di grandi carestie, miseria di massa, ecatombi di contadini morti per fame – questi animaletti precursori della fine del mondo danneggiano gli uomini che non hanno il sigillo di Dio sulla fronte. Le cavallette hanno «code come gli scorpioni, e aculei. Nelle loro code il potere di far soffrire gli uomini per cinque mesi». Nel contesto storico del suo tempo, i flagelli dell'*Apocalisse* sono minacce rivolte contro i fedeli di religioni pagane, e contro l'Impero romano. Il millenarismo nella storia ha avuto spesso una duplice interpretazione: l'attesa del Giudizio universale si accompagna alla previsione di sconquassi politici ed economici, il crollo di un impero, la decadenza terminale di una civiltà. È al tempo stesso il momento di una punizione estrema imposta a comportamenti viziosi e peccaminosi del genere umano.

Le epidemie nell'immaginario della specie umana fanno parte dei segnali premonitori che un ordine del mondo sta morendo, dunque è inevitabile chiedersi se anche il coronavirus annuncia la fine di un ordine mondiale. Se questa pandemia indica il crepuscolo tragico di un'epoca, quali imperi e quali civiltà ne usciranno sconfitti? Chi si risolleverà per primo e risulterà vincitore? Migliaia di anni di confronto-scontro fra Oriente e Occidente tornano di attualità e acquistano all'improvviso un senso nuovo, una rilevanza drammatica di fronte a questa prova. Oltre alla possibilità che la pandemia diventi l'arbitro supremo di uno scontro di civiltà, selezionando le nazioni piú forti e accelerando la decadenza delle piú deboli, c'è anche l'opzione di un Giudizio universale in chiave postmoderna. Cioè il flagello come un castigo divino che colpisce certe categorie di peccatori: in un'èra segnata dalla cultura salutista, i medici cinesi hanno subito evidenziato il tasso di mortalità da coronavirus molto superiore tra i fumatori; i medici americani hanno detto lo stesso degli obesi; gli ambientalisti in Europa hanno puntato il dito contro l'inquinamento della Lombardia come un fattore aggravante; il premier britannico Boris Johnson ha fatto un (breve) tentativo di «selezione della specie» teorizzando un'immunità di gregge in nome della quale si potevano sacrificare gli anziani. Tutti apocalittici davvero: le categorie piú disparate hanno ripreso la tradizione millenaria che incolla le pestilenze a chi se le merita, dietro il virus vede la mano divina contro gli ingiusti e gli empi. «Ma per i vili e gl'increduli, gli abietti e gli omicidi, gl'immorali, i fattucchieri, gli idolatri e per tutti i mentitori è riservato lo stagno ardente di fuoco e di zolfo. È questa la seconda morte».

L'effetto che prevarrà nel lungo periodo è soprattutto quello sulla rappresentazione che noi ci facciamo dello scontro di civiltà. Il flagello accelera una resa dei conti, fra Oriente e Occidente chi ne esce meglio avrà «la stella radiosa del mattino» dalla sua parte. I bilanci sono già cominciati. Per alcuni sono già finiti e il verdetto è tremendo. Riecheggia l'Ode funebre su Roma che è nell'*Apocalisse*: «Guai, guai, immensa città, Babilonia, possente città; in un'ora sola è giunta la tua condanna!»

Malgrado l'immensa popolarità dell'*Apocalisse* tra i fondamentalisti cristiani negli Stati Uniti, i quali la interpretano in senso letterale, il coronavirus nel 2020 non ha scatenato fra di loro nuove attese sulla fine del mondo imminente. Forse perché molti degli evangelici e «cristiani rinati» votano a destra e dal 2016 si erano convinti che Donald Trump è un presidente mandato da Dio. Si sono rafforzati in quella certezza dopo che lui ha trasferito l'ambasciata degli Stati Uniti da Tel Aviv a Gerusalemme, riconoscendo quest'ultima come la capitale d'Israele. Due esponenti della corrente fondamentalista e apocalittica, gli scrittori Jeff Kinley e Gary Ray, hanno spiegato in un'intervista al «Washington Post» che il coronavirus potrebbe sí essere un ultimatum mandato da Dio per spingere l'umanità alla conversione di massa; ma non è ancora un presagio della fine del mondo, perché le Scritture dicono che prima dovrà essere ricostruito il tempio originario di Gerusalemme. La Bibbia secondo loro è molto specifica sulla sequenza esatta di eventi che precedono il Giudizio universale, e la sciagura della pandemia non basta da sola. Il 2020 comunque era iniziato con altri segnali da *Libro della Rivelazione*: un'invasione di miliardi di locuste in Africa orientale, incendi devastanti in Australia. Il quarantaquattro per cento degli elettori americani considerava la pandemia e la depressione economica conseguente come un segno divino per provocare il risveglio della fede, oppure l'annuncio dell'imminente Giudizio universale, o tutt'e due le cose insieme, secondo un sondaggio organizzato a marzo dal gruppo evangelico Joshua Fund. Il pastore David Jeremiah, uno degli evangelici piú vicini a Trump, in un sermone ha definito il coronavirus «la cosa piú simile all'*Apocalisse* che sia mai accaduta a noi».

L'*Apocalisse* dominava la visione millenarista che dilagò tra gli inglesi durante la peste bubbonica del 1665, quella che decimò la popolazione di Londra. Molti allora si convinsero che la fine del mondo sarebbe arrivata l'anno successivo, anche perché la sequenza di tre numeri sei fa parte della simbologia esoterica di alcune religioni orientali e si ritrova nel *Libro della Rivelazione*.

La tradizione prevalente che lega i flagelli al destino degli imperi è quella cinese. Dalla nascita della civiltà cinese il potere degli imperatori è stato associato al concetto del «mandato celeste», una legittimazione che viene dall'alto. In Occidente abbiamo avuto qualcosa di simile: gli imperatori romani che si facevano equiparare a dèi, o la dottrina delle monarchie «di diritto divino». La versione cinese è precedente e piú radicale. Da un lato ha visto per millenni l'imperatore come un

Figlio del Cielo. Dall'altro ha trasmesso nel tempo la convinzione che il mandato divino è revocabile. Quando l'autorità celeste stabilisce che un sovrano è incapace o immorale, ha un modo per avvisare che quel regno deve concludersi: colpisce i cinesi con calamità naturali, inondazioni o siccità, cavallette o terremoti, invasioni barbariche, e naturalmente le epidemie. Dalle origini della civiltà cinese c'è l'idea che l'esercito e il popolo hanno il diritto-dovere di ribellarsi e di deporre un imperatore, quando i segnali di sfiducia dal Cielo sono chiari. Un pensatore raffinato come Confucio, pur essendo ateo o agnostico, indifferente alla religione, fece propria quella credenza affermando che sudditi, funzionari e soldati possono disubbidire a un sovrano incapace e perfino rovesciarlo. Queste credenze vennero liquidate come superstizioni retrograde da Mao Zedong, comunista ateo, dopo la vittoria della rivoluzione e la fondazione della Repubblica popolare nel 1949. Ma sotto l'attuale presidente Xi Jinping è in atto un'operazione evidente di recupero delle tradizioni, incluso il confucianesimo: è un'operazione ideologica in chiave antioccidentale perché rivaluta un insieme di valori autoctoni. Inoltre Xi da quando è salito al potere nel 2012 ha edificato una presidenza «imperiale»: ha accentrato nelle proprie mani i poteri di governo, ha fatto modificare la Costituzione per togliere il limite alla durata del proprio mandato (che doveva scadere nel 2022), ha rilanciato un culto della personalità simile a quello dei tempi di Mao. Perciò, quando sul finire del 2019 è stato raggiunto dalle prime notizie sul coronavirus, e nel gennaio 2020 ha capito di non poter piú nascondere l'epidemia, Xi deve aver temuto il peggio. Un flagello come quello iniziato nella città di Wuhan, nella provincia dello Hubei, ai cinesi impregnati di tradizioni poteva apparire una revoca del mandato celeste, incoraggiare dissensi e proteste, precipitare una crisi politica del regime e la fine del suo leader. Al di là delle credenze antiche, c'è il fatto che Xi ha sempre teorizzato l'efficienza del suo sistema di governo. Questa era una prova di vita e di morte, in tutti i sensi. Un'epidemia di tale gravità è un test che si presenta una volta in un secolo. Oltre alla sopravvivenza di tanti cinesi metteva in gioco la credibilità del regime.

Con le epidemie la Cina ha una familiarità antichissima: risale alla sua preistoria. La maggior parte delle malattie umane proviene da animali che ci trasmettono i loro virus, funghi, parassiti o batteri. Il meccanismo di trasmissione si è rafforzato circa diecimila anni fa con la nascita dell'agricoltura, che ha comportato una convivenza ravvicinata tra noi e gli animali addomesticati. Prima, cioè per la parte di gran lunga piú estesa dell'esistenza umana, vivevamo in piccole tribú di cacciatori, pescatori, nomadi, abituati ad alimentarci catturando selvaggina o cogliendo frutti, noci e piante selvatiche. Finché eravamo nomadi, cioè durante quei due milioni e ottocentomila anni che hanno plasmato il nostro organismo, il contatto con gli animali era occasionale, ostile, sporadico e breve. Con l'agricoltura li abbiamo schiavizzati, ce li siamo messi in casa. I nomadi si spostavano di continuo, allontanandosi cosí dalle proprie feci e dai cadaveri, umani e animali. Con la coltivazione dei campi le feci sono diventate concime e parte del nostro habitat sedentario. Maiali e galline, anatre e cani hanno condiviso con noi i pochi metri quadri delle abitazioni contadine, in una pericolosa promiscuità, insieme coi roditori attirati dalle scorte di riso e cereali. La civiltà agricola dunque è patogena e ci ha inflitto una serie di malattie che prima non esistevano o non facevano il salto dalla specie animale a quella umana. Nella salma mummificata del faraone egiziano Ramsete V, morto nel 1145 a. C., sono state rilevate tracce evidenti del vaiolo: è una delle tante malattie passate dall'animale all'uomo. I primi a inventare una sorta di protovaccino contro il vaiolo furono proprio i cinesi, che da quel morbo erano stati infettati per millenni. Usando un metodo rudimentale, i cinesi graffiavano i bambini per procurargli piccole ferite, nelle quali applicavano minuscole quantità di pelle essiccata prelevate dalle pustole dei malati di vaiolo. Meno efficace della vaccinazione moderna che in Occidente lo ha sconfitto (una scoperta del medico inglese Edward Jenner, nel 1796), quella cinese era tuttavia la conseguenza di una lunga dimestichezza con il contagio. La prima descrizione scientifica accurata dei sintomi del vaiolo è del medico cinese Ge Hong nel III secolo d. C.

Da quando esiste, la civiltà cinese è stata un incubatore di epidemie. Per una ragione semplice: è stata quasi sempre la piú popolosa della Terra, con alte concentrazioni di abitanti, una densa promiscuità tra umani e animali che ne fa un laboratorio ideale per il trasferimento dei germi. La storia dell'Occidente annovera una lunga scia di epidemie venute dalla Cina. L'epidemia Antonina, detta anche epidemia di Galeno dal nome del medico greco che la studia, colpisce l'Impero romano nel 165 d. C. e lo devasta per quindici anni. La sua origine è nella Cina della dinastia Han, che la cataloga in dettagliati annali tra le epidemie ricorrenti. Con ogni probabilità si tratta di un contagio doppio, di vaiolo e morbillo. Non esistono jet né navi da crociera nel II secolo d. C., eppure il contagio viaggia senza ostacoli attraverso le pianure dell'Asia centrale, sul suo cammino semina distruzione con un tasso di mortalità stimato al venticinque per cento, decima le legioni romane ma anche i loro nemici delle tribú germaniche, paralizza a lungo il traffico commerciale indo-romano lungo le vie della seta. Raccontata nelle memorie di Marco Aurelio e nelle opere di molti letterati dell'epoca, tra cui lo scrittore greco Luciano di Samosata, l'epidemia Antonina spopola l'Europa, alcune città rimangono disabitate dopo il suo passaggio. Tali sono la vastità e la capacità di distruzione da farla registrare dagli epidemiologi come la Prima pandemia globale della storia. Fra gli altri contagi «illustri» che dall'Oriente colpiscono l'Occidente, c'è la peste nera del Trecento raccontata da Giovanni Boccaccio nel *Decameron*. Gli storici la definiscono la Seconda pandemia globale e anche questa nasce in Cina; tra i focolai originari figura la stessa zona dello Hubei dove ha avuto inizio il coronavirus. Le prime segnalazioni cinesi risalgono al 1308. È trasmessa all'uomo dai roditori attraverso il virus

Yersinia pestis. Si diffonde lungo le vie della seta dal 1331 al 1353, trasportata dalle armate mongole. A introdurla in Italia sono dei mercanti genovesi che se la sono presa in Crimea nel 1347. Alla fine in tutta l'Eurasia farà dai duecento ai quattrocento milioni di morti. La Terza pandemia è ancora cinese, ed è sempre di peste bubbonica: ha il suo focolaio iniziale nel 1855 sotto la dinastia Qing, nella regione dello Yunnan. Devastante all'inizio soprattutto in Asia, con una particolare recrudescenza in India (dieci milioni di morti), arriva fino alle Hawaii nel 1899 e a San Francisco nel 1900: è in questi contagi che le quarantene mirate contro i cinesi degenerano in episodi di violenza, come l'incendio doloso appiccato alla Chinatown di Honolulu per «disinfettarla». La Terza pandemia continuerà a fare vittime in America latina fino al 1912. Prima, Seconda e Terza pandemia cinesi sono state cosí numerate per il bilancio eccezionale delle vittime in tutto il mondo; ma in mezzo a questi tre contagi ce ne furono molti altri. Non tutti originati in Cina; anche se le vie della seta furono quasi sempre delle «autostrade perfette» per la trasmissione del contagio nella massa continentale eurasiatica. Per rimanere nelle epidemie associate a capolavori letterari, quella della *Morte a Venezia* di Thomas Mann è di colera e viene dall'India, ancora lungo l'asse Oriente-Occidente. Le vie di comunicazione, che da millenni fanno dell'Eurasia uno spazio unico, non sono soltanto un fattore di vulnerabilità. Sono anche una delle nostre forze. Nel lunghissimo periodo, l'essere stati esposti a contagi cosí frequenti e micidiali ha costruito per gli europei e gli asiatici delle forme di «immunità di gregge». Il fatto invece che le Americhe fossero state separate fino a costituire una biosfera autonoma rese gli autoctoni del tutto indifesi quando da Cristoforo Colombo in poi gli portammo nuovi germi. E tuttavia le nostre immunità di gregge hanno dei limiti, purtroppo. Tanto piú che la modernità ha effetti ambivalenti sulla salute. Le conquiste dell'igiene pubblica – in larga parte provocate dalle ultime pandemie che colpirono l'Occidente tra l'Ottocento e il primo Novecento – hanno reso le società piú salubri e l'Asia si è convertita alla nostra scienza medica. I progressi sono stati spettacolari, per esempio la scoperta di vaccini come quello di Jonas Salk, che dal 1955 ha debellato la poliomielite; anche se una reazione di rigetto con il movimento no-vax ha messo di recente a repentaglio l'immunizzazione collettiva. Aggiungiamoci gli antibiotici e altre scoperte mediche, che hanno ridotto la mortalità per l'intero genere umano (perfino nelle aree piú povere dell'Africa oggi muoiono meno giovani che nella Londra di duecento anni fa). Al tempo stesso, la frequenza delle pandemie sta accelerando a dismisura. David Finnoff, della University of Wyoming, analizzando gli studi di statistica delle epidemie ha scoperto che in passato la media era di tre eventi globali in un secolo; ma dall'inizio del XXI abbiamo già avuto la Sars nel 2002-2003, la suina H1N1 nel 2009, la Mers nel 2012, l'Ebola nel 2014-2016, la Zika nel 2015 e una pandemia di febbre Dengue nel 2016. La frequenza era già piú che raddoppiata dagli anni Quaranta agli anni Sessanta. Una parte della spiegazione riguarda la nuova velocità e intensità dei flussi globali. La città di Wuhan, pur senza essere una delle maggiori attrazioni turistiche della Cina, nel 2000 aveva ospitato venti milioni di visitatori (per lo piú nazionali); nel 2018 erano saliti a duecentottantotto milioni con un incremento superiore al mille per cento. Da Wuhan a Pechino ci volevano dieci ore di treno, adesso con l'alta velocità ne bastano cinque. La sua stazione ferroviaria gestisce un miliardo e duecento milioni di viaggi all'anno. I passeggeri in volo tra la Cina e gli Stati Uniti erano stati settecentomila nell'anno della Sars; nel 2019, prima del coronavirus, erano saliti a otto milioni e mezzo.

Non c'è solo la dottrina cinese sul mandato celeste a collegare le epidemie con la decadenza di intere dinastie, imperi, civiltà, e l'avvento di nuove epoche. Gli storici europei dei nostri tempi hanno analizzato l'epidemia Antonina come un acceleratore della fine dell'Impero romano. La peste nera del Trecento è stata considerata – insieme con altri fattori tra cui il cambiamento climatico – una delle levatrici del Rinascimento e di profondi mutamenti politici in tutta l'Europa. Quella del Seicento, raccontata dal Manzoni nei *Promessi sposi*, precipita il declino dell'Italia. La peste inglese del 1665 indebolisce il regno e sguarnisce a tal punto i ranghi della forza pubblica che nel 1666 il grande incendio di Londra imperversa per una settimana devastando il centro della capitale. Settantamila londinesi rimangono senza tetto, scoppiano rivolte. L'idea che un'epidemia sia spesso seguita da un collasso dell'ordine sociale è molto chiara nelle pagine del Manzoni e non solo. Si è talmente consolidata nella memoria storica, che all'arrivo del coronavirus nel 2020 abbiamo avuto un immediato aumento delle vendite di armi negli Stati Uniti: molti cittadini (tra loro, una percentuale elevata di donne) dopo il contagio e la crisi economica prevedevano rapine, saccheggi e violenze.

Nel 1793 una pandemia di febbre gialla arriva in America dall'Africa sulle navi degli schiavisti, trasmessa dalla zanzara Aedes Aegypti e con tassi di mortalità del cinquanta per cento. Stermina un decimo della popolazione di Philadelphia, allora capitale degli Stati Uniti. Costringe alla fuga in campagna il presidente George Washington, il suo governo e l'intero Congresso, contribuendo a imprimere nella giovane classe dirigente della nuova nazione un radicato pregiudizio a favore del modello rurale e contro i «miasmi» delle città. Nel Settecento, come oggi, New York in quanto porto globale è il canale d'ingresso di tutte le infezioni venute dal resto del mondo. Nell'estate del 1832 la fuga dei ricchi dalla città, stavolta contagiata dal colera, viene paragonata dai contemporanei «al panico di Pompei sommersa dalla lava». La ricorrenza di pandemie negli Stati Uniti dell'Ottocento contribuisce alle legislazioni restrittive sull'immigrazione: vengono prese di mira singole etnie, in particolare la cinese.

Uno studioso americano di geopolitica, Robert Kagan, ha rivisitato il ruolo della Spagnola del 1917-1918 collocandola al centro di una concatenazione di eventi – due guerre mondiali, la Rivoluzione d'ottobre in Russia, la Grande depressione, i nazifascismi – nei quali quella terribile influenza ha un impatto cruciale sovrapponendosi ad altri traumi collettivi e moltiplicandone la durezza.

Al di là delle suggestioni apocalittiche, perché le grandi epidemie da millenni possono davvero decidere il corso della storia umana? Ci sono spiegazioni razionali. Da un lato la calamità sanitaria ha una conseguenza diretta sulla popolazione, può decimare alcune aree geografiche, alterare gli equilibri demografici, sconvolgere i rapporti tra le fasce di età, prolungare l'indebolimento fisico di alcune categorie anche dopo la fase dell'emergenza. Poi c'è lo shock economico, che impoverisce ancor di piú le comunità già fiaccate dalla malattia. Infine l'epidemia diventa un test, una prova sulla tenuta dei governi, di interi sistemi politici e sociali, sulla loro solidarietà, compattezza, efficienza. Per tutte queste ragioni il mondo post-pandemia può essere profondamente diverso. Nazioni, imperi o civiltà ne escono stremati, ma alcuni concorrenti reggono meglio all'esame. C'è una mappa dei rapporti di forze prima e dopo una pandemia. Perfino all'interno di uno stesso Paese il test a volte dà risultati divergenti. Conosciamo il precedente storico di due città americane messe di fronte alla Spagnola. A Philadelphia, da molti considerata come la città peggio amministrata degli Stati Uniti, le autorità locali ignorarono l'allarme sui primi casi d'influenza. Il 28 settembre 1918 autorizzarono una sfilata di duecentomila persone per festeggiare la vittoria nella Prima guerra mondiale e promuovere la vendita di speciali buoni del Tesoro. Settantadue ore dopo quel raduno di massa, i trentuno ospedali della città avevano esaurito tutta la capienza. All'estremo opposto la città di Saint Louis, uno dei maggiori centri industriali, aveva subito imposto quarantene e divieti di assembramento. La mortalità a Saint Louis fu la metà che a Philadelphia. A livello federale il presidente Woodrow Wilson, concentrato sulla guerra a tal punto da ignorare gli allarmi sanitari che gli venivano dagli stessi capi delle sue forze armate, reagí tardi e in modo inadeguato. Gli Stati Uniti persero seicentosettantacinquemila vite per l'influenza contro i cinquantatremila caduti sul fronte europeo nella Grande guerra. Dopo Wilson l'America imboccò rapidamente la strada dell'isolazionismo, si ripiegò su sé stessa, voltò le spalle all'Europa e alle sue tragedie fino al 1941.

Bisogna essere cauti nei pronostici. Quando siamo ancora sotto lo shock di una tragedia immane viene spontaneo dire: «Il mondo non sarà mai piú lo stesso». In realtà, salvo la scomparsa delle persone care che nessuno può restituirci, le catastrofi ci cambiano meno di quanto crediamo, o di quanto vorremmo. Non è scontato che ne sappiamo estrarre le lezioni giuste. Per forza d'inerzia, per quella dote che chiamiamo resilienza, le comunità umane tendono a voltare pagina in fretta, a dimenticare, appena il peggio è passato. Un'altra possibilità ce la ricordano le storie di imperi e civiltà che non seppero risollevarsi: una calamità naturale può generare un tale impoverimento di risorse – materiali e intellettuali – che una società ne esce depressa, indebolita, impaurita, pronta a soccombere a nuovi pericoli. Ogni tanto – raramente – queste grandi prove sono delle catarsi da cui si esce con una qualità morale migliore, ci purificano come individui e come nazioni. Ma spesso le calamità esasperano delle debolezze preesistenti, rendono ancora piú nefasti i vizi dei singoli e delle comunità.

La nostra storia recente ha avuto degli shock che furono incompresi, o dei quali vennero sopravvalutate le conseguenze. «Il mondo non sarà mai piú lo stesso» venne detto anche dopo l'11 settembre 2001, e molti anticiparono dei cambiamenti che non ci sono stati. Spesso l'errore accade perché ciascuno incolla agli scenari del futuro le proprie preferenze ideologiche, i propri desideri. I giornali titolarono su «New York colpita a morte, il centro del capitalismo globale messo in ginocchio da al-Qaida» e invece l'impatto economico degli attentati nel 2001 fu lieve, presto riassorbito. I bilanci si fanno nel lungo periodo e forse solo oggi possiamo capire una delle conseguenze piú durevoli dell'11 settembre: in seguito all'offensiva globale del jihadismo, piú dell'Occidente furono Cina, India e Russia ad applicare in casa propria un pugno duro contro l'Islam; da parte sua l'America si fece risucchiare in due conflitti mediorientali che drenarono risorse e le fecero perdere terreno nella gara con la Cina. Anche dopo il crac di Lehman e la crisi finanziaria del 2008-2009 si disse «il mondo non sarà piú lo stesso». Di nuovo, molti trasformarono le proprie speranze in previsioni: sul declino terminale del capitalismo, la riscossa del socialismo. Invece quella crisi venne superata senza cambiare il modello economico, né le gerarchie sociali, tantomeno le diseguaglianze. Opinionisti autorevoli nel 2009 vedevano un'uscita dalla crisi «a sinistra» e non capirono che stava accadendo il contrario: in tutto l'Occidente cresceva la rabbia dei ceti mediobassi contro la globalizzazione vista come una causa d'impoverimento. Poiché la sinistra aveva abbracciato l'ideologia globalista, è a destra che le fasce piú deboli della società cercarono protezione. Il vento dei nazionalismi soffiava già da tempo a Oriente: Xi e Modi, Erdoğan e Putin. L'Occidente è andato a rimorchio, accodandosi in ritardo alle tendenze politiche che erano già in atto in Asia. Quegli osservatori europei e americani che omaggiarono il discorso globalista di Xi al World Economic Forum di Davos nel gennaio 2018, applaudendo il presidente cinese in chiave anti-Trump, non avevano capito nulla del disegno egemonico che c'era dietro: sovranismo gonfiato con gli steroidi.

Dalla sua origine anche il coronavirus – per la precisione il modo di reagire al virus, di proteggersi dal contagio, di limitare i danni – è subito diventato un megatest sullo «scontro di civiltà» Oriente-Occidente. Un influente opinionista americano, David Ignatius, il 20 marzo 2020 sul «Washington Post» lo definiva «una prova per il carattere delle nazioni». Alla stregua della Seconda guerra mondiale, sosteneva Ignatius, la pandemia può essere la svolta che determina un nuovo ordine. Come nel 1945, l'umanità ha la scelta fra due modelli. Da una parte una società libera di tipo occidentale che reagisce a una crisi in modo disordinato, decentrato. Dall'altra parte un regime autoritario sul modello cinese che può dare ordini senza appello, mobilitare tutte le energie della società in maniera piú veloce ed efficiente. Qual è preferibile? La risposta dipende da come si esce dalla calamità; e da come vengono percepite nel mondo intero la ricetta cinese, la ricetta europea, quella americana. Molti di noi fin dall'inizio della pandemia hanno scommesso sulla sconfitta del campo occidentale. Con varie ragioni. In America i democratici e una maggioranza degli intellettuali hanno deprecato il fatto che a guidare la nazione in una pandemia fosse un presidente allergico alle competenze, diffidente verso la scienza, ossessionato soprattutto dalla propria immagine. Chi allargava lo sguardo oltre la figura di Donald Trump vedeva l'accumularsi di problemi antecedenti. Al primo posto la giungla della sanità privata, una delle piú costose e inefficienti, che la riforma di Barack Obama non aveva cambiato in modo sostanziale. Piú in generale il declino dell'America a tutti i livelli, la mancanza di unità nazionale, una società sempre piú lacerata, rissosa, rancorosa nelle sue varie componenti. Un opinionista progressista, Fareed Zakaria, faceva uno sforzo di imparzialità e aggiungeva alle colpe di Trump quelle dei presidenti di sinistra e dei Congressi democratici. «Non siamo piú eccezionali», scriveva Zakaria sul «Washington Post» il 27 marzo 2020, alludendo al complesso di superiorità degli americani, e denunciando il decadimento della loro pubblica amministrazione.

> Ai tempi del presidente John Kennedy, i ministeri federali avevano diciassette strati di gerarchie. Oggi ne hanno settantuno [...] sono una caricatura dell'inefficienza

> burocratica. [...] Nella sanità pubblica [che esiste pure in America] i poteri sono suddivisi su 2684 entità fra Stati, enti locali, sistemi tribali, ognuno gelosamente attaccato alla propria indipendenza. [...] Una folle frammentazione di autorità [...] un incubo quando bisogna affrontare un'epidemia.

Senza dubbio il declino americano viene da lontano, reca le impronte sia della sinistra sia della destra, non si salvano né il capitalismo privato che piace ai repubblicani né la burocrazia statale alimentata dalla spesa pubblica e sostenuta dai democratici. Anche la risposta iniziale di alcuni Paesi europei al coronavirus è stata segnata da errori e sconfitte. La presa di coscienza del pericolo è stata troppo lenta perfino da parte di leader politici piú attenti ai pareri degli esperti rispetto a Trump. I sistemi sanitari pubblici e gratuiti, agli antipodi della sanità privata americana, hanno sofferto enormi problemi, in certi casi hanno rasentato anch'essi il collasso. Sotto accusa sono finiti i tagli dei finanziamenti pubblici alla sanità, l'austerity di bilancio. L'Unione europea ha affrontato la pandemia in ordine sparso, gli Stati-nazione sono riemersi come i veri protagonisti (ancorché molto imperfetti) per salvare vite e proteggere la salute dei cittadini. I confini sono tornati a dividere l'Europa; il neoprotezionismo ha rallentato le forniture mediche ai Paesi vicini. La prova suprema della pandemia, insomma, ha restituito all'Occidente un'immagine di sé disastrosa: un'accozzaglia di nazioni, in affanno, con paurose carenze proprio nella difesa del bene supremo che è la vita umana. Se l'Occidente è il regno dell'individuo e l'Oriente è sinonimo di massa, perché il diritto alla vita degli individui è stato tutelato cosí male da tanti sistemi sanitari occidentali e dai governi che ne avevano la supervisione?

E l'Asia? Dalla débâcle al trionfo in pochi mesi: da gennaio a marzo del 2020 c'è stato uno spettacolare rovesciamento nell'immagine della Cina. Per fare bilanci attendibili spiegherò piú in dettaglio perché ci vorranno anni, forse addirittura decenni, però la gestione politica di questa emergenza da parte di Xi Jinping ci ha già riservato una sorpresa. All'inizio il suo regime sembrava avviato verso una spirale di crisi, interna e internazionale. L'insabbiamento delle notizie sul contagio a Wuhan, le censure e le menzogne, la persecuzione di un eroico dottore che aveva lanciato l'allarme: tutto questo aveva determinato una vera catastrofe, sanitaria e politica. Malgrado la potenza dei mezzi di censura, il malcontento e le proteste per la pessima gestione dell'emergenza dilagavano anche all'interno della Cina. Nel resto del mondo, quando i primi contagi arrivarono in Corea del Sud e in Giappone, in Italia e negli Stati Uniti, il silenzio di Xi fece di lui un reprobo, colpevole di aver esportato un terribile flagello. Trump chiamò il COVID-19 «il virus cinese» per imprimergli in modo indelebile un marchio di provenienza. La narrazione che a gennaio e febbraio del 2020 dominava i media occidentali – in particolare la stampa americana – indicava nel coronavirus la Černobyl' di Xi: un parallelo con l'incidente nucleare che nel 1986 segnò l'inizio della fine dell'Unione Sovietica. Xi come Gorbačëv? Il popolo cinese si sarebbe finalmente rivoltato contro il regime autoritario di Pechino, per punirlo della gestione del coronavirus, raccogliendo cosí i segnali di una «fine del mandato celeste»? O forse l'epidemia avrebbe precipitato una di quelle rivoluzioni di palazzo, intrighi interni alla nomenclatura, che accelerarono la fine del maoismo? In ogni caso sembrava certo che la Cina avrebbe pagato un alto prezzo in termini di reputazione internazionale. Le sue colpe nell'occultare l'epidemia, denunciate nel mondo intero, furono seguite da sanzioni: il divieto di ingresso per i cinesi, deciso dagli Stati Uniti e dall'Italia, oltre che una precauzione anticontagio era anche una sorta di castigo verso una nazione inaffidabile. Altre sanzioni implicite vi si aggiungevano sul fronte economico. Quel «decoupling», o divorzio tra l'Occidente e la Cina, che era già stato parzialmente innescato dalla guerra dei dazi e da altre tensioni geopolitiche, ora acquisiva una giustificazione sanitaria incontestabile. La Cina si era isolata per colpa sua, era in un mare di guai e doveva imputarli ai propri dirigenti. Dopo il blocco delle attività nella provincia dello Hubei e in altre zone, molte multinazionali occidentali si trovarono a corto di forniture: cominciò dunque un ripensamento strategico sull'eccessiva dipendenza dalla Cina. Già a marzo questa narrazione sembrava un ricordo lontano. Era oscurata dalle notizie di medici cinesi accorsi ad aiutare l'Italia, la Spagna, e perfino la città di New York, con aerei carichi di mascherine e apparecchiature sanitarie. Faceva scalpore la donazione del miliardario cinese Jack Ma – fondatore del gigante digitale Alibaba e strettamente legato al regime – che spediva negli Stati Uniti cinquecentomila test diagnostici. Da paria a benefattrice, da colpevole a modello che tutti dovremmo emulare: la «fase due» vedeva la Cina protagonista di una formidabile controffensiva. Gli stessi media americani che un mese prima pronosticavano una Černobyl' e la caduta di Xi, di colpo esaltavano i metodi cinesi per contenere l'epidemia; e si chiedevano se ci fosse qualcosa che l'Occidente avrebbe dovuto imparare.

Se Xi abbia per un attimo temuto che il suo potere potesse vacillare, forse non lo sapremo mai. La sua reazione al fiasco iniziale è un condensato di ciò che questa Cina è capace di fare. Prima c'è stata la massiccia mobilitazione del regime autoritario, di tutti i rami dello Stato, del Partito comunista e della collettività organizzata (ronde di quartiere, comitati cittadini, *vigilantes* condominiali), con exploit come la costruzione di ospedali alla velocità della luce. C'è stata la durezza inflessibile con cui si sono applicate le misure d'isolamento, su sessanta milioni di abitanti dello Hubei e ben oltre: fino alla capitale, stringendo infine un cordone sanitario che nella punta massima dell'emergenza isolava e immobilizzava mezzo miliardo di persone. L'annuncio di una svolta è stata la visita di Xi Jinping a Wuhan il 10 marzo, che proclamava l'inversione di tendenza nei contagi e la rivendicava come un trionfo del regime. A quel punto è cominciata la rivincita internazionale. I media governativi cinesi hanno evidenziato incertezze, ritardi, confusioni ed errori nelle risposte di vari governi occidentali, inclusa l'Amministrazione Trump. La macchina della propaganda cinese ha messo sotto accusa gli altri: degli incapaci. C'è stato perfino l'avallo ufficiale a una teoria del complotto già circolata sui social: un portavoce del ministero degli Esteri cinese ha rilanciato via Twitter la «pista americana» sull'origine del virus. Una fake news di Stato, amplificata e diffusa con mezzi considerevoli. Per finire con le missioni umanitarie dei medici cinesi inviati all'estero: a insegnare agli altri come si fa.

Che un regime autoritario sia piú efficiente contro le epidemie è discutibile. Anzitutto perché la menzogna iniziale ha creato danni enormi. E poi perché Giappone, Corea del Sud, Taiwan, Singapore hanno contenuto il coronavirus senza i metodi cinesi: le prime tre sono democrazie a tutti gli effetti; Singapore ha uno Stato di diritto che manca in Cina. Semmai bisognerebbe chiamare in causa l'elemento che unisce questi Paesi al di là dei diversi sistemi politici: è la civiltà confuciana, il senso del dovere verso la comunità, la disciplina collettiva, il controllo sociale. Ma Xi ha un'agenda chiara: vuole convincere i suoi sudditi che vivono in un Paese meglio governato dei nostri; vuole instillare in noi il dubbio che la democrazia sia meno capace di tutelare la sicurezza e perfino la vita dei cittadini. Le profezie sulla sua imminente caduta, forse, erano premature.

La gestione cinese del coronavirus merita di essere rivisitata in alcuni dettagli, scabrosi o avvincenti, turpi o affascinanti. Perché questa è una storia esemplare, condensa il meglio e il peggio di quel sistema politico. Anche la Cina «non sarà mai piú la stessa» dopo il 2020? E la nostra percezione della superpotenza asiatica è stata trasformata in modo decisivo dall'epidemia? È indispensabile guardare dentro i suoi ingranaggi, prima di accettare il verdetto secondo cui la sfida Oriente-Occidente si sta concludendo nel XXI secolo con il trionfo della Cina. Le date sono importanti. La prima è il 17 novembre 2019: il giorno in cui, secondo il quotidiano «South China Morning Post» di Hong Kong, le autorità sanitarie cinesi «tracciano» il nuovo virus a Wuhan nello Hubei. Per un mese e mezzo non accade nulla, nonostante lo pneumologo Zhao Jianping a dicembre avesse diagnosticato diversi pazienti col coronavirus. Anzi, dall'alto arriva l'ordine di tacere. All'inizio di dicembre i medici di Wuhan che erano riusciti a identificare il virus avevano ricevuto l'ordine dalla Commissione sanitaria nazionale di cessare le analisi, distruggere i campioni del virus, ed evitare ogni comunicazione esterna. Questo implacabile insabbiamento giustificherà in seguito una teoria del complotto a grande diffusione sui media, la pista del virus fabbricato in un laboratorio biotecnologico di Wuhan, dove sotto supervisione militare si sperimentano le guerre batteriologiche. È una pista solo in parte imputabile alla fantasia dei dietrologi. Esagera, di sicuro, chi ci ha costruito sopra degli scenari da fiction, del tipo «Terza guerra mondiale scatenata da un attacco batteriologico». La stessa intelligence americana, che in questo clima da nuova Guerra fredda non fa regali ai cinesi, ha escluso una responsabilità deliberata delle autorità di Pechino nel fabbricare il coronavirus. La spiegazione piú accreditata rimane quella di una trasmissione naturale, tra mammiferi selvatici e poi da questi all'uomo: la concatenazione probabile è il passaggio dal pipistrello allo zibetto e da questo al consumatore umano. Tuttavia la comunità scientifica non esclude che la prima infezione di un pipistrello possa essere avvenuta proprio nel laboratorio di Wuhan, nel corso di esperimenti finiti male o per negligenza nel manipolare animali infettati. Il «mercatino umido» di Wuhan, dove i clienti sarebbero stati contaminati, non vende pipistrelli. Ma a pochi metri da quel mercato si trova il laboratorio di ricerca biomedico i cui scienziati lavoravano da tempo sul coronavirus e i pipistrelli. Richard Ebright, microbiologo ed esperto di sicurezza batteriologica alla Rutgers University, in un'intervista rilasciata a David Ignatius ha spiegato che «può esserci stato un incidente in quel laboratorio, per esempio l'infezione di un ricercatore, visti i bassi livelli di sicurezza». In due saggi pubblicati nel 2017 e 2019 un biologo di Wuhan, Tian Junhua, rivelò di essersi infettato per sua negligenza nel corso delle ricerche sui pipistrelli. Ignatius ricorda il giallo di uno studio pubblicato e poi eliminato da due scienziati cinesi, Botao Xiao e Lei Xiao, del Politecnico di Guangzhou. «Il coronavirus, – si leggeva in quell'analisi, – probabilmente ebbe origine in un laboratorio di Wuhan. I livelli di sicurezza vanno rafforzati nei laboratori di biologia batterica ad alto rischio». L'intero articolo apparve sul sito ResearchGate, poi venne rimosso. Dunque senza avallare l'improbabile ipotesi della guerra batteriologica, è possibile e perfino realistico che ci sia stata una responsabilità umana legata ad attività di ricerca. Un incidente, non un complotto. Questo aggiungerebbe un movente ai prolungati tentativi delle autorità cinesi di soffocare la verità, fino a rimuovere le tracce delle prime spiegazioni scientifiche. Il 30 dicembre la polizia locale arresta un altro medico, il trentaquattrenne Li Wenliang, colpevole di avere allertato alcuni suoi colleghi sull'epidemia. Prima di rilasciarlo, gli agenti lo costringono a firmare un'autodenuncia in cui il dottor Li si accusa di «comportamenti illegali». Il 15 gennaio 2020, quando dell'epidemia è già stato informato il presidente Xi Jinping, Pechino dichiara urbi et orbi che «il rischio di contagio fra esseri umani è basso». Il 18 gennaio a Wuhan i vertici del Partito comunista organizzano un raduno pubblico di quarantamila famiglie per stabilire il record mondiale di un banchetto di massa. Tra i piatti serviti, uno è intitolato «Una cintura una strada», il nome ufficiale delle nuove vie della seta, il piano mondiale di Xi Jinping per l'espansione delle infrastrutture. Può darsi che il festino di massa sia la causa dell'esplosione iniziale del numero di contagi. Passano cinque giorni e il 23 gennaio scatta la prima quarantena di Wuhan. Nel frattempo milioni di cittadini del capoluogo e di tutta la provincia dello Hubei si sono già messi in viaggio, nel resto della Cina o nel mondo, per le vacanze del capodanno lunare. Solo negli Stati Uniti è stato registrato l'ingresso di quattrocentotrentamila cinesi nelle settimane seguenti l'annuncio dell'epidemia di Wuhan. Il copione segue un precedente tristemente noto: nel 2002-2003 l'epidemia della Sars era stata gestita in modo identico, con censure, bugie, occultamento iniziale, persecuzione contro chi dava notizie veritiere, arresti dei dissenzienti. A febbraio i media governativi descrivono Xi Jinping «al comando» delle operazioni di contenimento, investito della responsabilità di guidare la reazione sanitaria. Con il crescendo dei contagi, si scatena sui social media una rivolta di massa che lo prende di mira. Si mobilita la cyber-polizia (centomila tecnici informatici lavorano al ministero degli Interni per far funzionare la Grande Muraglia di fuoco, il controllo sui contenuti di Internet), cancella a gran velocità le accuse e le critiche al governo; ma la quantità delle proteste è tale che l'apparato censorio è sopraffatto. Un celebre businessman edile, il miliardario Ren Zhiqiang, in quei giorni usa la sua piattaforma di microblogging sul social media Sina Weibo con trentasette milioni di follower per accusare Xi di aver «abbandonato il popolo cinese». Peggio ancora, definisce il presidente «un pagliaccio che insiste a recitare la parte dell'imperatore». Per diversi giorni questa esplosione di rabbia online è visibile anche all'estero. A questo punto Xi sparisce. Il presidente è assente agli eventi pubblici, lascia che i telegiornali riprendano solo il suo primo ministro nelle settimane in cui aumentano sia i morti sia il tumulto sociale online. È in questa fase che all'estero prendono corpo le dietrologie, alcuni sinologi parlano di una «Černobyl'» che provocherà la caduta di Xi. Invece lui sta preparando la sua riscossa, nell'ombra. Cominciano a fioccare gli editti dall'alto, che impongono restrizioni sempre piú massicce e rigorose. Parte per Wuhan una task force che costruisce a velocità record ospedali da campo: migliaia di posti letto in sole quarantott'ore, un exploit di efficienza le cui immagini fanno il giro del pianeta. L'Organizzazione mondiale della sanità (Oms) dà il *la* alla comunità internazionale con il suo direttore che esprime ammirazione per il leader cinese, tacendo sui silenzi iniziali e il loro costo drammatico in termini di vite umane. L'Oms cede alle pressioni cinesi e battezza il virus «COVID-19», evitando ogni indicazione geografica – a differenza della precedente epidemia di Mers, che è l'acronimo di Middle East Respiratory Syndrome e ne specifica l'origine mediorientale. Immediata la ricompensa: il governo di Pechino versa subito una donazione di venti milioni all'Oms. A casa propria Xi mette in moto uno strumento che risale ai tempi di Mao, e che lui custodisce gelosamente: il Partito comunista. Se c'è una ragione per cui questa Cina moderna e sviluppata, piena di miliardari e diseguaglianze sociali, si ostina a definirsi comunista perfino nella sua Costituzione, questa ragione riemerge con forza nel febbraio 2020. Xi è un vero comunista perché crede nel primato del partito, nella sua autorità assoluta, nel suo ruolo insostituibile alla guida del Paese. Il Partito comunista ha novantuno milioni di iscritti. Sono pur sempre una minoranza, su un miliardo e quattrocento milioni di cinesi: un po' meno del sette per cento della popolazione. Però con un esercito di militanti pari al sette per cento della popolazione si possono fare tante cose. In tempi normali, gli iscritti al partito rappresentano un'élite allargata, una struttura parallela a quella dello Stato, con funzioni di supporto e controllo, ma poco visibile. Un po' come l'Opus Dei in alcuni Paesi cattolici, o la massoneria in altri, o certi clan mafiosi in altri ancora, i comunisti cinesi si scambiano favori tra loro. Quelli che oltre a essere membri del partito hanno fatto università prestigiose, e magari hanno genitori importanti, formano delle cordate di potere, si aiutano a fare carriera. Anche nei ranghi sociali piú bassi ci sono tante forme di solidarietà tra compagni, clientelismo, distribuzioni di favori, raccomandazioni, quello che da noi si chiama «voto di scambio», e in Cina funziona senza bisogno di votare. Il Partito comunista rimane però un'organizzazione gerarchica, disciplinata, votata all'obbedienza al capo. Non ha piú nulla dell'estremismo di Mao, non esercita un potere «totalitario» nel senso dell'indottrinamento di massa ventiquattr'ore su ventiquattro. La Cina non è la Corea del Nord. Non è neppure l'Iran, un Paese dove la propaganda degli ayatollah è molto piú visibile e i loro dettami oscurantisti invadono la vita quotidiana dei cittadini. Il Partito comunista cinese invece ha deciso dai tempi di Deng Xiaoping nel 1979 che «arricchirsi è glorioso»; ha concesso alla nazione piú popolosa del pianeta la libertà di usare il proprio talento per costruirsi un benessere senza precedenti. Ha concesso la libertà di studiare all'estero, di visitare il mondo per turismo. Pur con qualche punta di puritanesimo residuo, il comunismo cinese ha accettato una liberazione sessuale e nei costumi, evidente fra i giovani. I limiti di quel che non si può fare sono abbastanza chiari: la politica, la critica al governo sono escluse dalla sfera del discorso pubblico (nel privato, tra amici e familiari, ci si lamenta quanto si vuole). Questa organizzazione di massa si è rivelata un'arma formidabile nelle mani di Xi. È come se il partito fosse un esercito dormiente, di riservisti, pronti però a mobilitarsi quando la patria chiama. Il presidente ha convocato i suoi usando un linguaggio tipico dell'èra maoista. Dopo aver steso il cordone sanitario attorno a Wuhan, allo Hubei, poi via via ad altre regioni, all'inizio di febbraio Xi ha lanciato una «guerra di popolo contro il virus». Da quel momento tutti i media governativi si sono adeguati al revival maoista, Xi è diventato «il leader del popolo in guerra». È scattata la tenaglia delle restrizioni ai movimenti dei cinesi, da due direzioni. Dall'alto, si è vista in azione la nuova Cina, la superpotenza tecnologica, all'avanguardia nell'intelligenza artificiale. Tutte le grandi aziende digitali si sono messe al servizio del governo per raccogliere dati sanitari sui cittadini, spiare i loro spostamenti, comunicare le informazioni alla polizia: dalle telecomunicazioni ai produttori di smartphone, dai giganti del commercio online alle app, su una popolazione già molto sofisticata tecnologicamente è iniziato un nuovo esperimento del Grande Fratello, un cyber-controllo invasivo e costante. Con tutti i vantaggi che il regime cinese ha in questo campo: le sue leggi sulla privacy sono ben diverse da quelle occidentali; dai tempi di Mao il popolo è abituato e rassegnato all'idea che le autorità possano avere accesso a informazioni sulla vita privata dei cittadini. Questa operazione dall'alto è stata completata con una mobilitazione dal basso. L'armata dormiente è stata chiamata al fronte e ha risposto all'appello. Si sono rivisti in azione i comitati di quartiere, le cellule di condominio, i militanti di base. Sono organizzazioni capillari la cui esistenza era nota ma quasi dimenticata nella routine della normalità pre-epidemia. Io ricordo un precedente: abitavo a Pechino quando ci furono le Olimpiadi del 2008, anche allora apparvero all'opera miriadi di volontari per favorire il successo dei giochi. La rete dei comunisti da invisibile divenne palese, e si mise al servizio: del comitato olimpico, della protezione civile, dei vigili urbani. Per aiutare i turisti stranieri. Per educare i pechinesi a non sputare per terra. Per vigilare contro qualsiasi tentativo di usare le Olimpiadi come palcoscenico di manifestazioni di dissenso. Per segnalare immigrati uiguri o tibetani suscettibili di essere disturbatori dell'ordine pubblico. La prova del 2008 andò bene, il partito rispose alle aspettative, ma era poca cosa in confronto a quel che si è visto nel 2020. Alta tecnologia piú mobilitazione di massa: l'armata di Xi ha realizzato un exploit impressionante. Un mio collega sino-americano, il corrispondente del «Washington Post» a Pechino Gerry Shih (poi espulso dal governo), ha raccontato la sua esperienza di vita durante quei giorni di paralisi dei movimenti. Ha dovuto dare il suo numero di passaporto e di cellulare a ogni funzionario pubblico o volontario di quartiere che glielo chiedeva, con i suoi dati medici inseriti nel codice Qr della sua messaggeria.

> Il primo giorno della quarantena, – ha scritto Shih, – dei lavoratori appartenenti al comitato di quartiere mi hanno portato in un edificio dove venti o trenta volontari hanno raccolto tutte le informazioni sulla mia iden-

tità, i miei viaggi, il mio lavoro. Altri volontari facevano i turni di guardia all'esterno, controllando i permessi di spostamento di ognuno. L'ufficio dei *vigilantes*-volontari del mio quartiere era l'autorità da cui potevo ottenere un permesso di spostamento. Il mio telefono era bombardato di sms che mi chiedevano di misurarmi la febbre e comunicarla all'ufficio sanitario municipale.

Se non esegue puntualmente le istruzioni mandando i dati medici via social media, ecco che tornano i volontari in carne e ossa: a bussare alla porta di casa sua, per misurargli la febbre. Tutto questo armamentario di controlli, effettuati con un'organizzazione capillare, è stato applicato a cinquecento milioni di cinesi: una volta e mezza l'intera popolazione degli Stati Uniti.

Dopo un mese di cura, quando comincia a calare la curva del contagio, Xi decide che è giunto il momento di celebrare il proprio trionfo. L'8 marzo la sua visita a Wuhan è preannunciata con toni elegiaci. Un articolo dell'agenzia di stampa governativa Xinhua esalta la dedizione del presidente contro il virus: «Ha un cuore puro come quello di un neonato, è un leader che mette sempre il popolo al primo posto». Il capo comunista locale di Wuhan lancia una «campagna di educazione alla gratitudine», per assicurarsi che la cittadinanza accoglierà Xi con grandi onori. Sui social media fioccano commenti duri, alcuni definiscono tutto ciò «vomitevole». Sono subito cancellati, la censura ha ripreso il controllo della situazione. Il 10 marzo Xi arriva a Wuhan, e al termine di una visita agli ospedali dichiara: «Insieme vinceremo questa guerra. Wuhan deve vincere, la Cina deve vincere». Ha inizio la santificazione del medico-martire: colui che era stato tra i primi a lanciare l'allarme e perciò arrestato, Li Wenliang, morto di coronavirus il 7 febbraio. Vista l'immensa popolarità e l'emozione sui social per la sua morte, il regime decide di appropriarsene. «Li era un membro del Partito comunista, non era un personaggio antiestablishment», annuncia la stampa di regime. Gli viene conferita un'onoranza postuma, inserendolo tra cinquecento «eroi dell'avanguardia medica» mobilitati nella lotta all'epidemia. Nel frattempo Xu Zhiyong, un attivista che aveva criticato la gestione iniziale dell'epidemia, è incarcerato con l'accusa di «sovversione». Tre giornalisti che avevano fatto reportage investigativi a Wuhan – Li Zehua, Fang Bin e Chen Qiushi – sono spariti dalla circolazione. È scomparso anche l'imprenditore Ren Zhiqiang, quello che aveva osato attaccare pubblicamente Xi. Mentre scrivo, di questi *desaparecidos* non si sa piú nulla. E di lí a poco saranno espulsi dalla Cina i corrispondenti del «New York Times», del «Wall Street Journal», del «Washington Post». L'ultima fase della controffensiva di Xi è internazionale. Manda aerei con tonnellate di mascherine in Occidente (nella fretta, un po' di quel materiale è scadente e viene rispedito al mittente). Il tocco finale a quest'operazione di revisionismo storico è affidato al portavoce del ministero degli Esteri, che accusa gli americani di essere loro all'origine del virus. L'alto funzionario riprende una fake news da Twitter, su una visita di atleti militari statunitensi a Wuhan come la genesi di tutto. Il cerchio si chiude. La storia è stata ri-scritta. L'Occidente s'inchina, perché nel frattempo i focolai del contagio se li è trovati in casa: Italia, Spagna, Stati Uniti già alla fine di marzo superano il totale di malati e di vittime cinesi. La nuova narrazione dilaga: l'Oriente ha vinto, l'Occidente agonizza, in tutti i sensi. Al tremendo bilancio di vite umane falciate dal coronavirus si accompagna la sfiducia in sé, nella capacità dei governi occidentali di organizzare risposte all'altezza del pericolo.

Le valutazioni si fanno nel lungo periodo: a maggior ragione se di mezzo c'è la Cina. Il passato dovrebbe insegnarcelo, la verità su quel che accade dietro le quinte di un regime autoritario la si viene a sapere con grande ritardo. Visto che Xi proclama orgogliosamente il suo rispetto per Mao e perfino una forma di continuità, è utile ritornare su un precedente maoista che ho già evocato. È la storia del «Grande balzo in avanti». Con il terzo plenum del comitato centrale nel settembre 1957, Mao lancia l'obiettivo di sorpassare la produzione industriale dell'Inghilterra, cominciando dalla siderurgia. A quell'epoca il piano è del tutto velleitario: la Cina è un Paese rurale, poverissimo, che stenta a sfamare i suoi abitanti. La Gran Bretagna nel 1957 è ancora una vera potenza industriale, anche se superata da Stati Uniti e Germania. L'ossessione della gara con l'acciaio inglese per Mao ha una spiegazione storica: il Regno Unito è la nazione che umiliò la Cina con le Guerre dell'oppio; quello dove Karl Marx analizzò la rivoluzione industriale di cui l'acciaio è un simbolo. Parte cosí l'industrializzazione coercitiva delle campagne cinesi. Novanta milioni di contadini sono distolti dal lavoro nei campi per costruire altiforni siderurgici in ogni villaggio, fondendo perfino le pentole di cucina per produrre acciaio. Abbondano nell'iconografia ufficiale di quei tempi le immagini di contadini raggianti che sfilano davanti al leader supremo guidando camion, scavatrici, locomotive, su prati invasi da cantieri, fabbriche e centrali elettriche. Nei manifesti della propaganda in stile sovietico fasci di spighe dorate fanno da sfondo a navi e aeroplani, mentre nei cieli appaiono spesso il dragone e la fenice, allegorie del principio maoista secondo cui l'economia cammina su due gambe, l'agricoltura e l'industria. La realtà è tragicamente diversa. Il metallo prodotto in campagna è cosí scadente da essere inutilizzabile. Il raccolto di grano e riso crolla. La mortalità infantile raddoppia in tre anni, la carestia fa trentasette milioni di morti nel 1959-61. Jasper Becker, nel libro *La rivoluzione della fame. Cina 1958-1962: la carestia segreta*, ha misurato il livello di miseria paurosa in cui precipitò la Cina in quegli anni, fino a generare episodi di cannibalismo nelle zone piú devastate dalla fame. Sfatando il mito ancora tenace in Occidente, secondo cui il comunismo avrebbe assicurato almeno una ciotola di riso a ogni cinese, Becker ha accumulato le prove che la maggiore carestia provocata dalle politiche maoiste fece molte piú vittime dell'occupazione militare giapponese. Che senso ha oggi quel precedente storico? Intanto serve a ricordare la dabbenaggine degli occidentali: ancora negli anni Sessanta il prestigio di Mao era intatto nel mondo intero; in Europa una parte dell'intellighenzia era maoista o simpatizzante; grandi esperti, economisti e sociologi delle migliori università occidentali esaltavano il modello cinese. Il bilancio del Grande balzo era censurato dal regime di Pechino, e anche quando si venne a sapere molti non vollero crederci, per partito preso. Tuttora in Cina si sorvola su quel crimine. Nell'edizione rivista e aggiornata della *Enciclopedia della Repubblica popolare* all'inizio del XXI secolo la biografia di Mao è fatta per i tre quarti della sua storia giovanile, la Lunga marcia della guerra partigiana, la liberazione nazionale e la fondazione del nuovo regime. Il Grande balzo in avanti è liquidato in un paragrafo dove si insiste soprattutto sul fatto che una volta corretti gli errori, il risultato fu che l'economia nazionale si riprese e si sviluppò rapidamente. Il revival maoista voluto da Xi non ha certo contribuito a ristabilire la verità; il vizio del regime di correggere, manipolare o cancellare la storia è pervicace.

La Cina di oggi malgrado la potenza della sua censura è un Paese molto piú aperto e trasparente di quella di Mao. Né voglio paragonare la lotta al coronavirus con il Grande balzo: quel piano dell'acciaio era folle, mentre il contenimento dell'epidemia era doveroso. E tuttavia sappiamo poco delle «vittime collaterali» della «guerra di popolo» dichiarata da Xi contro il coronavirus. Sprazzi di testimonianze nel febbraio-marzo 2020 ci hanno raccontato di un sistema ospedaliero che per decreto dall'alto doveva sconfiggere il COVID-19 e solo quello; abbandonando al loro destino malati di cancro o chi aveva bisogno della dialisi. Altri ci hanno raccontato la severità spietata con cui il divieto di uscire di casa ha infierito su anziani soli e non autosufficienti, che non potevano piú essere raggiunti dalle loro badanti. Forse queste testimonianze sono solo la punta dell'iceberg. Quando sapremo con precisione i costi pagati dai cinesi perché Xi potesse celebrare l'ambita vittoria nazionale, e offrirsi a modello per il mondo intero? È in questo senso che uso il paragone con il Grande balzo: il comunismo cinese, quando si dà un obiettivo strategico perché decide che è nell'interesse nazionale, non bada al prezzo umano pur di raggiungerlo. E a posteriori cancella dalla memoria storica ogni traccia delle «vittime collaterali» o dei «caduti sotto il fuoco amico», li considera inevitabili e perfino trascurabili, se servono per realizzare i suoi progetti grandiosi.

La vicenda del Grande balzo in avanti è importante anche perché un illustre pensatore dei rapporti fra Oriente e Occidente ha costruito su quella tragedia una teoria, che riguarda anche la sanità e la democrazia. Mi riferisco ad Amartya Sen. Ingegno multiforme, talento umanistico di tipo quasi «rinascimentale», Sen nasce nel Bengala indiano ottantasei anni fa da una famiglia di intellettuali importanti. A scegliere il suo nome è un amico dei genitori, il poeta e premio Nobel Rabindranath Tagore: *Amartya* nella lingua bengali significa «immortale». All'età di vent'anni sopravvive per miracolo a un cancro alla gola per il quale gli avevano dato pochissime probabilità di guarigione. Studia al Trinity College di Cambridge in Inghilterra, da lí ha inizio una carriera accademica prestigiosa. È l'unico docente nella storia a cui l'università americana di Harvard chiede di insegnare tre materie: filosofia, matematica, economia. In quest'ultima materia gli viene assegnato il premio Nobel. Per la sua vita tra Asia, Europa e America, è un protagonista unico del confronto culturale Oriente-Occidente. Pensatore sempre originale, prende le distanze dal liberismo e da tutte le ortodossie economiche. Conduce una critica spietata contro l'uso di indicatori tradizionali della crescita, come il prodotto interno lordo, in quanto distorcono la nostra percezione del benessere. È uno dei padri di un criterio alternativo, elaborato per le Nazioni Unite, l'Indice di sviluppo umano: misura per esempio la qualità della salute e dell'istruzione. Qualità vuol dire, nel caso della salute, l'aumento della longevità, la riduzione delle morti di parto, tutti dati oggettivi ma che non coincidono affatto con il volume delle spese. Nel suo saggio *L'altra India* Sen sfida le semplificazioni per restituire un'immagine del suo Paese. L'obiettivo non è solo rendere giustizia alla civiltà indiana ma dimostrare che la tolleranza, e quindi la democrazia, non hanno radici esclusive nella storia e nel pensiero dell'Occidente. È un messaggio che prende di mira due bersagli differenti. Da una parte c'è l'egemonismo di europei e americani che pensano di «esportare» la democrazia. Dall'altra c'è un avversario non meno insidioso: è la lode di una diversità asiatica che diventa l'alibi per negare libere elezioni, legittimare regimi autoritari e calpestare i diritti umani. Scavando nella storia dell'India antica Sen individua una meravigliosa ricchezza nella «tradizione argomentativa» che dà il titolo alla versione inglese della sua opera (*The Argumentative Indian*). È il costume che da tempi molto antichi lascia fiorire le convinzioni piú disparate, accetta l'eterodossia e l'eclettismo, celebra la virtú del dialogo, perché ha in sé una venatura di scetticismo. In vari studi Sen ha dimostrato la superiorità della democrazia indiana sul comunismo cinese nel combattere la fame: dopo l'indipendenza del 1947 l'India non soffrí piú di carestie paragonabili a quella che sterminò trentasette milioni di cinesi nel Grande balzo. Il premio Nobel non è affetto da parzialità e ha deprecato la deriva fondamentalista sotto Narendra Modi. Per quanto l'India di oggi governata dal Bjp sia molto diversa da quella patria della tolleranza che lui ha esaltato, rimane una nazione piú democratica della Cina. Nell'India di Modi la stampa è piú libera che a Pechino, la magistratura è indipendente, i sindacati organizzano scioperi, le Ong ambientaliste contestano il governo. Sen non esita a riconoscere dei campi in cui la Cina comunista ebbe risultati migliori dell'India: sotto la dittatura di Mao il progresso nelle condizioni di salute e nella longevità media dei cinesi fu maggiore. Solo di recente l'India ha recuperato un po' del terreno perso rispetto alla Cina, dove la privatizzazione dei servizi sociali ha provocato una battuta d'arresto nel progresso delle condizioni sanitarie. Proprio questo indicatore fondamentale della qualità della vita – la longevità media delle persone – serve ad analizzare piú in profondità la sfida tra i due modelli di India e Cina. Al contrario di quel che si potrebbe credere, nei venticinque anni in cui la Cina ha conosciuto la sua crescita piú formidabile (dalle riforme di Deng Xiaoping all'inizio del XXI secolo) distanziando l'India in termini di Pil e reddito pro capite, l'aumento della speranza di vita media in India è stato circa il triplo di quello cinese. «Oggi in Cina, – osserva Sen nel suo articolo *Quality of Life. India vs. China*, – l'aspettativa è di circa settantuno anni contro i sessantaquattro dell'India. Il divario a favore della prima, che era di quattordici anni nel 1979, si è dimezzato». Sen nota che in uno degli Stati indiani, il Kerala, l'aspettativa di vita ha addirittura superato quella cinese. Eppure il Kerala non è uno degli Stati piú ricchi. Ha però sviluppato dei servizi sociali accessibili a tutti, ha combattuto efficacemente la disparità tra i sessi, e grazie alla qualità della sua assistenza sanitaria ha una mortalità infantile che è un terzo di quella cinese. Sen però non è soddisfatto dei risultati ottenuti dall'India in campo sanitario. Piuttosto egli ritiene che sia stata la Cina a subire una battuta d'arresto, da quando ha messo fine all'assistenza sanitaria pubblica gratuita, creando un sistema sperequativo in cui le buone cure costano sempre piú care e una parte della popolazione non può permettersi medici e ospedali. Fra i tanti scandali di malasanità cinese ce n'è uno che va ricordato perché condensa gli effetti della povertà nelle campagne, delle diseguaglianze crescenti, e della privatizzazione sanitaria. È la tragedia che venne battezzata «Plasma Economy», dal nome di una campagna per la raccolta del sangue che fu promossa da aziende biotecnologiche e farmaceutiche private, alle quali la nomenclatura comunista diede il suo pieno appoggio. I contadini poveri erano incentivati a donare sangue dal pagamento di modesti compensi. L'apice della Plasma Economy fu dal 1991 al 1995. Il riuso sistematico di aghi sporchi e altro materiale non sterilizzato provocò un'epidemia di Aids con epicentro nelle zone rurali dello Henan. Nel 2003 c'erano due milioni e trecentomila malati di Aids solo nella provincia dello Henan. A lungo le notizie di quella vicenda furono censurate. Ispirò il romanzo *Cronache di un venditore di sangue* di Yu Hua, ma lo scrittore per non incorrere nei fulmini della censura situò la sua storia negli anni Cinquanta. Qui rientra in gioco la democrazia.

> Questo ritorno indietro dell'assistenza sanitaria, con l'abolizione di un servizio pubblico preziosissimo, – sostiene Sen, sempre in *Quality of Life*, – non ha quasi incontrato resistenze politiche, a differenza di quanto sarebbe invece sicuramente accaduto in qualsiasi democrazia multipartitica.

Anche l'India ha un sistema sanitario a due velocità, ottimo per i ricchi e scadentissimo per i poveri, ma questo è oggetto di continue critiche da parte dei mass media indiani, che non sono sottoposti a censure come avviene invece a Pechino.

> La possibilità di un'aspra critica costituisce anche un'opportunità sociale per fare ammenda. Certe dure inchieste giornalistiche sulle carenze dei servizi sanitari indiani sono, in ultima analisi, fra le cause del dinamismo e dell'energia del Paese, che sono rispecchiati anche dalla brusca riduzione del divario Cina-India per quanto riguarda la speranza di vita e dal fatto che il Kerala, combinando la partecipazione democratica con un impegno sociale radicale, ha ottenuto risultati ancora migliori.

L'analisi di Sen è ormai datata. Andrà aggiornata fra qualche anno, quando avremo un quadro definitivo e attendibile post-coronavirus. Resta utile per ricordarci un limite dell'esperimento cinese. In assenza di una stampa libera e di ogni forma di opposizione, in un Paese dove la giustizia prende ordini dal governo, il quale prende ordini dal partito, che a sua volta prende ordini dal leader massimo, mancano controlli e anticorpi per prevenire errori politici giganteschi come a suo tempo il Grande balzo, o in misura minore la Sars del 2002. La correzione di rotta avviene prima o poi anche in Cina, ma arriva in ritardo perché l'ammissione dell'errore viaggia attraverso canali di comunicazione interni alla nomenclatura comunista, e chi trattiene le cattive notizie o censura le critiche raramente ne paga un prezzo. Il regime cinese sa fare una cosa molto, molto bene: mobilitare le masse, esercitare l'autorità, comandare il popolo per convogliare le sue energie verso un fine supremo. Tutto il resto non conta. Mentre in una democrazia «tutto il resto» conta, perché ne facciamo parte anche noi.

Tra le «vittime collaterali» della guerra di Xi al coronavirus, ci sono gli immigrati. S'intende immigrati cinesi: la Repubblica popolare accetta pochissima immigrazione straniera, è impregnata di una cultura etnocentrica e xenofoba (in questo non dissimile dai suoi vicini democratici, Giappone e Corea del Sud). Ma il miracolo economico cinese dell'ultimo trentennio si regge su gigantesche migrazioni interne, un esodo di cinesi dalle campagne verso le città, dall'agricoltura alle fabbriche, dall'entroterra povero verso la fascia costiera delle metropoli globali. Sono transumanze piú che migrazioni; una forma di pendolarismo. Per scelta strategica del governo centrale, infatti, questi migranti non devono trasferire la propria residenza in modo definitivo. È quasi impossibile farlo.

Vige un sistema amministrativo che si chiama *hukou*, per cui si è vincolati alla residenza di origine ed è molto difficile spostarla. Lo *hukou* registra sui documenti d'identità la residenza e l'intero sistema del Welfare ne dipende. I figli dei migranti hanno diritto all'istruzione nel luogo di nascita, non nella grande città in cui lavorano i genitori. Anche l'assistenza medica e ospedaliera è regolata cosí. I migranti devono affrontare scelte dure. O mettono i propri figli in costose scuole private nelle grandi città (comunque piú scadenti rispetto alle scuole di élite riservate ai cittadini) oppure li lasciano in campagna, affidandoli ai nonni o a qualche parente. Lo stesso accade per la sanità. Questo crea una frattura profonda tra due Cine, con delle conseguenze sanitarie enormi. Una ricerca condotta prima del coronavirus ha rilevato che i figli degli immigrati sono in media piú bassi di tre centimetri e pesano meno dei propri coetanei nati in città. Le centomila scuole private che accolgono i bambini dei migranti sono sovraffollate, e per gli orari di lavoro dei genitori fungono anche da «parcheggi», dove i bambini vengono tenuti fino alle dieci di sera, in condizioni di disciplina severissime, piú simili (nell'ottica di un genitore occidentale) a centri di detenzione. Il coronavirus ha accentuato il divario tra le due Cine. Quando Xi ha preso le misure piú severe per paralizzare i movimenti, decine di milioni di migranti sono stati bloccati o lontano dalle famiglie oppure lontano dai luoghi di lavoro. Su di loro i disagi hanno avuto un impatto superiore. Quando i divieti si sono allentati ci sono stati episodi d'intolleranza delle popolazioni urbane, che non volevano il ritorno di quei potenziali portatori di virus provenienti da altre provincie. In generale il Partito comunista è diventato un partito d'ordine e di sicurezza che tutela soprattutto i vasti ceti medioalti, quelli che hanno un'istruzione superiore e la residenza nei grandi centri urbani: dai trecento milioni al mezzo miliardo di persone. Loro rappresentano il vero zoccolo duro di consenso del regime. Questo ceto medio urbano, anche se può nutrire insofferenza verso gli aspetti piú beceri della censura, vede nel partito una protezione dei propri interessi contro le rivendicazioni dell'altra Cina. Sullo sfondo c'è una gigantesca transizione demografica: la nazione piú popolosa della Terra già subisce un rapido invecchiamento, la forza lavoro giovane non è abbastanza numerosa per sostituire chi andrà in pensione nei prossimi decenni. Ciò accentua le rivendicazioni salariali degli operai, ma in parallelo accelera i progetti di robotizzazione di interi settori industriali. Il dopo coronavirus, se comporta un durevole rallentamento della crescita economica cinese, metterà Xi e il partito di fronte a un'altra sfida ardua. Una frenata della globalizzazione stava già maturando prima. La pandemia costringe le multinazionali occidentali a modificare le loro catene produttive e logistiche, troppo dilatate e vulnerabili. Il mondo sul quale la Cina ha costruito il proprio miracolo economico, da Deng Xiaoping a Xi Jinping, è destinato a scomparire. Era un mondo con una forte impronta occidentale, che però aveva lasciato ampi spazi alla crescita cinese senza porre troppe condizioni. I leader di Pechino avevano pilotato un'operazione straordinaria, sollevando dalla miseria settecentocinquanta milioni di persone in un trentennio, un exploit senza precedenti nella storia umana: con un abile mix di occidentalizzazione (economica, scientifica, tecnologica, urbanistica, nei consumi e nei costumi) e di tenace attaccamento a un'identità asiatica. Si erano impadroniti del nostro stereotipo sul «dispotismo orientale» e ne avevano dato un'interpretazione modernissima. Adesso questa Cina si convince di poter riempire un vuoto di leadership americana. Come l'America vittoriosa del 1945, la Cina di Xi ha una sua idea del futuro ordine internazionale: gli investimenti nelle nuove vie della seta sono l'equivalente di un Piano Marshall, incluse delle istituzioni finanziarie multilaterali e sino-centriche. Prima ancora della pandemia Pechino aveva cominciato a proporre un suo universo di valori, fino al punto di esportare «chiavi in mano» sistemi di controllo-censura su Internet acquistati da molti autocrati asiatici e africani. Sul vecchio Occidente il soft power della Cina stava esercitando una certa seduzione. I Paesi europei piú indebitati si erano fatti attirare dalle blandizie del progetto Belt and Road Initiative (il nome ufficiale delle nuove vie della seta); nazioni avanzate come la Germania e il Regno Uniti si erano lasciate penetrare dai capitali e dalle tecnologie cinesi, per esempio nella telefonia di quinta generazione. Il test della pandemia ha dato un'accelerazione improvvisa alle tendenze preesistenti. Xi Jinping ha accentuato l'offensiva per esportare il modello cinese anche in Occidente. Che ci riesca o meno, dipende anzitutto dalla sua forza interna. Sopravvivrà questo moderno imperatore, se la crescita economica dovesse lasciare il posto alla stagnazione? Il coronavirus si è inserito di prepotenza nell'agenda politica di Xi in un momento delicato. Era ancora aperta la crisi politica legata alle proteste di Hong Kong; era sospeso da una tregua precaria il conflitto commerciale con gli Stati Uniti mentre si addensavano altri presagi di una nuova Guerra fredda. Il 2021 sarà l'anno di una ricorrenza gravida di significato, il centenario della fondazione del Partito comunista. Nel 2022 doveva scadere il secondo mandato di Xi, ma stando ai suoi piani gli organi decisionali del partito dovranno far valere la nuova norma costituzionale per estendere la durata del suo potere. Non può permettersi di arrivare a queste scadenze cruciali con un'immagine incrinata, che aprirebbe varchi a una fronda interna. Nella teoria politica di Xi, la tradizione confuciana ha assorbito una cultura tecnocratica e meritocratica. Proclama di essere superiore alla democrazia occidentale in base alla «performance», al risultato dell'azione di governo. L'esame decisivo arriverà qualora la performance dovesse essere deludente. La generazione dei millennial cinesi, a differenza dei loro coetanei occidentali, non ha ancora dovuto adattarsi a un orizzonte di aspettative decrescenti. Il compito che ha di fronte Xi Jinping – se aspira a sostituire l'America – concentra in pochi anni le sfide che Franklin Roosevelt affrontò in due puntate e con dieci anni di intervallo: prima sconfiggere la Grande depressione (1933), poi disegnare l'architettura di un nuovo ordine internazionale da proporre agli alleati (1944).

L'Oriente non è solo la Cina, e altri modelli asiatici ci hanno impressionato nelle prime risposte alla pandemia. Per un beffardo scherzo della sorte, proprio nell'anno in cui il film sudcoreano intitolato *Parasite*, «parassita», trionfava a Hollywood vincendo l'Oscar, gli americani terrorizzati da un altro parassita hanno dovuto imparare parecchie cose sulla Corea del Sud. Paese ricco e moderno, certo, ma solo di recente, perché negli anni Cinquanta la Corea del Sud era molto piú povera della Libia o dell'Argentina. Se da una generazione in qua gli americani si sono fatti conquistare da Samsung e Hyundai, mai avrebbero pensato di doversi studiare il sistema sanitario di quella nazione. La Corea del Sud nella reazione immediata alla pandemia ha saputo compiere in poche settimane un multiplo dei test diagnostici realizzati negli Stati Uniti o nei maggiori Paesi europei. Ha usato metodi avanzati per tracciare e isolare i focolai di contagio. Senza arrivare alle misure estreme della Cina, ha però fatto ricorso a un approccio «invasivo». La polizia sudcoreana – prima ancora che arrivasse il coronavirus – aveva un accesso illimitato a informazioni sui cittadini: localizzazione Gps, transazioni delle loro carte di credito, filmati dalle videocamere di sicurezza disseminate sul territorio hanno consentito una sorveglianza dei movimenti individuali dei contagiati. A tutti gli altri cittadini veniva segnalato in tempo reale se si trovavano nelle vicinanze di un malato. Singapore ha usato sistemi simili, tra cui l'app TraceTogether, che usando il Bluetooth misura le distanze tra le persone e la durata dei loro incontri. Taiwan aveva già in vigore prima della pandemia leggi d'emergenza che prevedono sanzioni pesanti per chi infranga le regole della quarantena. Diversi Paesi asiatici hanno fatto una guerra implacabile alle fake news per impedire la disseminazione di falsità sulla malattia o sulle cure. Decisiva è stata la collaborazione dei cittadini, fino a forme di delazione: vicini di casa pronti a denunciare chi non rispetta le regole o tenta di nascondere sintomi patologici alle autorità. I Paesi democratici dell'Estremo Oriente, dunque, hanno usato metodi simili a quelli cinesi: un misto di alta tecnologia, efficienza dello Stato, disciplina collettiva, cooperazione dei cittadini, obbedienza totale alle regole. Con delle differenze significative rispetto alla Cina. Anzitutto la trasparenza. I governi in Giappone, Corea del Sud, Taiwan e Singapore non hanno mai nascosto quel che stavano facendo, ne hanno informato i cittadini in ogni dettaglio, riscuotendo consenso. Ecco una spiegazione semplificata che questi stessi governi ci hanno fornito sul loro livello di preparazione alla calamità: tutta colpa della Cina. Cosí vicina, cosí sistematicamente bugiarda, dunque pericolosa. Traumatizzati dalla Sars nel 2002-2003, coreani e taiwanesi ne avevano tratto una lezione: essere pronti a reagire al minimo indizio di una nuova malattia nata in Cina, non fidarsi delle rassicurazioni iniziali di Pechino, cominciare subito a fare test sui viaggiatori. Lo shock della Sars era stato piccolo in confronto al COVID-19, però non cosí piccolo da non «educare» i Paesi limitrofi. A questa spiegazione si aggiungono due elementi essenziali. La capacità di pianificare soluzioni per problemi di lungo termine: vedi gli investimenti nel sistema sanitario pubblico. La coesione del tessuto sociale, una cultura per cui i diritti dell'individuo anche in una democrazia non possono legittimare l'egoismo del singolo, l'irresponsabilità di chi mette in pericolo gli altri.

La Corea del Sud un modello? Non sarà mai un oggetto della nostra attenzione forte come la Cina. Eppure anche quello è un Oriente con cui dovremmo fare i conti. Di tutti i Paesi che per ragioni politiche consideriamo occidentali (anche a costo di violentare la geografia), solo Israele ha affidato alla propria polizia e intelligence poteri di sorveglianza sanitaria paragonabili a quelli di Singapore, Corea, Taiwan. Israele è un caso speciale, è in stato di guerra permanente sin dalla nascita. La pandemia però costringe l'intero Occidente a essere in guerra. A volerci concedere un'attenuante dei nostri errori fatali, c'è questa constatazione: noi non abbiamo subito uno shock per la Sars paragonabile a quello che sconvolse i sudcoreani. L'ultima pandemia che devastò l'Occidente, la Spagnola del 1917, è troppo lontana per esercitare qualche effetto dissuasivo o educativo sui nostri comportamenti o sulle decisioni dei governi. Seul, Taipei e Singapore hanno avuto la fortuna di una disgrazia recente che ha aperto gli occhi ai loro cittadini e governanti. Poiché «si combatte sempre l'ultima guerra», loro hanno investito nella direzione giusta. Rimane un dubbio: per come sono fatte le nostre società civili, i nostri mezzi d'informazione, e i nostri sistemi politici occidentali, avremmo saputo tenere la vigilanza sulle pandemie a livelli elevati per diciassette anni, cosí come hanno fatto i sudcoreani? Le liberaldemocrazie d'Europa e del Nordamerica hanno l'energia, la lucidità, lo spirito di sacrificio e la perseveranza per portare a compimento sforzi collettivi che richiedono dieci o vent'anni? Sull'impatto dell'emergenza pandemia, si sono ripetuti gli automatismi che avevamo già visto all'opera nel 2001 e nel 2008. Politici, intellettuali e opinionisti si sono precipitati a «incollare» al coronavirus le proprie preferenze preesistenti. I primi accenni di dibattito su cause-effetti della pandemia hanno seguito un copione ad alta prevedibilità. Chi era già un convinto sovranista ha puntato il dito sulle minacce a cui ci espone la globalizzazione e sull'urgenza di rafforzare istituti nazionali, tipo il controllo delle frontiere, la qualità della prevenzione e delle cure. Chi era globalista ha invocato una maggiore cooperazione internazionale, l'unica barriera efficace contro le pandemie. La capacità di apprendimento è limitata, se dominano questi automatismi culturali, in ciascuna delle tribú politiche.

Gli stessi automatismi sono all'opera nello scontro di civiltà lungo l'asse Oriente-Occidente. La Cina è sicura che la nostra cultura dei diritti individuali abbia allevato delle società rissose, egoiste e capricciose, collezioni di minoranze, ciascuna delle quali custodisce gelosamente il proprio recinto materiale e morale. La leadership cinese si rafforza nella sua persuasione che l'instabilità e la debolezza dei nostri governanti è solo il risultato finale di una decadenza morale profonda che ci corrode tutti. I governanti asiatici sanno che una loro forza nell'ultimo secolo è stato il complesso d'inferiorità. Certi di avere accumulato ritardi, nel Novecento loro ci hanno studiati con un'attenzione maniacale. L'esatto opposto rispetto all'autoreferenzialità degli Stati Uniti, dove classi dirigenti ed élite di ogni colore politico si sono cullate nell'autocompiacimento.

In America lo shock iniziale del coronavirus in apparenza è stato un colpo per l'autostima nazionale. Lo storico conservatore Walter Russell Mead sul «Wall Street Journal» ha osservato: «Due epidemie imperversano negli Stati Uniti: il coronavirus, e un senso febbrile di fallimento nazionale». Lui è convinto che questo sia un buon segno, perché all'inizio di ogni conflitto (Guerra di secessione, Primo e Secondo conflitto mondiale, Guerra fredda contro l'Unione Sovietica) gli Stati Uniti sembrano impreparati, in preda a confusione e improvvisazione. Poi nel lungo termine le loro qualità prevalgono.

L'ottimismo di Russell Mead ci riporta ad alcune costanti del confronto Oriente-Occidente. Dai tempi di Alessandro Magno ci affascina la «loro» massa, l'organizzazione collettiva, e temiamo di soccombere. Però una ricostruzione superficiale della dicotomia Oriente-Occidente cancella la memoria di epoche in cui noi stessi avevamo senso dello Stato, rispetto delle gerarchie, lungimiranza, capacità di pianificare a lungo termine, ambizioni grandiose. A ricordarci che tra Oriente e Occidente lo scambio delle parti è stato frequente, che i confini tra i nostri e i loro valori sono in perpetuo movimento, ecco un brano che oggi sembra un concentrato di confucianesimo:

> Quando un popolo divorato dalla sete di libertà si trova ad aver coppieri che gliene versano quanta ne vuole, fino a ubriacarlo, accade che i governanti pronti a esaudir le richieste dei sempre piú esigenti sudditi vengano

chiamati despoti. Accade che chi si dimostra disciplinato venga dipinto come un uomo senza carattere, un servo. Accade che il padre impaurito finisca col trattare i figli come suoi pari e non è piú rispettato, che il maestro non osi rimproverare gli scolari e che questi si faccian beffe di lui, che i giovani pretendano gli stessi diritti dei vecchi e per non sembrar troppo severi i vecchi li accontentino. In tale clima di libertà, e in nome della medesima, non v'è piú rispetto e riguardo per nessuno. E in mezzo a tanta licenza nasce, si sviluppa, una mala pianta: la tirannia.

Eppure questo non è Confucio, né qualche altro teorico del modello asiatico di società dove si rispettano l'ordine, le regole, le gerarchie: è Platone nella *Repubblica*.

Lo studioso Yuval Harari ci ammoniva nel marzo 2020:

> Le decisioni prese da persone e governi nelle prossime settimane probabilmente daranno forma al mondo per gli anni a venire. Porteranno a un cambiamento non solo per i nostri sistemi sanitari ma anche per la nostra economia, politica e cultura. [...] Siamo obbligati a tenere conto anche delle conseguenze a lungo termine delle nostre azioni. Quando si sceglie tra diverse alternative, dovremmo chiederci non solo come superare la minaccia immediata, ma anche che tipo di mondo sarà una volta superata la tempesta. Sí, la tempesta passerà, l'umanità sopravvivrà, la maggior parte di noi sarà ancora viva, ma vivremo in un mondo diverso. [...] Molte misure di emergenza a breve termine diventeranno un appuntamento fisso. Questa è la natura delle emergenze. Portano i processi storici ad avanzare rapidamente.

Il tipo di mondo che verrà? Nei tornanti drammatici della storia, il capitolo successivo di solito era già visibile in precedenza, a uno stadio embrionale. Gli shock traumatici nella storia spesso accentuano, rafforzano e accelerano delle tendenze che erano in atto, sommovimenti che stavano facendo tremare la superficie terrestre, originati da forze piú profonde. Ben prima della pandemia l'Asia stava ritornando un po' alla volta a occupare quella preminenza che era stata sua per millenni. Il pendolo della storia oscillava nella sua direzione. Cinque secoli di dominio dell'uomo bianco, che avevano dato all'Occidente un'egemonia planetaria senza precedenti, si stavano comunque chiudendo sotto i nostri occhi. Una tragedia sanitaria seguita da un cataclisma economico possono accelerare quei processi di lungo corso. Il ritorno alla centralità dell'Asia però non deve farci dimenticare una lezione che ho esplorato in queste pagine: di Oriente non ce n'è uno solo.

Nota dell'autore.

La genesi di questo libro è stata lunga e movimentata, in senso letterale. Voglio dire che ho cominciato ad accumulare le informazioni, la documentazione e le fonti tanto tempo fa, in una vita suddivisa tra l'America, l'Asia, l'Europa. Poi ho iniziato a scriverlo quando ancora facevo quella vita per me «normale», cioè mi spostavo fra i tre continenti a una cadenza che oggi mi appare vertiginosa, quasi irreale. In media ogni mese ero su un volo lungo, sopra l'Atlantico o attraverso il Pacifico, o da una costa all'altra degli Stati Uniti. Solo nella parte finale della scrittura ho dovuto imparare a «viaggiare intorno alla mia stanza», come tutti voi. A quel punto ho sospeso le indagini sul campo, ho smesso di fare l'osservatore giramondo, e ho cominciato a divorare ancor piú freneticamente i libri accumulati, leggendone di nuovi o riscoprendo autori che mi avevano influenzato nel passato. Ci tengo a precisare un dettaglio nel rivelarvi le tante letture che mi hanno ispirato, spiegandovi come le uso. Nella mia vita precedente avevo sparpagliato libri in formato cartaceo in almeno cinque biblioteche personali, due a New York (casa e ufficio), una da mia figlia a Santa Cruz in California, una nella casa di mia mamma a Bruxelles, una a Camogli. Un privilegio di questa vita da nomade globale che iniziò nella prima infanzia è che riesco a leggere in tre lingue e quindi se possibile preferisco l'originale. Divoro libri in inglese e in francese che poi lascio sul posto, con sottolineature, evidenziazioni, appunti e commenti scarabocchiati a margine. A volte scrivevo in volo tra l'Asia e l'America o tra la California e New York e le citazioni le ho prese online. Questo procedere disordinato fa sí che spesso traduco io gli originali in italiano. Per me è pratico e piú veloce, ma cosí complico la vita agli editor, quando devono preparare la versione finale. Infatti vige un principio sacrosanto: per rispetto del lavoro dei traduttori e delle traduttrici, nonché del copyright acquistato dalle case editrici, ai lettori italiani bisogna indicare le edizioni esistenti nella loro lingua. Qui di seguito le troverete, ogni volta che esistono. Se le frasi virgolettate nel mio testo divergono dall'edizione italiana, in quei casi mi sono preso la libertà di usare la mia traduzione. Spero che questo libro stimoli anche voi a nuove letture. L'immobilità forzata, molti di noi sono riusciti a renderla meno pesante grazie ai libri. Viaggiare attorno alla propria stanza, l'exploit del prigioniero Xavier de Maistre, è un tirocinio che può riservare sorprese deliziose, in un periodo dominato da troppe sofferenze.

F. R.

Bibliografia

Amanat, A., *Iran. A Modern History*, Yale University Press, New Haven 2017.

Andreini, A. e Scarpari, M., *Il daoismo. L'espressione piú autentica del sentimento religioso cinese*, il Mulino, Bologna 2007.

Ansary, T., *The Invention of Yesterday. A 50,000-Year History of Human Culture, Conflict, and Connection*, PublicAffairs, New York 2019.

Bai, T., *Against Political Equality. The Confucian Case*, Princeton University Press, Princeton 2020.

Barnstone, T. e Ping, C. (edited by), *Chinese Erotic Poems*, Everyman's Library, New York 2007.

Becker, J., *Hungry Ghosts. Mao's Secret Famine*, Henry Holt & Co., New York 1996 [ed. it. *La rivoluzione della fame. Cina 1958-1962. La carestia segreta*, trad. di L. Vitali, il Saggiatore, Milano 1998].

Bell, D., *The China Model. Political Meritocracy and the Limits of Democracy*, Princeton University Press, Princeton 2015 [ed. it. *Il modello Cina. Meritocrazia politica e limiti della democrazia*, trad. di G. Tonoli, Luiss University Press, Roma 2019].

– e Wang, P., *Just Hierarchy. Why Social Hierarchies Matter in China and the Rest of the World*, Princeton University Press, Princeton 2020.

Bergreen, L., *Marco Polo. From Venice to Xanadu*, Alfred A. Knopf, New York 2007.

Bianco, L., *Les origines de la révolution chinoise 1915-1949*, Gallimard, Paris 1967.

Boothroyd, N. e Détrie, M., *Le Voyage en Chine. Anthologie des voyageurs occidentaux du Moyen Age à la chute de l'Empire chinois*, Laffont, Paris 1992.

Boullaye (le Gouz de la), F., *Les voyages et observations du sieur de la Boulaye-le-Gouz gentil-homme Angevin. Où sont décrites les religions, gouvernemens et situations des états et royaumes d'Italie, Grece, Natolie, Syrie, Palestine, Karamenie, Kaldée, Assyrie, Grand Mogol, Bijapour, Indes Orientales des Portugais, Arabie, Egypte, Hollande, Grande Bretagne*, Gervais Clousier, Paris 1653.

Brody, J., *Take Steps to Counter the Loneliness of Social Distancing*, in «The New York Times», 24 marzo 2020.

Buruma, I. e Margalit, A., *Occidentalism. The West in the Eyes of Its Enemies*, Penguin, New York 2004 [ed. it. *Occidentalismo. L'Occidente agli occhi dei suoi nemici*, trad. di A. Nadotti, Einaudi, Torino 2004].

Byron, J., *Portrait of a Chinese Paradise. Erotica and Sexual Customs of the Late Qing Period*, Quartet Books, London 1987.

Calvino, I., *Le città invisibili*, Mondadori, Milano 2012.

Cheek, T., Ownby, D. e Fogel, J. (edited by), *Voices from the Chinese Century. Public Intellectual Debate from Contemporary China*, Columbia University Press, New York 2020.

Coker, C., *The Rise of the Civilizational State*, Polity Press, Cambridge 2019.

Coomaraswamy, A., *Hinduism and Buddhism*, Golden Elixir Press, Mountain View (CA) 2011 [ed. it. *Induismo e buddhismo*, trad. di M. Martignoni, SE, Milano 2012].

Cortázar, J., *Las Ménades*, in *Final del juego*, Editorial Alfaguara, Madrid 1982 [ed. it. *Le Menadi*, in *Fine del gioco*, trad. di F. Nicoletti Rossini e E. Franco, Einaudi, Torino 2003].

De Amicis, E., *Costantinopoli*, Einaudi, Torino 2007.

Diamond, J., *Guns, Germs, and Steel. The Fates of Human Societies*, W. W. Norton & Company, New York 1999 [ed. it. *Armi, acciaio e malattie*, trad. di L. Civalleri, Einaudi, Torino 2006].

Doniger, W., *The Hindus. An Alternative History*, Penguin Press, New York 2009 [ed. it. *Gli indú. Una storia alternativa*, trad. di A. Bertolino, Adelphi, Milano 2015].

–, *Redeeming the Kamasutra*, Oxford University Press, New York 2016.

Eliade, M., *Le yoga. Immortalité et liberté*, Gallimard, Paris 1954 [ed. it. *Lo yoga. Immortalità e libertà*, trad. di G. Pagliaro, Rizzoli, Milano 1978].

Epstein, M., *The Trauma of Everyday Life*, Penguin, New York 2013.

Eschilo, *I Persiani*, in *Le tragedie*, a cura di A. Tonelli, Marsilio, Padova 2001.

Étiemble, R., *L'Europe chinoise*, Gallimard, Paris 1988.

Forster, E. M., *A Passage to India*, Everyman, New York 1991 [ed. it. *Passaggio in India*, trad. di A. Motti, Mondadori, Milano 2001].

Friborg, F., *Da bric-à-brac a simbolo dell'avanguardia. I tanti Giapponi del giapponismo*, in *Impressioni d'Oriente. Arte e collezionismo tra Europa e Giappone*, catalogo della mostra (Milano, 1° ottobre 2019 - 2 febbraio 2020).

Gabrieli, F. (a cura di), *Le mille e una notte*, con uno scritto di T. Ben Jelloun e una nota di I. Zilio-Grandi, Einaudi, Torino 2006.

Gordon, S., *When Asia Was the World. Traveling Merchants, Scholars, Warriors, and Monks Who Created the «Riches of the East»*, Da Capo Press, Cambridge (Ma) 2009 [ed. it. *Quando l'Asia era il mondo. Storie di mercanti, studiosi, monaci e guerrieri tra il 500 e il 1500*, trad. di L. Giacone, Einaudi, Torino 2009].

Gross-Loh, C. e Puett, M., *The Path. What Chinese Philosophers Can Teach Us about the Good Life*, Simon & Schuster, New York 2017 [ed. it. *La via. Un nuovo modo di pensare qualsiasi cosa*, trad. di E. Spediacci, Einaudi, Torino 2017].

Hanes, T. e Sanello, F., *The Opium Wars. The Addiction of One Empire and the Corruption of Another*, Sourcebooks, Naperville (IL) 2004.

Harari, Y. N., *The World after Coronavirus*, in «Financial Times», 21 marzo 2020.

Hegel, F., *Lezioni sulla filosofia della storia*, a cura di G. Bonacina e L. Sichirollo, Laterza, Roma-Bari 2020.

Hesse, H., *Aus Indien. Aufzeichnungen, Tagebücher, Gedichte, Betrachtungen und Erzählungen*, Suhrkamp, Frankfurt am Main 1980 [ed. it. *Dall'India*, trad. di C. Groff ed E. Potthoff, Mondadori, Milano 2015].

–, *Die Morgenlandfahrt - Eine Erzählung*, Suhrkamp, Frankfurt am Main 1982, [ed. it. *Il pellegrinaggio in Oriente*, trad. di E. Pocar, Adelphi, Milano 1973].

–, *Siddhartha - Eine indische Dichtung*, Suhrkamp, Frankfurt am Main 2012 [ed. it. *Siddharta*, trad. di M. Mila, Adelphi, Milano 2012].

–, *Der Steppenwolf*, Suhrkamp, Frankfurt am Main 1992 [ed. it. *Il lupo della steppa*, trad. di E. Pocar, Mondadori, Milano 1972].

Hilton, J., *Lost Horizon*, Macmillan Publishers, London 1993 [ed. it. *Orizzonte perduto*, trad. di S. Modica, Sellerio, Palermo 1995].

Huntington, S., *The Clash of Civilizations and the Remaking of World Order*, Simon & Schuster, New York 2017 [ed. it. *Lo scontro delle civiltà. Il nuovo ordine mondiale*, trad. di S. Minucci, Garzanti, Milano 2000].

Ignatius, D., *How Did the Pandemic Start?*, in «The Washington Post», 3 aprile 2020.

Jilin, X., *Rethinking China's Rise. A Liberal Critique*, Cambridge University Press, Cambridge 2020.

Jünger, E. e Schmitt, C., *Der gordische Knoten*, Klostermann, Frankfurt am Main 1953 [ed. it. *Il nodo di Gordio. Dialogo su Oriente e Occidente nella storia del mondo*, trad. di G. Panzieri, il Mulino, Bologna 2004].

Kawabata, Y., *Il paese delle nevi*, trad. di L. Lamberti, Einaudi, Torino 2014.

Kelly, J., *The Great Mortality. An Intimate History of the Black Death, the Most Devastating Plague of All Time*, HarperCollins, New York 2012 [ed. it. *La peste nera*, trad. di F. Genta Bonelli, Mondolibri, Milano 2005].

Kipling, R., *Poesie*, trad. di T. Pisanti, Newton Compton, Roma 1995.

Kissinger, H., *On China*, Penguin, New York 2011 [ed. it. *Cina*, trad. di A. Piccato, Mondadori, Milano 2011].

Kondo, M., *Il magico potere del riordino*, trad. di F. Di Bernardino, Vallardi, Milano 2014.

Laozi, *Daodejing. Il canone della Via e della Virtú*, a cura di A. Andreini, Einaudi, Torino 2018.

Manganelli, G., *Esperimento con l'India*, Adelphi, Milano 1992.

Manucci, N., *Un Vénitien chez les Moghols*, a cura di F. de Valence e R. Sctrick, Phébus, Paris 1995.

Maraini, F., *Pellegrino in Asia. Opere scelte*, Mondadori, Milano 2007.

Mead, W. R., *U. S. Leadership Will Survive Coronavirus*, in «The Wall Street Journal», 31 marzo 2020.

Michelet, J., *Oeuvres*, lci-eBooks, 2018.

Mishima, Y., *Il tempio dell'alba*, trad. di E. Ciccarella, Feltrinelli, Milano 2011.

–, *Romanzi e racconti*, a cura di M. T. Orsi, Mondadori, Milano 2006.

Mishra, P., *Age of Anger. A History of the Present*, Allen Lane, London 2017 [ed. it. *L'età della rabbia. Una storia del presente*, trad. di L. Fusari e S. Prencipe, Mondadori, Milano 2018].

Mogi, K., *The Little Book Of Ikigai. The Japanese Guide to Finding Your Purpose in Life*, Quercus, London 2017 [ed. it. *Il piccolo libro dell'Ikigai. La via giapponese alla felicità*, trad. di A. Rusconi, Einaudi, Torino 2018].

Montesquieu, Charles-Louis de Secondat (baron de la Brède et de), *De l'esprit des lois*, Flammarion, Paris 2008 [ed. it. *Lo spirito delle leggi*, a cura di S. Cotta, Utet, Torino 2005].

Mühlhahn, K., *Making China Modern. From the Great Qing to Xi Jinping*, Harvard University Press, Cambridge 2019.

Nath, K., *India's Century. The Age of Entrepreneurship in the World's Biggest Democracy*, McGraw-Hill, New York 2007.

Obadia, L., *Il buddhismo in Occidente*, il Mulino, Bologna 2009.

Okakura, K., *Ideali dell'Oriente*, trad. di C. Martini, SE, Milano 2015.

–, *Lo Zen e la cerimonia del tè*, trad. di L. Gentili, Feltrinelli, Milano 2007.

Osho, *Ricominciare da sé*, trad. di M. Anand Vidya e S. Anand Videha, Mondadori, Milano 2004.

Paglia, C., *Sexual Personae. Art and Decadence from Nefertiti to Emily Dickinson*, Random House, New York 1991 [ed. it. *Sexual personae. Arte e decadenza da Nefertiti a Emily Dickinson*, trad. di D. Morante, Einaudi, Torino 1993].

Polo, M., *Milione. Le divisament dou monde. Il Milione nelle redazioni toscana e franco-italiana*, a cura di G. Ronchi con una introduzione di C. Segre, Mondadori, Milano 2006.

Revel, J.-F. e Ricard, M., *Le moine et le philosophe*, NiL, Paris 1997 [ed. it. *Il monaco e il filosofo. Pensiero occidentale e saggezza buddhista a confronto*, trad. di G. Corà, Neri Pozza, Vicenza 1997].

Said, E., *Orientalism*, Random House, New York 1988 [ed. it. *Orientalismo*, trad. di S. Galli, Feltrinelli, Milano 2008].

Sen, A., *The Argumentative Indian. Writings on Indian History, Culture and Identity*, Penguin, New York 2005 [ed. it. *L'altra India. La tradizione razionalista e scettica alle radici della cultura indiana*, trad. di G. Rigamonti, Mondadori, Milano 2005].

–, *Quality of Life. India vs. China*, in «The New York Review of Books», 12 maggio 2011.

Shih, G., *Locked down in Beijing, I Watched China Beat back the Coronavirus*, in «The Washington Post», 16 marzo 2020.

Snowden, F., *Epidemics and Society. From the Black Death to the Present*, Yale University Press, New Heaven 2019.

Somadeva, *L'oceano dei fiumi dei racconti*, a cura di F. Baldissera, V. Mazzarino e M. P. Vivanti, Einaudi, Torino 1993.

Spence, J., *The Memory Palace of Matteo Ricci*, W. W. Norton & Company, New York 1985 [ed. it. *Il Palazzo della memoria di Matteo Ricci*, trad. di F. Pesetti, Adelphi, Milano 2010].

-, *The Search for Modern China*, W W Norton, 1990.

Storoni Mazzolani, L., *Profili omerici. Personaggi dell'Iliade e dell'Odissea*, Editoriale Viscontea, Pavia 1988.

Tharoor, S., *Why I Am a Hindu*, Aleph Book Company, New Delhi 2018.

Tucci, G., *Apologia del taoismo*, Editrice Luni, Milano 2013.

-, *Il paese delle donne dai molti mariti*, Beat, Vicenza 2017.

-, *Storia della filosofia indiana*, Laterza, Bari 1957.

Vātsyāyana, M., *Kamasutra*, trad. di S. Paoli, con un'introduzione di Melissa P., Newton Compton, Roma 2008.

Voltaire, *Dictionnaire philosophique*, Gallimard, Paris 1994 [ed. it. *Dizionario filosofico*, a cura di M. Bonfantini, con uno scritto di G. Lanson, Einaudi, Torino 1971].

-, *Le siècle de Louis XIV*, Gallimard, Paris 2015 [ed. it. *Il secolo di Luigi XIV*, trad. di U. Morra, Einaudi, Torino 1994].

Wood, F., *Great Books of China*, Head of Zeus, London 2017.

Wu Cheng'en, *Il viaggio in Occidente*, a cura di S. Balduzzi, Rizzoli, Milano 1998.

Yutang, L., *The Importance of Living*, William Morrow & Co., New York 1998 [ed. it. *Importanza di vivere*, trad. di P. Jahier, Bompiani, Milano 1956].

Zakaria, F., *It's Easy to Blame Trump for This Fiasco. But There's a much Larger Story*, in «The Washington Post», 27 marzo 2020.

Indice dei nomi

Abe, Shinzō, 168, 191, 192.
Acquaviva, Claudio, 52.
Akbar, imperatore mogul, 165.
Alessandro Magno, 6, 25, 26, 28, 260.
Alighieri, Dante, 45.
Amanat, Abbas, 19.
Andreini, Attilio, 122, 123.
Aniston, Jennifer, 204.
Annaud, Jean-Jacques, 146.
Ansary, Tamim, 20.
Antonioni, Michelangelo, 112, 113.
Aristotele, 19, 25, 37, 53.
Ashikaga, Yoshimasa, 185.
Attila, 31.
Aung San, Suu Kyi, 167, 175, 177.

Baez, Joan, 147.
Baggio, Roberto, 125.
Baker, Perry, 199.
Barnstone, Tony, 69.
Becker, Jasper, 244.
Beethoven, Ludwig van, 114.
Benedetto XVI (Joseph Ratzinger), 140, 204.
Bergreen, Laurence, 63.
Bernard, Pierre (Perry Baker), 199.
Bertolucci, Bernando, 102, 103.
Blavatsky, Helena Petrovna, 132.
Boccaccio, Giovanni, 218.

Bosch, Hieronymus, 45.
Botao, Xiao, 234.
Bruce, James, conte di Elgin, 101, 102.
Bruegel, Pieter, 45.
Boullaye-Le Gouz, François de la, 71.
Brando, Marlon, 146.
Brody, Jane, 120.
Brook, Peter, 157.
Buddha (Siddhārtha Gautama Sakyamuni), 9, 35, 39, 40, 45, 56, 117, 121, 123-26, 131, 138, 165.
Burton, Richard Francis, 73.
Buruma, Ian, 187, 188.
Bush, George W., 168, 204.
Byron, John, 68.
Lord Byron, 90, 132.

Calvino, Italo, 30.
Capra, Frank, 134.
Castiglione, Giuseppe, 101.
Céline, Louis-Ferdinand, 189.
Chabi, moglie di Kublai Khān, 66.
Champollion, Jean-François, 89.
Chaplin, Charlie, 147.
Chen, Qiushi, 242.
Choudhury, Bikram, 204.
Cicerone, Marco Tullio, 23, 24.
Ciro il Grande, 20, 28, 29.

Clinton, Bill, 148.
Colombo, Cristoforo, 39, 46, 82, 220.
Confucio, 9, 18, 39, 50, 53, 55, 56, 57, 58, 66, 67, 105, 128, 215, 261.
Coomaraswamy, Ananda, 172, 173, 198.
Copernico, Niccolò, 51.
Coppola, Francis Ford, 144.
Cortázar, Julio, 60, 62.
Cranach, Lucas, 45.
Crasso, Marco Licinio, 34.

Dalai Lama XIII (Thubten Gyatso), 133.
Dalai Lama XIV (Tenzin Gyatso), 117, 121, 125, 126.
Dammbach, Ottomar von, 110.
D'Annunzio, Gabriele, 163, 164, 187.
Dario il Grande, 20.
Darwent, Frederick, 109.
Darwin, Charles, 97.
Dasgupta, Surendranath, 196, 197.
David-Néel, Alexandra, 133.
De Amicis, Edmondo, 93, 94.
Debussy, Claude, 78, 90, 183.
Degas, Edgar, 183.
Delacroix, Eugène, 90.
Deneuve, Catherine, 144.
Deng, Xiaoping, 55, 113, 145, 238, 248, 253.
Depp, Johnny, 139.
de Sade, Donatien-Alphonse-François, 72.
Diamond, Jared, 14.
Dietrich, Marlene, 111.
Disraeli, Benjamin, 81.
Domiziano, 211.
Doniger, Wendy, 75, 76.

Dubs, Homer, 34.
Duncan, Isadora, 78.
Duras, Marguerite, 146.

Ebright, Richard, 234.
Elena di Troia, 8, 24, 25.
Eliade, Mircea, 193, 196-98, 208.
Emerson, Ralph Waldo, 132.
Epstein, Mark, 125, 126.
Erdoğan, Recep Tayyip, 226.
Erodoto, 23-25, 28, 31.
Eschilo, 17, 22, 24.
Esdras, Elias, 110.
Étiemble, Réné, 37.

Fang Bin, 242.
Farrow, Mia, 200.
Federico di Prussia, principe di Francia, 57.
Finnoff, David, 220.
Fitzgerald, Francis Scott, 109.
Flaubert, Gustave, 90.
Fonda, Jane, 147.
Forster, Edward Morgan, 75.
Frusciante, John, 139.
Fuller, Loïe, 65.

Galeno di Pergamo, 218.
Galileo, Galilei, 51, 54.
Gandhi, Mohandas Karamchand, 130, 156, 159-62, 164, 168, 170, 174, 201.
Gandhi, Indira, 80, 161.
Gandhi, Priyanka, 162.
Gandhi, Rahul, 162.
Gandhi, Rajiv, 161.
Gannon, Sharon, 204.
Garbo, Greta, 111.
Gardner, Isabella, 184.
Gates, Bill, 149.
Ge Hong, 217.

INDICE DEI NOMI

Gengis Khān, 37, 43, 191.
Gere, Richard, 125.
Giáp, Võ Nguyên, 151.
Gide, André, 78.
Ginsberg, Allen, 139.
Giotto, 44.
Giovanni Paolo II (Karol Wojtyła), 140.
Goethe, Johann Wolfgang, 131.
Goldin, Paul Rakita, 68.
Goddard, Paulette, 147.
Ghosh, Amitav, 157.
Gorbačëv, Michail, 229.
Gordon, Stewart, 41.
Greene, Graham, 147.
Gross-Loh, Christine, 127.
Gutenberg, Johannes, 37, 44.

Harari, Yuval, 14, 261.
Harrison, George, 202.
Hegel, Georg Wilhelm Friedrich, 91.
Heidegger, Martin, 184.
Henri d'Orléans, 147.
Herder, Johann Gottfried, 131.
Hesse, Hermann, 10, 135-39, 200.
Hilton, James, 133, 134.
Hitler, Adolf, 134, 164, 178, 188.
Ho Chi Minh, 145, 147, 148, 151, 168.
Honda, Toshiaki, 180.
Hong Xiuquan, 104, 105.
Huang Di, imperatore cinese, 4, 67.
Hugo, Victor, 90.
Huntington, Samuel, 167, 168.
Hussein, Saddam, 168.

Ignatius, David, 226, 234.
Ignazio di Loyola, 49, 138.

Ingres, Jean-Auguste-Dominique, 90.
Itō Hirobumi, 77.

Jacob, François, 126.
Jenner, Edward, 217.
Jeremiah, David, 214.
Jianping, Zhao, 233.
Jobs, Steve, 11, 128, 140.
Johnson, Boris, 163, 212.
Johnson, Lyndon, 144.
Jung, Carl Gustav, 131.
Jünger, Ernst, 26.

Kagan, Robert, 222.
Kang, Karamveer, 160.
Kangxi, imperatore della Cina, 100.
Kawabata, Yasunari, 78, 189.
Kennedy, John, 227.
Keplero, Giovanni, 51.
Kerouac, Jack, 139.
Khosla, Vinod, 176.
King, Martin Luther, 161.
Kinley, Jeff, 213.
Kipling, Rudyard, 73, 81, 86, 90, 157.
Klimt, Gustav, 78.
Kondo, Marie, 118-20.
Krishna, Arvind, 176.
Kublai Khān, 30, 37, 65, 66.
Kuki, Shuzo, 184.

Laozi, 122, 128, 186.
Leary, Timothy Francis, 139.
Lei, Xiao, 234.
Lenin, 58.
Lennon, John, 139, 201.
Le Pen, Marine, 163.
Lévi-Strauss, Claude, 63.
Lichihlai, 184.

Li Yu, imperatore dell Cina, 68.
Lin, Yutang, 129.
Lipovetsky, Gilles, 141.
Li, Wenliang, 235, 242.
Li, Zehua, 242.
Lorenzetti, Ambrogio, 44.
Loti, Pierre, 77, 144.
Luciano di Samosata, 218.
Lutero, Martin, 48.
Luwuh, 185.

Ma, Jack, 230.
Macartney, George, 96, 98.
Madonna, 204.
Magellano, Ferdinando, 82.
Maharishi Mahesh, 202, 203.
Maino, Sonia, 161.
Malraux, André, 144.
Manara, Maurilio detto Milo, 38.
Mandela, Nelson, 161.
Manganelli, Giorgio, 153.
Mann, Charles, 14.
Mann, Thomas, 219.
Manucci, Niccolò, 69-71.
Manzoni, Alessandro, 221, 222.
Mao Zedong, 15, 55, 58, 80, 103, 105, 111-13, 166, 168, 200, 215, 237-39, 243-45, 248.
Maometto, 41, 166.
Maraini, Dacia, 178.
Maraini, Fosco, 157, 178, 179.
Marco Aurelio, 33, 218.
Marx, Karl, 26, 55, 90, 243.
Matisse, Henri, 90.
Maugham, Somerset, 147.
McCartney, Paul, 201, 203.
McKinley, William, 78.
Mead, Walter Russell, 210, 260.
Melissa P., 75.
Mencio, 128.
Michelet, Jules, 27.

Mingyur Rinpoche, Yongey, 118.
Mishima, Yukio, 60, 189, 190.
Mishra, Kapil, 155.
Mishra, Pankaj, 163, 164.
Mittal, Lakshimi, 159.
Mitridatre II, 33.
Modi, Narendra Damodardas, 76, 155, 162-64, 166-71, 173, 175-77, 205-7, 226, 248.
Moggi, Bonaventura, 101.
Mogi, Ken, 191.
Monet, Claude, 183.
Montaigne, Michel de, 47.
Montesquieu, Charles-Louis de Secondat (baron de la Brède et de), 26, 54-56.
Mozart, Wolfgang Amadeus, 90, 114.
Mussolini, Benito, 134, 164,178, 188.

Nadella, Satya, 176.
Naipaul, V. S., 157.
Napoleone Bonaparte, 87, 89, 90.
Nath, Kamal, 173, 174.
Nehru, Jawaharlal, 161, 170, 172, 174.
Nestorio, 36.
Nietzsche, Friedrich, 10, 131.
Nivedita, 184.
Nixon, Richard, 139, 144, 148.

Obama, Barack, 154, 159-61, 227.
Okakura, Kakuzō, 177, 182-88, 190. Omero, 6, 8, 22, 61.
Ōshima, Nagisa, 79.
Osho (Shree Rajnesh), 130.

Paglia, Camille, 63.
Pasolini, Pier Paolo, 157.

INDICE DEI NOMI

Perry, Matthew, 180.
Pian del Carpine, Giovanni da, 43, 44.
Picasso, Pablo, 78.
Pichai, Sundar, 176.
Ping, Chou, 68.
Pisanello, 44.
Pissarro, Camille, 183.
Pitagora, 19.
Platone, 19, 260, 261.
Plinio il Vecchio, 32.
Polo, Maffeo, 44.
Polo, Marco, 9, 30, 32, 34, 36, 37, 39, 41, 43, 44, 50, 63-69.
Polo, Niccolò, 44.
Powell, Cynthia, 201.
Power, Samantha, 161.
Pound, Ezra, 184.
prete Gianni, 37.
principe Gong, 102.
Prževal'skij, Nikolaj Michajlovič, 132.
Puccini, Giacomo, 77.
Puett, Michael, 127, 128.
Putin, 226.
Pu Yi, ultimo imperatore della Cina, 102.

Qianlong, imperatore della Cina, 96, 98, 100, 101.

Rachmaninov, Sergej Vasil'evic, 90.
Rampini, Costanza, 174.
Ramsete V, 217.
Ray, Gary, 213.
Reagan, Ronald, 139.
Ren, Zhiqiang, 236, 242.
Revel, Jean-François, 126, 127.
Rho, Giacomo, 51.
Ricard, Matthieu, 126, 127.

Ricci, Matteo, 36, 44, 47-54.
Rimsky-Korsakov, Nikolaj Andreevič, 90.
Robespierre, Maximilien de, 58.
Rockefeller, John D., 199.
Rodin, Auguste, 78.
Roosevelt, Franklin Delano, 160, 185, 255.
Roosevelt, Theodore, 182.
Rousseau, Jean-Jacques, 62.
Roy, Arundhati, 157, 163.
Rubrouck, Guillaume de, 43.
Rushdie, Salman, 157.
Russell, Lillian, 199.
Rustichello da Pisa, 43.
Ryder, Winona, 139.

Sadayakko, Kawakami, 77, 78.
Said, Edward, 88-90, 92.
Salk, Jonas, 220.
Salvini, Matteo, 163.
Santana, Carlos, 204.
Scarpari, Maurizio, 122, 123.
Schall, Johann Adam, 51.
Schelling, Friedrich Wilhelm Joseph von, 131.
Schlegel, Friedrich, 131.
Sen, Amartya, 246-50.
Shāh Jahān, imperatore moghul, 70.
Shakespeare, William, 48.
Shankar, Ravi, 11, 140.
Shih, Gerry, 240, 241.
Shimazu, Nariakira, 181.
Shōmu, imperatore cinese, 185.
Shopenhauer, Arthur, 10, 131, 138.
Siddhārtha, *vedi* Buddha.
Sikandar, sultano del Kashmir, 167.
Sinatra, Frank, 3.

Sivananda, Swami, 197.
Snow, Edgar, 111.
Socrate, 19, 53.
Solimano, 42.
Somadeva, 66.
Spence, Jonathan, 48.
Spencer, Herbert, 97.
Stalin, Iosif, 58, 134.
Stein, Gertrude, 199.
Sting, 204.
Stokowski, Leopold, 199.
Stone, Oliver, 144.
Storoni Mazzolani, Lidia, 25.
Sturzenegger, Hans, 134.
Sun Yat-sen, 107.
Sykes, Percy, 31.

Tagore, Rabindranath, 157, 184, 197, 246.
Tamerlano, 191.
Tharoor, Shashi, 171, 172.
Talete di Mileto, 19.
Tata, Ratan, 159.
Thoreau, Henry, 132.
Thurman, Uma, 139.
Tian, Junhua, 234.
Tokugawa, Mitsukuni, 179.
Togrul (Vang Khan), 37.
Tolomeo, 32.
Tolstoj, Lev, 199.
Tommaso d'Aquino, 53.
Toscanelli, Paolo, 46.
Travis, Hanes, 102.
Trump, Donald, 154-56, 163, 176, 205, 213, 214, 226-29, 231.
Tucci, Giuseppe, 157, 178, 198.
Turner, Janine, 205.

Vanderbilt, Margareth, 199.
Van Gogh, Vincent, 183.
Van Gulik, Robert Hans, 68.

Vātsyāyana, Mallanaga, 60, 73.
Verdi, Giuseppe, 90.
Vespucci, Amerigo, 46, 82.
Vittoria I, regina del Regno Unito, 74, 101.
Vivekananda, Swami, 129, 173, 199.
Voltaire, 10, 56-58, 131.

Wagner, Richard, 131.
Wan Jung, 102, 103.
Washington, George, 222.
Weber, Max, 26, 27, 90.
Wilde, Oscar, 65, 69.
Wilson, Woodrow, 224.
Weiner-Davis, Michele, 120.
Westmoreland, William, 150.
Willis, Laurette, 205.
Wittfogel, Karl, 27, 90.
Wood, Frances, 4.
Wright, Frank Lloyd, 184.

Xi, Jinping, 15, 57, 114, 167, 168, 175, 215, 216, 226, 229, 231, 232, 235-37, 239-43, 245, 246, 251-55.
Xu, Zhiyong, 242.
Xuanzang, 38-40.

Yeats-Brown, Francis, 199.
Yu, Hua, 250.

Zakaria, Fareed, 227.
Zhang Heng, 60.
Zhang Zhidong, 108.
Zhou, Enlai, 55, 112.
Zoroastro, 22.

Indice

p. 3	Introduzione
17	Capitolo primo *L'antefatto: noi Greci, loro Persiani*
30	Capitolo secondo *Duemila anni per scoprirsi a vicenda*
60	Capitolo terzo *L'Asia è femmina o l'impero dei sensi*
81	Capitolo quarto *Orientalismo coloniale*
96	Capitolo quinto *Occidentalismo: copiare i barbari*
117	Capitolo sesto *Il buddhismo fra noi: alle radici del mistero*
153	Capitolo settimo *Cindia alla resa dei conti con l'Islam*
177	Capitolo ottavo *Giappone, il tao e il tè*
193	Capitolo nono *Irresistibile, incompreso: lo yoga*
210	Capitolo decimo *Germi e scontro di civiltà*
263	*Nota dell'autore*
265	*Bibliografia*
271	*Indice dei nomi*

*Questo libro è stampato su carta contenente fibre certificate FSC
e con fibre provenienti da altre fonti controllate.*

*Stampato per conto della Casa editrice Einaudi
presso ELCOGRAF S.p.A. - Stabilimento di Cles (Tn)
nel mese di maggio 2020*

C.L. 24548

Edizione											Anno
1	2	3	4	5	6	7		2020	2021	2022	2023